皮书系列

皮书系列

广视角·全方位·多品种

皮书系列

皮书系列

皮书系列

皮书系列

皮书系列为“十二五”国家重点图书出版规划项目

皮书系列

皮书系列

皮书系列

皮书系列

皮书系列

皮书系列

权威·前沿·原创

皮书系列

皮书系列

皮书系列

皮书系列

皮书系列

中国私募股权产业安全与发展报告（2012）

ANNUAL REPORT ON CHINA'S PRIVATE EQUITY INDUSTRIAL SECURITY AND DEVELOPMENT (2012)

主　编／李孟刚

社会科学文献出版社
SOCIAL SCIENCES ACADEMIC PRESS (CHINA)

图书在版编目（CIP）数据

中国私募股权产业安全与发展报告．2012/李孟刚主编．—北京：社会科学文献出版社，2012.10
（产业安全蓝皮书）
ISBN 978－7－5097－3759－0

Ⅰ．①中…　Ⅱ．①李…　Ⅲ．①企业融资－研究报告－中国－2012　Ⅳ．①F275.1

中国版本图书馆 CIP 数据核字（2012）第 219236 号

产业安全蓝皮书
中国私募股权产业安全与发展报告（2012）

主　　编／李孟刚

出 版 人／谢寿光
出 版 者／社会科学文献出版社
地　　址／北京市西城区北三环中路甲 29 号院 3 号楼华龙大厦
邮政编码／100029

责任部门／财经与管理图书事业部（010）59367226　　责任编辑／王婧怡　蔡莎莎
电子信箱／caijingbu@ssap.cn　　责任校对／王洪强
项目统筹／恽　薇　蔡莎莎　　责任印制／岳　阳
经　　销／社会科学文献出版社市场营销中心（010）59367081　59367089
读者服务／读者服务中心（010）59367028

印　　装／北京季蜂印刷有限公司
开　　本／787mm×1092mm　1/16　　印　　张／20.25
版　　次／2012 年 10 月第 1 版　　字　　数／269 千字
印　　次／2012 年 10 月第 1 次印刷
书　　号／ISBN 978－7－5097－3759－0
定　　价／59.00 元

本书受教育部专项任务“中国产业安全指数研究”（项目编号：B09C1100020）资助

产业安全蓝皮书学术委员会

课题实施单位 北京交通大学中国产业安全研究中心（CCISR）

课 题 组 组 长 李孟刚

课题组副组长 常思纯

课 题 组 成 员 （按姓氏音序排序）

常思纯　窦　琨　冯　琦　郭华敏　韩珊珊
胡莉娜　李　娟　李琳凤　李政全　连　莲
宁　静　清　宁　唐　石　佟　东　王海波
王庆东　王　旭　杨　超　叶旭亭　曾　鑫
赵金洁　郑　凯　周映筱

执　　　笔 常思纯　佟　东　郑　凯

审　　　稿 常思纯

主编简介

李孟刚 男，1967 年 4 月出生，山东省博兴县人，中共党员；经济学博士、交通运输工程和理论经济学双博士后；北京交通大学教授、博士生导师、国家社科基金重大招标项目首席专家、新华社特约经济分析师、国家社科基金评审专家、中国博士后科学基金评审专家。

现任北京交通大学中国产业安全研究中心（CCISR）主任、北京市哲学社会科学北京产业安全与发展研究基地（省部级科研平台）负责人、首席专家；兼任中国产业安全论坛秘书长、《管理世界》常务编委、《管理现代化》编委会副主任、《中国国情国力》编委会副主任、《中国流通经济》专家指导委员会委员、《北京交通大学学报》（社科版）编委委员。2009 年 12 月入选教育部新世纪优秀人才支持计划。

博士学位论文《产业安全理论的研究》入选“2009 年全国优秀博士学位论文提名论文”；专著《产业安全理论研究》（经济科学出版社，2006）先后获得 2008 年第十届北京市哲学社会科学优秀成果奖（省部级）二等奖、2009 年高等学校科学研究优秀成果奖（人文社会科学）二等奖；主编《产业经济学》并由高等教育出版社作为研究生教材出版，2011 年被评为“北京高等教育精品教材”。

在《光明日报》（理论版）等权威学术报刊发表论文 80 余篇，多篇被《新华文摘》、人大报刊资料复印中心全文转载；主持或参与撰写的高水平内参报告获得党和国家领导人的专门批示，相关政策建议多次被有关部委采纳。

作为首席专家主持国家发改委“十二五”规划前期重大研究课题“我国‘十二五’粮食安全保障体系构建研究”；2008 年作为首席专家中标国家社科基金重大招标项目“应对重大自然灾害与构建我国粮食安全保障体系对策研究”；主持的国家级、省部级科研课题还包括国家社科基金重点课题、中国博士后科学基金特别资助项目、国家商务部部级课题、教育部重大研究专项课题、国家保险监督管理委员会部级课题等。

摘　要

私募股权投资基金（Private Equity，PE）发端于风险投资基金，自1946年美国成立第一家PE——美国研究和发展公司（ARD）以来，现代私募股权产业经过了60多年的发展。PE已成为与银行贷款和IPO相提并论的重要融资手段，对世界经济的持续稳定发展起到重要的推动作用。现在，各种类型的PE活跃在世界各大洲市场，其中北美、欧洲和亚太地区成为最受关注的私募股权市场。因此，本书以美、英、日三国为例，分析比较三国私募股权产业发展的经验与问题。

20世纪80年代末以来，在政府的推动下，中国私募股权产业起步虽晚，却经历了从无到有的快速发展过程。尤其是进入21世纪后，中国私募股权投资取得了突飞猛进的发展，PE已成为我国资本市场重要的机构投资者之一，而私募股权产业也在加速科技进步和产业结构升级、调整融资结构和完善资本市场、加强企业治理和促进就业增长、推动中国企业走向国际市场等诸多方面发挥了重要作用。随着私募股权产业在中国的快速发展，中国各大城市也竞相出台各种优惠政策，吸引PE落户本地，争做“中国股权投资中心”。但是，在中国私募股权产业取得快速发展的同时，我们也必须看到，由于以PE投融资为核心的私募股权产业隶属于在第三产业中最具代表性的金融产业，因此及时掌握该产业安全状况对于促进中国经济金融发展和维护国家经济安全至关重要。目前，中国私募股权产业安全仍面临着诸多风险，如政策滞后，监管不明；资金募集受限，难度加大；退出途径单一，加剧风险；投资竞争激烈，增速放缓；信用机制缺失，制约发展。

在私募股权产业面临诸多风险的同时，由于对 PE 信息披露的要求相对较低，其操作存在较大的不透明性，很多 PE 并不公布其在筹资、投资等方面的具体数据，这也使得对私募股权产业安全进行评价和预警成为一个难题。因此，本报告在对私募股权产业安全内涵进行界定的基础上，构建了中国私募股权产业安全的评价指标体系，并根据这些指标，从生存安全和发展安全两个角度，评估中国私募股权产业安全。

从当前中国私募股权产业的生存安全来看，生存环境状况保持良好，外资对产业的控制力逐渐降低，人民币基金取得快速发展，国有和民营企业比率逐渐持平。但与此同时，也存在一些有可能影响产业安全的问题。如产业的优质企业比率较低，真正有影响力的私募股权投资机构较少，并且外资准入的制约较多，在吸引国外投资者以及学习国外优秀 PE 的发展经验方面有所欠缺。此外，中国私募股权产业所处的信用环境极差，对整个产业的生存形成了重大威胁。

基于对中国私募股权产业安全的评价，本报告认为，要维护中国私募股权产业安全，应积极培育优质私募股权投资机构、放宽措施吸引外资、建立与健全信用管理机制、进一步完善产业政策和运行环境以及推动人才队伍建设。

关键词：私募股权产业　产业安全　私募股权投资基金

Abstract

Private equity investment fund (Private Equity, PE) originated from venture capital fund. Since 1946, the first PE——American Research and Development Corporation (ARD) established in the United States, the private equity industry has developed for 60 years. Put on a par with bank loans and IPO, PE has become important financing means. Nowadays, various types of PE keep active on all continents of the world market. North America, Europe and the Asia-Pacific region have become the most popular private equity market. Therefore, taking United States, Britain and Japan as an example, this book makes comparative analysis on their PE industry experience and problems.

Since the late nineteen eighties, although China PE industry starts late, under the promotion of government, it has also undergone rapid development process. Especially after entering twenty-first century, China PE investment made great progress. PE has become one of the main institutional investors for our country capital market. PE industry plays an important role in accelerating the progress of science and technology, upgrading the industrial structure, adjusting the financing structure, perfecting the capital market, strengthening business management, promoting the growth of employment and pushing Chinese enterprises into the international market. As the PE industry developed rapidly, each large city in China competes to introduce preferential policies to attract PE, in order to become "center of China equity investment".

At the same time, with rapid development in China PE industry, PE financing, the core of the PE industry, belongs to the financial industry-the most representative industry in the third industry. It is crucial for promoting China's economic and financial development and maintaining national economic security to grasp the industry safety situation. At present, China private equity industry security is still facing a lot of risks, mainly reflected in the following respects: lagged policy and unknown regulation; funding constraints; single exist channel intensifies the risk; fierce investment competition and slowdown growth; lacking credit mechanism restricts the development of China PE.

Faced with a lot of risks, at the same time, due to low requirement for PE information disclosure and greater opacity in its operation, many PE don't publish specific data in the financing, investment and other aspects, which also makes it difficult for the private equity industry to make safety evaluation and early warning. Therefore, on the basis of PE industrial security connotation, this report constructs China private equity industry security evaluation index system. According to these indexes, from security of survival and development, assesses China private equity industry security.

Based on the evaluation of China private equity industry security, the paper argues that, in order to maintain China private equity industry security, we should cultivate high quality private equity investment institutions, relax measures to attract foreign investment, establish sound credit management system, further improve the industrial policy and operating environment, and promote the construction of talent team.

Key Words: Private equity industry Industry security Private equity investment fund

目录

𝔹Ⅰ　总报告

𝔹Ⅱ　发展篇

𝔹Ⅲ　安全篇

𝔹Ⅳ　对策篇

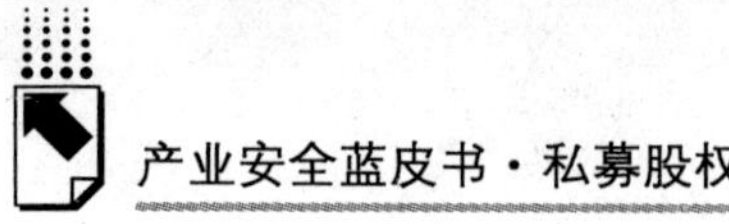

皮书数据库阅读使用指南

CONTENTS

ℬ I General Report

ℬ II Development Report

ℬ III Security Report

ℬ IV Countermeasure Report

总 报 告

General Report

𝔹.1

私募股权产业概述

一 国内外私募股权产业研究现状

1. 国外研究现状述评

私募股权基金（Private Equity，PE），又称私募股权投资基金，起源于美国，在美国得到充分发展后，迅速扩展到欧洲大陆、英国及亚洲地区。无论从市场的完善程度还是从历史业绩来看，美国私募股权产业的成熟度和品牌都在世界上处于领先水平。不少美国学者以美国和欧洲的私募股权产业为研究对象，从多种视角研究了 PE 的融资、投资情况及退出机制。

（1）关于 PE 发展历程的研究与评价

George W. Fenn 等人合著的《私募股权市场学》（1995）较系统地介绍了 PE 的发展历程，对 PE 的参与者和类别进行了分析，并描述了其整个运作过程。Josh Lerner 的《创业风险投资和私募股权：一门课程回顾》（1997）则对全球 PE 自 20 世纪 80 年代到 1995 年的发展状况进行了回顾，分析了 PE 的募集和结构、投资者和企业的角色以及 PE 的退出问题，并对美欧 PE 的发展进行了比较分析，指出退出效率是造成美国 PE 发展较快而欧洲 PE 发展较慢的原因。Mike Wright 和 Ken Robble 合著的《创业风险投资和私募股权：回顾与综述》（1998）则认为私募股权投资的出现，拓宽了创业风险投资（VC）的研究范围和投资范围。VC 起源于美国，然后扩散到英国，再向欧洲等其他国家扩散。

（2）关于 PE 运作方面的研究与评价

大部分研究集中在 PE 的发展趋势以及普通合伙人（GP）与创业者之间的关系上，其原因主要在于难以获得 PE 绩效的有关数据和信息。如 Gompers 等人在《什么驱动了创业风险投资的资金募集?》（1998）一文中，着眼于 PE 的平均表现及对资本流动进行研究。作者发现宏观经济因素，如过去的产业绩效和全面的经济表现与资本利得税等指标同向变动，因此与投向 PE 的资金增长密切相关。Cochrane 则在《创业风险投资的风险与回报》（2003）中主要研究了 VC 的个人投资者所获得的回报情况。他发现 VC 的回报是非常不稳定的，而后期阶段投资的波动性要低于早期阶段投资。主要关注 GP 和创业者之间关系的论文包括 Kaplan 的《金融签约理论符合实际现实：创业风险投资合同的证明》（2003）以及 Gompers 等人合著的《金钱追逐交易？资金流入对私募股权估值的影响》（2000）。前者以相关合同文件证明了创业风险投资者和创业者之间的激励合同的结构。后者则提出个人交易的估值受到整体宏观经济形势和 VC 产业竞争度的影响。此外，Jones 等人合著的《创业风险投资和私募股权投资的多样化价格风险》（2002）和 Ljungqvist 等人合著的《私募股权的现金流、回报及风险》（2003）则从 PE 的角度研究了私募股权投资的回报情况。

另外，也有很多学者针对 PE 的退出战略选择进行了研究。Black 和 Glilson（1999）从创业企业内部控制权对创业企业家的激励角度出发，运用博弈论的研究方法，比较了首次公开发行（IPO）和企业并购对企业资本退出战略选择的影响。Andresa 和 Uwe（2001）的研究集中在两个方面，一是如何在 IPO 和并购之间有效选择；二是企业经理人和创业资本家之间如何设计融资契约。他们指出企业经理人和创业资本家之间的冲突不仅在于直接经济利益的分配，更重要的是退出模式的选择，因为退出模式也影响两者的经济利益。而使用可转换证券可以避免这些利益冲突。Cumming 和 Maclntosh（2002）则比较分析美国和加拿大创业风险资本的退出机制，发现美国的创业市场更具有流动性，而 IPO 是收益最高的退出模式，其次是收购。上述学者的观点表明影响 PE 投资收益的核心因素是退出机制，因为不同的退出模式意味着投资者获得的收益不同。

（3）法律对私募股权产业发展影响的研究

Megginson（2004）提出私募股权产业的发展取决于一国的基础制度，比如政治制度、创新环境、文化体系等，其中法律体系对 PE 的影响更为显著。Cumming 和 Maclntosh（2002）认为，在法律体系比较完善的国家，基金管理人更喜欢投资于高科技中小企业，而且在退出时更倾向于选择 IPO 模式，以获得更高的收益。Cumming（2004）等人进一步研究了法律体系对治理结构的影响。在法律体系相对完善的市场中，融资资金能够快速获得，从而也相应缩短了筛选项目的周期。Lerner 和 Schoar（2005）认为在法律体系不完善的环境下，基金管理人更倾向于对被投资企业控股。这说明法律体系直接影响了基金管理人和被投资企业在交易契约中的股权配置。现有研究表明，法律是否完善直接影响了私募股权产业的发展。

2. 国内研究现状述评

中国国内大规模开展对私募股权产业的研究较晚，近年来随着私募股权产业在中国的快速发展，出现了一批对该问题的研究成果。但总的来说，目前，中国国内对私募股权产业的研究多集中于PE实际操作、运作原理和案例讲解，或者是对PE发展过程的描述，或就PE的某个问题进行探讨，缺乏系统性和全面性，也没有针对私募股权产业安全的专门研究。

（1）法律、法规方面的研究

到目前为止，国内还没有一部专门规范私募股权投资的法律。邹菁在其《私募股权基金的募集与运作：法律事务与案例》（2009）中系统阐述了PE募资、投资和监管三方面的法律关系及实际的操作方法，并采用大量案例从法律角度通过实证手法对本土PE的发展历程进行了全面剖析。北京市道可特律师事务所出版的《中国PE的法律解读》（2010）以法律问题的解读为核心目标，对私募股权投资从募集、运作、退出各个流程做出基本梳理，并对其中涉及的法律问题进行了深入解读，在分析现有法律环境的基础上，勾画出了应有的法律生态图，为现有立法的改进提供了重要的借鉴。

（2）关于PE运作方面的研究

缪跃建、高铁军在《股权基金管理与投资运作》（2009）中，通过主持“中国—比利时直接股权投资基金”的运作实践，在总结经验的基础上，研究了PE的组织形式与治理结构、筹建与募集、资产管理运营、退出操作和政策环境等问题，探索和总结了在中国设立和运作PE的特殊规律。朱奇峰在《中国私募股权基金：理论、实践与前瞻》（2010）一书中，重点研究了中国PE的发展问题，从产业融资需求的角度剖析PE的概念、内涵及其运作流程，对中国PE治理机制的构建进行了探索，并提出了若干政策建议。此外，李昕旸、杨文海的《私募股权投资基金理论与操作》（2008），潘启龙的《私募股权投资实务与案例（第二版）》（2011）等著作也从实务的角度针对 PE 运作模式进行了系统研究。

总的来说，中国国内对于私募股权产业的研究主要集中在国外私募股权投资理论与模式的介绍、国外 PE 发展介绍、PE 概念探讨、呼吁建设多层次资本市场以及实务研究。但理论深度有所欠缺，并且实证的研究还比较少。主要原因还是在于缺乏数据和案例。目前国内只有清科研究中心和投中集团（ChinaVenture）对外提供部分数据，企业处于商业保密的要求通常会拒绝调研和提供相关数据，也可能存在虚报谎报的情况。此外，发布的报告内容也主要是统计数据和动态分析，缺乏理论性研究。

综上所述，近年来与私募股权投资有关的问题在国内外金融界都一直是个热门话题，尤其是许多从事金融研究的中国学者、法律专家以及私募业界人士根据私募股权投资理论和国外实践经验来探讨中国 PE 的组织架构、运作模式及发展轨迹，并取得了许多研究成果。从现有的研究成果来看，尽管有一些研究初步探讨了 PE 所面临的风险问题，但是还没有相关的学术成果从产业安全的视角，系统、全面分析和探讨我国私募股权产业安全问题。鉴于此，对我国私募股权产业安全进行综合评价与前瞻，并在此基础上提出中国私募股权产业发展战略建议，以期推动中国私募股权产业进一步发展就显得必要且紧迫，不仅具有重要的理论意义也具有重要的现实意义。本研究将以私募股权产业安全的核心因素——PE 为主对中国私募股权产业安全进行综合分析与评价。

二　全球私募股权产业发展现状

1. 基本特点

PE 发端于创业投资（VC）基金，是金融创新和产业创新的结果。自1946年美国成立第一家私募股权投资公司——美国研究和发展公司（ARD）以来，现代私募股权产业经过六十多年的发展，已经从“二战”后小规模、非正式的萌芽状态逐渐发展、壮大到目前大规模、多层次的成熟时期，其募集资金的来源从最初大多针对个人或家庭客户的富裕阶层发展到目前大量吸纳机构投资者，投资内涵从为中小企业提供创业投资延伸到为大企业提供并购等活动的股权融资，私募股权的投资领域越来越多样化，投资布局也越来越国际化。

目前，全球已有数千个PE，它们规模庞大，已经成为仅次于银行贷款和IPO的重要融资手段，并得到了各国政府的支持。根据英国一家从事金融及相关专业服务的独立机构TheCityUK的调查统计显示（参见表1－1），21世纪以来，全球私募股权市场的投资金额和新PE完成的筹资金额都出现了快速、持续的增长，并于2007年达到历史最高水平。2007年全球私募股权市场的投资金额达到3951亿美元，新基金筹资金额达到4659亿美元，都高于同年世界证券交易所联合会（WFE）所统计的全球IPO融资金额（3860亿美元）。受2008年全球金融危机的影响，全球私募股权市场的投资金额和新基金筹资金额都出现了大幅下跌，2009年分别比2008年减少了56.21%和65.93%。不过，在欧美债务危机持续不断、全球金融市场高度动荡以及市场信心低落的情况下，企业通过银行体系和IPO获得的融资受到极大冲击，PE作为融资补充渠道的作用重新得到提升。2011年全球私募股权市场中，新基金所筹集的资金可达到1770亿美元，其投资金额可达到2110亿美元。而据WFE的统计，2011年前9个月的全球IPO募集金额仅为1660亿美元。这一数据表明，目前企业从私募股权市场上可获得的融资金额高于其通过IPO获得的融资。由此可见，PE已成为与银行贷款和IPO相提并论的重要融资手段，对世界经济的持续稳定发展起到重要的推动作用。

表 1－1　全球私募股权市场投资、筹资和全球 IPO 融资比较

单位：十亿美元

年份	私募股权市场投资	新基金筹资	IPO 融资
2001	70.2	153.7	134.4
2002	74.6	90.3	109.4
2003	103.7	82.5	114.3
2004	129.8	138.5	211.0
2005	157.9	274.3	228.4
2006	283.0	418.8	324.0
2007	395.1	465.9	386.0
2008	251.4	416.2	117.2
2009	110.1	141.8	125.0
2010	179.0	150.0	403.3
2011*	211.0	177.0	166.0

资料来源：“私募股权”相关数据引自 TheCityUK，*Private Equity 2011*，2011 年数据为预测数据；“IPO 融资”数据根据 WFE，*Equity Markets Investment Flows* 的相关数据整理、计算得到，仅为 WFE 成员股票市场数据，2011 年为前 9 个月数据。

2. 运作模式

从 PE 的具体运作情况来看，由于国外私募股权产业已有六十多年的发展历史，因此在筹资、投资、退出等运作模式上已经逐渐走向成熟。

21 世纪以来，全球私募股权投资市场募集基金数量增长快速。根据国际咨询机构 Preqin 的统计显示，2000～2010 年年均募集基金达 912 个，2007 年更创下基金募集数量的历史纪录，当年全球共募集 PE 1391 个。2008 年金融危机后，全球私募股权市场募集基金数量大幅下降，2010 年仅为 715 个，比 2007 年最高峰时减少了近一半之多。2011 年 1～10 月全球私募股权市场募集基金数量为 514 个，预计最终全年募集基金数量将与 2010 年持平（如图 1－1）。

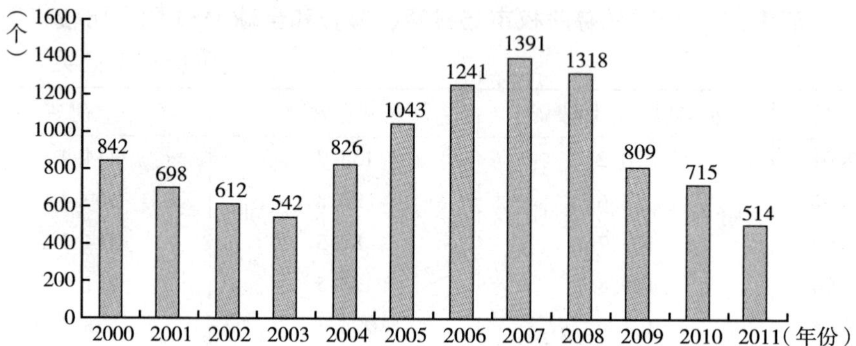

图 1－1　2000～2011 年全球私募股权市场募集基金数量

注：2011 年数据为 1～10 月数据。

资料来源：Preqin，*The 2012 Preqin Compensation and Employment Review*。

目前，各种类型的 PE 活跃在世界各大洲市场，其中北美、欧洲和亚太地区成为最受关注的私募股权市场。大多数 PE 还是活跃在美国市场上，占总数的 64%。约三分之一以上的 PE 在欧洲市场开展业务，占比 35%。而亚太地区是第三大最受关注的私募股权市场，约有 28% 的基金活跃在该地区（如图 1－2）。

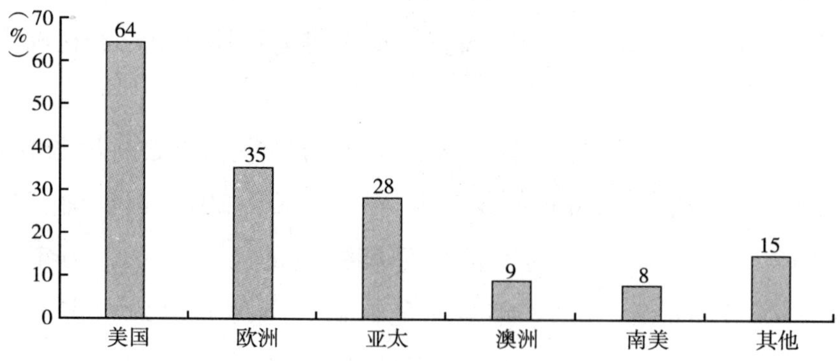

图 1－2　PE 活跃的市场分布

资料来源：Preqin，*The 2012 Preqin Compensation and Employment Review*。

根据 TheCityUK 的统计显示，从全球私募股权投资市场的投资和新基金筹资情况来看，2010 年分别达到 1790 亿美元[①]和 1500 亿美元，比 2009 年分别增长了 62.58% 和 5.78%，但相比 2007 年的历史最高纪录，仍分别降低了 54.7% 和 67.8%。并据预测，2011 年全球私募股权投资市场的投资和新基金筹资额将分别达到 2110 亿美元和 1770 亿美元，比 2010 年增长 17.88% 和 18%（如图 1－3）。京都天华会计师事务所 2011 年底公布的最新调查报告显示，私募股权投资行业正逐渐成为新兴企业快速成长的最有力的推动者。同时，全球约 60% 的 PE 预计明年将增加投资活动。[②]

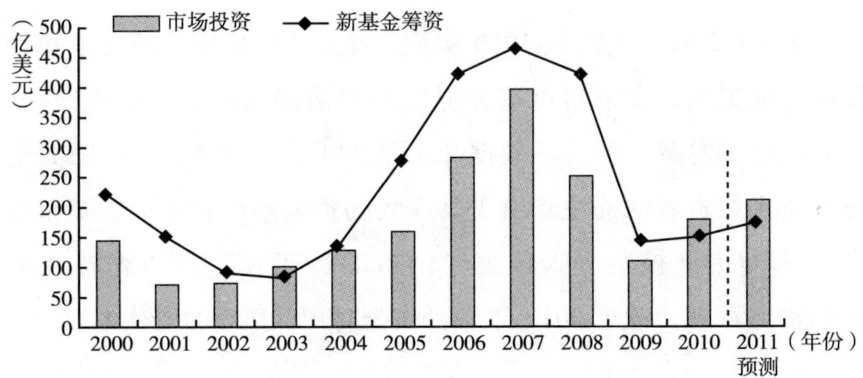

图 1－3　全球私募股权市场投资和新基金筹资

资料来源：TheCityUK，*Private Equity Report*，2011，2011 年数据为预测数据。

根据安永的统计显示，2001 年以来，全球 PE 所支持的并购项目逐年增长，到 2007 年达到顶峰，共计 3195 个，涉及金额高达 7160 亿美元。受到全球金融危机的影响，2008 年和 2009 年 PE 支持的并购项目大幅减少，2009 年仅有 1612 个，达 955 亿美元（如图 1－4）。

---

① 以股权价值交易数据统计。

② Grant Thornton，*Global Private Equity Report*，2011，p. 5.

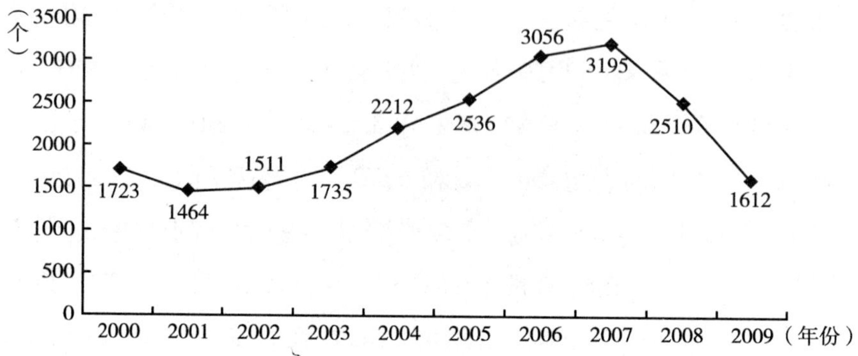

图 1-4　2000～2009 年 PE 支持的并购项目数

资料来源：Ernst & Young，*2010 global private equity watch*，2010，p. 1。

如表 1-2 所示，截至 2010 年底，全球 PE 管理下的资本总额达到 23790 亿美元，由于当年基金退出形势活跃而略低于截至 2009 年底的管理资本总额，但这一数据几乎是 2003 年的 3 倍，可见 PE 受到了越来越多投资者的关注。由于其庞大的资金规模和专业的资金运作手法，PE 也因此被很多人称为“门口的野蛮人”和“秃鹰基金”。但我们也要看到，截至 2010 年底，在全球 PE 管理的资本总额

表 1-2　全球 PE 管理资本

年份	未投资基金		未变现资本		合计（十亿美元）
	金额（十亿美元）	占比（%）	金额（十亿美元）	占比（%）	
2003	403	46	464	54	867
2004	408	42	554	58	962
2005	562	45	675	55	1237
2006	805	47	898	53	1703
2007	1010	44	1265	56	2275
2008	1074	47	1204	53	2278
2009	1067	43	1413	57	2480
2010	964	41	1415	59	2379

资料来源：TheCityUK，*Private Equity Report*，2011，p. 5。

中，正在等待优质项目进行投资的未投资基金的资本总额达到9640亿美元，占总数的41%。由此可见，仍有大量的PE面临着投资压力，正在全球范围内急于寻找合适的投资机会。这也给需要融资的企业，尤其是中小企业的发展带来了更多获取资金的渠道和机会。

PE购买企业股权的最终目的一般不是为了经营该公司，而是为了未来能卖出以获取更高的收益。根据TheCityUK的统计，如图1－5所示，2010年全球PE通过各种方式退出而获益达到2320亿美元，比2009年增长了2.22倍，但仍低于2007年最高峰时的3550亿美元。预计2011年的退出获益金额将超过2010年，当年前两个季度的退出获益金额已达到2000亿美元。从PE的退出方式来看，2010年通过IPO退出所占的比例为17%，而更多的PE是通过股权转让、二次收购等形式实现退出。①

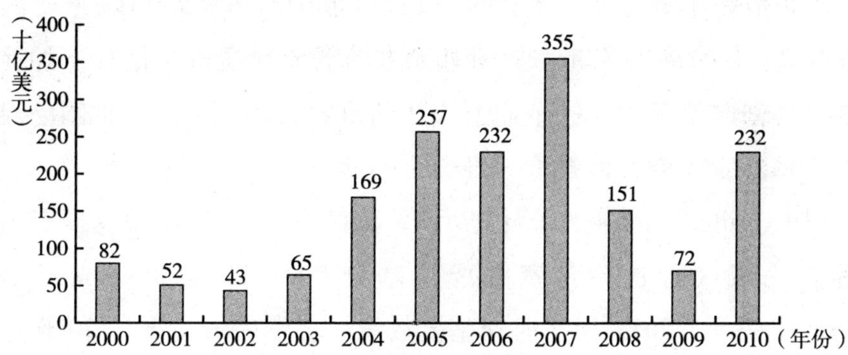

图1－5　全球PE退出获益金额

资料来源：TheCityUK，*Private Equity Report*，2011，p.6。

总的来说，2008年的全球金融危机也波及了全球私募股权产业的发展，无论是基金筹建、筹资、投资还是最终的退出等环节都在2007年创下历史最高纪录后，从2008年以来出现了大幅度的下降。

① Preqin，*IPO Exits Factsheet*.

但是从2010年以来，全球私募股权产业重新出现了复苏的迹象，整个产业链的各环节都呈现出复苏的迹象。

三　中国私募股权产业发展现状

1. 基本状况

20世纪80年代末以来，随着中国宏观经济的快速发展和社会财富积累的不断增长，社会资本与民间财富迅速增加，中国资本市场也随之取得了高速发展。为满足不同投资者的投资偏好和风险承受能力，金融理财工具也随之不断创新，PE便成为了我国金融理财工具创新的成果之一。在政府的推动下，中国私募股权产业起步虽晚，却经历了从无到有的快速发展过程。尤其是进入21世纪后，中国私募股权投资取得了突飞猛进的发展，PE已成为我国资本市场重要的机构投资者之一，而私募股权产业也成长为推动中国经济增长、加速科技创新、创造就业和促进企业家成功的重要力量。目前，中国已经成为全球私募股权资本最看重的投资目的地之一。

根据ChinaVenture的统计显示①，2011年中国私募股权投资市场共筹资完成（含首轮募资完成）基金503只，募资完成规模为494.06亿美元。2011年新成立基金数量和募资完成情况比2010年明显好转，并达到历史高位。募资完成（含首轮完成）基金中，成长型（Growth）基金数量占比51%；募资规模占比64%，相比2010年，成长型基金募资数量占比出现较大幅度增长。

2011年披露VC投资案例976起，投资总额89.46亿美元，分别同比增长4%和50%，其中投资总额增长速度较快。VC投资共涉及18个行业，互联网、制造业及IT行业披露案例的数量最多；互联网

① 数据来源于ChinaVenture《2011年中国创业投资及私募股权投资市场统计分析报告》。

行业融资总额居各行业之首，达38.91亿美元，占年度创投总额的44%。2011年全年披露除VC外的PE投资案例404起，投资总额290.15亿美元，平均单笔投资金额为7182万美元，同比增长42.9%。这些投资共涉及19个行业，制造业、能源及化学工业行业是全年披露投资案例数量最多的三个行业；融资金额方面，金融行业融资总额最高，达72.22亿美元。

2011年PE背景中国企业境内外IPO数量为165家，融资金额1796.7亿元，占年度IPO总量的42.74%和43.85%。其中，144家选择了境内上市，占比87.27%，A股市场依然是投资机构退出的主要渠道。2011年投资机构通过企业IPO实现393笔退出，平均账面投资回报率为7.22倍，相比2010年下降10.42%。2011年共披露28起PE背景企业并购案例，涉及53笔退出。其中15笔退出案例完整披露其最初投资金额及最终退出回报金额，其平均投资回报率为1.52倍。

2. 发展风险

但是，在中国私募股权产业取得一定发展成绩的同时，我们也必须看到，中国私募股权产业从初步萌芽到飞速发展，所经历的时间要比美欧等西方国家短得多。近年来，中国私募股权领域出现的“全民PE”、“PE腐败”等问题都向我们敲响了警钟，在PE为我国资本市场带来了活跃生机的同时，也不可忽视其在发展中所面临的风险，以及随之引起的安全问题。总的来说，目前中国私募股权产业发展所面临的风险有如下几个方面：

（1）政策滞后，监管不明

近年来，中国相继出台了《创业投资企业管理暂行办法》、《外商投资创业企业管理规定》、《合伙企业法》（修订）、《关于促进股权投资企业规范发展的通知》等一系列规范私募股权投融资的政策和规定，同时全国性和地方性的自律性行业协会也陆续成立，私募股权产业的政策环境与监管体系日趋完善。

但是，当前中国政府出台的私募股权产业相关政策普遍缺少配套措施支持，操作性不强。而酝酿已久的《股权投资基金管理办法》至今仍未出台，使得 PE 在运作和管理过程中都缺乏法律依据和规范，制约了中国私募股权产业的进一步发展。此外，由于没有明确的政策指引，中国私募股权产业长期处于多头监管的状态下。目前，中国发改委、证监会、人民银行、商务部、财政部、外管局、科技部、税务局、工商局等多个部门等都不同程度地参与到了对私募股权投融资的监管工作中。但是，相关政府部门的监管职能没有明确划分，各部门各自为政，缺乏配合与协调。这导致 PE 有时会面临双重监管甚至多重监管，而有时又会形成“灰色区域”缺乏监管。因此，中国私募股权产业的监管体系有待进一步梳理并完善。另外，目前中国的各种私募股权自律性行业协会主要是在官方提议下建立，而并非行业内有影响力的机构自行倡议成立，因此在行业自律方面发挥的作用也有限。

（2）资金募集受限，难度加大

近年来，在中国富有家族及个人投资者积极参与私募股权投资的同时，国家逐渐放开社保基金、保险公司、证券公司投资 PE 的限制，商业银行也通过“曲线直投”和“间接参与”的方式积极参与 PE 投资市场，推动中国 PE 业筹资渠道呈现出多元化的发展趋势。

但是，在国家对 PE 监管政策逐渐趋紧以及中国二级市场持续低迷等诸多因素的共同影响下，国内 PE 的筹资难度逐渐增大，2011 年以来，中国 PE 筹资规模增速已经开始放缓。此外，2011 年发改委出台的《关于促进股权投资企业规范发展的通知》提高了个人投资者投资 PE 的门槛，在进一步规范投资者构成的同时，也提高了进入门槛。而与国外 PE 的投资者以机构投资者为主相比，中国 PE 的投资者则以富裕家族及高净值个人为主，机构投资者还未成为主流。因

此，国家加强监管的立法趋势将有可能进一步收窄 PE 的筹资渠道。另外，PE 募资来源中，机构投资者的参与仍然有限。如尽管国家允许全国社保基金总资产的 10% 可以作为 LP 投向 PE，但目前实际上全国社保基金对 PE 的投资额仅占总资产的 2% 左右，距离可投资上限还有很大差距。此外，券商直投、保险公司投资 PE 还面临诸多手续，商业银行还不能直接投资 PE，地方养老金和企业年金等社会资本也都还没有获准进行 PE 投资。因此，目前 PE 普遍面临募资困难，而资金的缺乏将有可能阻碍中国私募股权产业的进一步发展。

（3）退出途径单一，加剧风险

近年来，随着私募股权产业在中国的快速发展，PE 的退出渠道也得到了一定的拓展，逐渐形成了以 IPO、并购、股权转让为主的退出渠道。但总的来说，目前中国私募股权投资市场上的 PE 在退出时仍以 IPO 方式为主，很少选择并购及股权转让等退出方式。

从国际经验来看，IPO 退出方式存在着较多风险，一方面上市企业面临着高标准、严要求、多手续等问题，上市过程较为复杂。另一方面，即使企业成功 IPO 后，根据规定，投资者也还要经历几年的限售期才能转让手中股票以实现完全退出，这期间任何一个环节出现差错都会导致获益的受损。尤其是近年来中国 A 股市场持续低迷和创业板新股屡屡破发，不仅导致 PE 退出困难，也使得退出收益大幅缩水。再加上国际资本市场的中国概念股表现欠佳，以及美国证券交易委员会（SEC）出台新政，加强对“反向收购上市”的要求，都导致中国企业赴美上市受到影响，进一步制约了 PE 的退出。退出渠道的不畅有可能影响 PE 的资金流转与收益，反过来又会减弱私募股权产品对投资者的吸引力，形成恶性循环而制约私募股权产业的发展。

（4）投资竞争激烈，增速放缓

中国私募股权产业在近几年取得了高速发展，国内 PE 在投资

数量和规模上都实现持续增长，不过，自 2011 年以来，PE 的投资增速已经放缓。目前在中国 PE 投资市场上，众多基金扎堆投资、哄抢项目的现象屡屡出现，这不仅会导致价格战，推高进入成本，而且也使得很多基金最终收益大大缩水。从国际私募股权产业的发展经验来看，中小企业都是私募股权产业发展的重要基础，也是 PE 的重要投资对象。而中国当前的很多 PE 在选择投资项目时，缺乏长远视点，仅关注短期收益，纷纷追捧所谓的大项目，而丧失了其原有的投资功能，也降低了投资回报。与此同时，很多中小企业却面临融资困难、举步维艰的局面。因此，如何引导 PE 选择中小企业，尤其是具有成长潜力的高科技企业，发挥 PE 的投资功能，积极推动中小企业的发展也成为当前中国私募股权产业发展的重要一环。

（5）信用机制缺失，制约发展

当前，信用管理机制的缺失严重制约了中国私募股权产业的健康发展，甚至有可能撬动其生存的根基。从国际上来看，对于依托信用关系建立起来的 PE 而言，良好的信用关系才是其良性发展的根本保障。美国等西方国家已经形成了以“信用”、“诚实”为基础的信用运行机制，有利于私募股权产业的健康发展。而在中国则缺乏完善的信用制度，特别是缺乏对不良信用行为的惩戒机制和相关的立法保障，这无疑加大了基金投资人的投资成本和风险，也阻碍了中国私募股权产业的进一步发展。根据国家工商总局的统计，中国企业因为信用缺失而导致的直接和间接经济损失占全国 GDP 的 10% ~20% 。因此，信用管理机制的缺失可谓当前中国私募股权产业发展的一大隐患。一方面，PE 自身的信用无法保障，影响社会公众对 PE 的认知，制约其筹资能力；另一方面，PE 所投资的企业因商业欺诈、弄虚作假、合同违约、偷税漏税、虚假广告等问题而出现信用危机，最终会导致 PE 在企业管理乃至未来的退出中面临难题，甚至最终导致投资失败，给 PE 乃至投资者带来巨大损失。

在私募股权产业面临诸多风险的同时，由于对 PE 的信息披露要求相对较低，其操作存在较大的不透明性，很多 PE 并不公布其在筹资、投资等方面的具体数据，这也使得对私募股权产业安全进行评价和预警成为一个难题。

3. 经济意义

根据英国私募股权和创业投资协会（BVCA）在 2006 年进行的一项调查显示，PE 的功能按重要性排序，第一是战略指引，即 PE 在发现经济中的战略机会方面极为优秀；第二是融资服务；第三是行业联系；第四是招募人才；第五是营销。因此我们可以看到，PE 是活跃在经济第一线的机构，正是由于它所具备的这些功能，其收益率才明显超过了股票市场收益率，并日益受到更多投资者的关注和青睐。一直以来，各界对 PE 的认识存在着巨大的分歧。有的人把 PE 视为“经济增长的发动机”、“创新引擎”、“企业成长的助推火箭”，也有的人却将之视为“门口的野蛮人”、“企业猎杀者”、“蝗虫”、“秃鹫”。但不可否认的是，随着中国经济的持续快速发展，中国逐渐成为全球 PE 的重点关注地之一，国内也有越来越多的个人和机构开始涉足私募股权投资领域，私募股权产业已然成为中国金融业中的一个重要组成部分。目前，私募股权产业的健康发展，对中国金融体制乃至中国的持续稳定发展具有重大的经济意义。

（1）有利于加速科技进步和产业结构升级

当前，我国的产业结构调整取得了一定的进展。第一产业产值比重持续下降，第二产业和第三产业产值比重持续上升，产业结构水平得到了明显提升。但是产业发展模式粗放的问题并没有得到根本解决，相对于我国整体的经济发展速度和工业化水平，第一产业发展显得尤为缓慢，并已成为国民经济发展的短板。第二产业所占比重仍然过高，科技创新能力不足，产业发展所带来的资源和环境问题更是成为经济进一步发展的桎梏。同时，我国的第三产业尽管取得了快速发展，但是发展速度仍然跟不上工业的增长速度，第三产业的技术创新能力和制度创新能力更是难以满足社会经济发展的需要。因此，可以说当前第一、第二产业自主创新能力不足和第三产业发展滞后等问题是制约我国产业结构升级的重要因素。

私募股权投资作为包含传统创业投资在内的一种新的资金运作模式，直接服务于实体经济，通过资本配置引导产业结构调整，能够加快战略新兴产业的发展，为高新技术产业化和产业结构升级做出重要贡献。私募股权投资本身就是从创业风险投资发展起来的，其重要的一个组成部分就是向处于不同发展阶段的风险高、科技含量高的创业企业进行投资。在国际金融市场，创业风险基金是高科技企业的孵化器，可以帮助高科技企业由幼稚走向成熟，将科技成果转化为产品，最终形成成熟的产业。例如，美国 PE 就一向偏重对高科技产业的投资，其对计算机软硬件、生物技术、医药、通信等高科技行业的投资一直在其总投资中名列前茅，而这直接推动了 20 世纪 90 年代美国“新经济”增长奇迹的出现。在投资期间，PE 对创新和研发方面的投入也非常高，很多 PE 在研发方面的投入是同行业上市公司的两倍半以上。这一结果直接带动了科技创新的发展，对于加速产业结构升级也起到了积极的作用。

中国目前正在开始“十二五”规划，其主旋律就是要调整经济结构，促进经济增长方式的转变。中国要成为一个创新型国家，就需要风险投资，把科技转化为生产力。私募股权投资不仅可以成为科技创新的资金后盾，而且 PE 所提供的附加值服务也能为科技转化为生产力后的运营提供最为急需的管理理念和管理机制，加速产业结构升级的进程。中国首批创业板上市的 28 家企业中有 23 家受到了 PE 的支持，这一现象正是私募股权产业加速科技进步和产业结构升级的证明。

（2）有利于调整融资结构和完善资本市场

我国现有的融资结构存在严重的缺陷，间接融资的比例远远高于直接融资。1996～2001 年中国金融市场直接融资所占比例分别为 10%、15%、19%、21%、22%、19%，[①] 远远低于发达国家直接融资占 70%左右的水平。

2011 年 12 月，中国证监会主席郭树清在“第九届中小企业融资论坛”上表示，当前中国金融重要的风险因素仍然是金融结构失衡。2002～2010 年的 9 年间，中国企业通过交易所市场筹措的资金总额是 3.28 万亿元人民币，仅为同期银行贷款增加额的 8.5%。即使把其他直接融资形式筹措的资金都加到一起，这一比例仍然严重偏低。这直接导致股权性资金严重不足，债务性资金占据主导部分。目前，我国企业普遍存在负债率过高、缺乏投资资金的问题，这说明现有的过多依靠间接融资的融资结构存在着严重缺陷，制约了我国经济的进一步发展。

要改变目前中国融资结构的失衡问题，就有必要提高资本市场效率，促使更多的储蓄转化为投资。中国是世界上储蓄率最高的国家之一，也是资本市场效率最低的国家之一。可以说中国现在最缺少的不是资金，而是如何完善金融市场，引导这些资金投向那些有效益的、成熟的企业，而不是仅仅涌向股票和房地产市场，导致股票市盈率和房地产价格不断攀升，对国民经济健康、稳定发展带来隐患。

正如中国人民银行原副行长吴晓灵在出席由中国企业投资协会主办的“中国私募股本市场国际研讨会”上所指出的，中国不缺乏有战略眼光的企业家，不缺乏有冒险精神的投资人，也不缺乏能有效利

① 中国人民银行网站：http：//www.pbc.gov.cn/publish/yanjiuju/703/1487/14872/14872_.html，2012-03-05。

用的各种资源。中国缺乏组合各种要素的金融工具，而 PE 就是其中之一。目前，私募股权投资市场已经成为全球资本市场的重要组成部分，成为发达国家提升金融资本核心竞争力的重要手段和实现全球化金融战略的核心工具。在美欧等西方发达国家金融市场，PE 经过几十年的发展已经成为仅次于 IPO 的直接融资渠道。可以说，PE 就是直接融资的重要组成部分，代表的是民间资本，包括居民和企业间、企业和企业间的相互投资。有统计表明现在中小创业板上市的企业中，80% 以上的公司在上市前都做了私募安排，这个做法现在已经成为企业上市前必不可少的举措，通过这种方式融资来解决一系列问题。如图 1－6 所示，有 PE 背景的中国企业 IPO 数量和规模在 2010 年最高时曾分别达到 220 家企业和 2529. 9 亿元，2011 年融资规模虽有所下降，但也有 165 家企业通过 IPO 实现融资 1796. 7 亿元。因此，发展私募股权产业不仅可以有效动员民间资金，提高直接融资比例，调整我国融资结构，还可以有效地提高资金结构中股权型资金的比例，分散金融风险，形成多层次的投资渠道，推动我国发展多层次资本市场目标的实现，进一步完善我国资本市场。

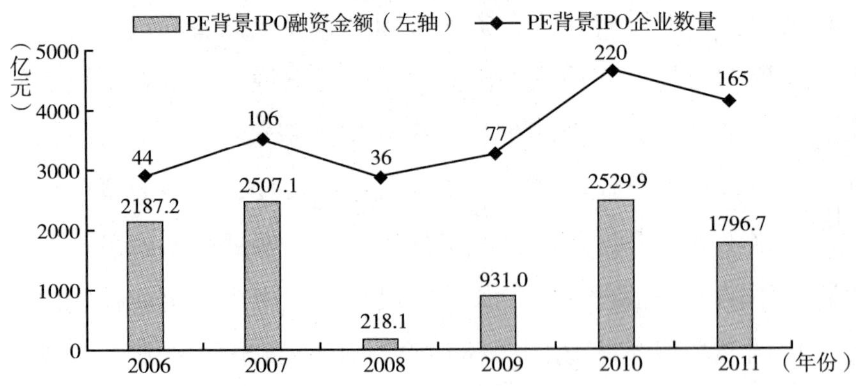

图 1－6　2006～2011 年有 PE 背景的中国企业 IPO 融资规模

资料来源：ChinaVenture：《2011 年中国创业投资及私募股权投资市场统计分析报告》，2012，第 48 页。

（3）有利于加强企业治理和促进就业增长

经济全球化发展到今天，国与国之间的竞争更主要的是彼此之间企业的竞争，尤其是大企业之间的竞争。近年来，中国企业的整体实力有所增强，在美国《财富》杂志公布的世界企业500强中，中国入榜企业数量不断增加。2005年中国入榜企业仅18家，所占比率仅为3.8%。2006年则入榜23家，2007～2010年分别增加到30家、35家、43家和54家。2011年中国入榜企业创纪录地达到69家，超过日本，仅次于美国的133家，占比13.8%。但入榜企业的增加与我国目前占世界人口19%、世界第二大经济体、拥有上千万家企业的国情并不成比例。而且我国入围的企业主要是石油、金融、电讯等国有大型垄断企业，少有市场经济条件下发展起来的民营企业。面对国外跨国公司的强大实力，我国企业的整体素质仍明显落后，国际竞争力处于弱势。目前，大多数中国民营企业平均寿命较低，很多企业没有建立、健全的法人治理结构，缺乏清晰的企业发展战略，创新能力和市场开拓能力较低，公司治理之路还任重道远。

而美、欧等发达国家私募股权产业发展的经验证明，PE对加强企业治理能够发挥重要的作用。PE不仅可以给中小民营企业带来发展所急需的资金，而且能够为这些企业带来更多的附加价值，提升企业的核心竞争力。如为企业挖掘其事业的增长潜力，确立新的战略定位，并支持其实现该战略；帮助企业优化公司资本结构，建立现代企业制度，完善公司内部治理，扩大营销渠道；通过向企业派驻非执行董事及引入专业化管理团队，提供一套成熟的专业管理服务，给企业带来更多先进的管理理念，规范和完善公司的治理结构；大力支持企业的并购及海外扩张。可以说，PE是企业成长过程中一个基于企业战略的外部智力和关系网络的资源整合平台，能够为企业发展提供极大的支持。

在帮助企业完善治理结构的同时，PE通过对企业的改造重组，

还创造了更多的就业机会。根据中国欧盟商会与贝恩公司联合进行的一项调研统计显示，在调查期内，接受私募股权投资的公司的雇员总数增长了16%，而同时期内上市公司相比仅增长了8%。并且这些获得私募股权投资的公司还支付了更高的薪酬，其薪酬总额的增长速度，与其他上市公司相比高出七个百分点。雇佣大专及以上学历毕业生的数量的增长速度也比同类公司高50%，从而进一步提高了就业质量。

（4）有利于推动中国企业走向国际市场

当前我国已经走到要全面融入全球经济的发展阶段，我们不仅需要继续"引进来"，更需要"走出去"。2000年《中共中央关于制定国民经济和社会发展第十个五年计划的建议》中明确提出，要实施"走出去"战略，努力在利用国内外两种资源、两个市场方面有新的突破。中共十六大报告进一步指出，实施"走出去"战略是对外开放新阶段的重大举措。要鼓励和支持有比较优势的各种所有制企业对外投资，带动商品和劳务出口，形成一批有实力的跨国企业和著名品牌。实施"走出去"战略，我们有一些传统的路径，如通过贸易、资本和金融项目、投资、政府贷款，等等，这些路径依然有效。但是引进并大力发展私募股权投资这种目前在国际上比较通行的新的融资模式来实施"走出去"战略更具有一种积极和主动的意义。

目前，越来越多的中国企业开始采取跨国并购的方式开辟海外市场，寻求新的出路，继续维护和不断增强自身的竞争力。根据普华永道（PWC）的一项统计显示，2010年中国企业出境并购的增长趋势明显，交易数量增长超过30%，达到创纪录的188宗，已披露的交易金额合计约380亿美元，其中超过10亿美元的大额境外并购交易量达到12起。另外，尽管资源相关行业依然是重要的收购目标，但与此同时，对高科技企业的并购交易数量也在增加。普华永道中国企

业并购合伙人苏启元在回答《国际融资》记者问题时表示："中国企业继续探寻海外投资并购机会，资源产业是关注的重点，但其他产业也明显变得越来越活跃起来。随着中国参与海外并购的企业数量和多样性的增加，这一趋势将使中国的海外并购在未来得到进一步发展和提升。"

在中国企业海外并购取得增长的同时，我们也必须看到，实际操作中存在着许多问题。如中国企业往往对并购企业所在国的法律、法规等政策环境不熟悉，缺乏执行跨国并购交易的管理知识，对于并购企业的企业文化无法融合，等等。如果能够借助外力将有助于中国企业更好地完成并购历程。因此，引入 PE 将加大中国企业海外并购的成功概率。在跨境并购中，PE 不仅可以向企业提供并购所需的资金，还可以利用自身拥有的专业化的管理团队、对并购交易的经验、对企业整合目的的洞察、对国外经理级管理人才的吸引以及并购项目的人际网络，为中国企业提供支持和服务，帮助中国企业成长为跨国公司，推动海外并购的顺利开展。

案例 1-1　英国金融家罗斯柴尔德推出针对中国投资者的私募股权投资基金

英国金融家雅各布·罗斯柴尔德针对中国投资者推出一只规模 7.5 亿美元的新 PE，投资者可通过该基金参与国际交易，利用最新经济改革和对海外投资的兴趣牟利。

支持该基金发行的 RIT Capital Partners、Creat Group 和 Quercus Ventures 2011 年 3 月 31 日在声明中称，新基金将为私营企业从新成立的中国国际商会中寻找投资者。

该基金将给中国投资者带来首个通过国际 PE 投资海外企业的机会。罗斯柴尔德在声明中称，"这一独特的基金公司将允许中国民间企业投资西方企业，同时也给西方公司创造机会，进入快速成长、生机勃勃的中国经济”。

该基金计划购买跨国企业的非杠杆少数股权，这些企业横跨科技、洁净技术、自然资源和奢侈品等行业。

这家新基金公司名为 J. Rothschild Creat Partners，预计后续将推出更多其他针对中国投资者的产品。

资料来源：汤姆森路透：《英国金融家罗斯柴尔德推出针对中国投资者的私募股权基金》，http：//cn. reuters. com/article/privateEquityNews/idCNnCN171421920110331，2012－02－11。

四　私募股权投资基金的内涵

1. 私募股权投资基金的概念界定

目前，国内外各界对于 PE 的概念并没有形成一个统一的界定，大都是从投资对象的角度，认为 PE 是一种由专家管理的从事私募股权投资的集合投资组织，并倾向于从广义和狭义两个层面去理解私募股权投资的内涵。

著名评级机构标准普尔（S&P）认为私募股权投资是各种另类投资（Alternative Investment）的统称，包括对非上市公司进行的股权投资、早期和晚期的创业投资（又称风险投资）、大型和中型收购投资、夹层债务和夹层股权投资、房地产投资以及对上市公司进行的私下协议投资（Private Investment in Public Equity，PIPE）。PE 就是一个由 GP 代表有限合伙人（LP）从事私募股权投资的有限责任企业。[①]

美国创业投资协会（NVCA）则认为，创业投资是私募股权投资的一个子集，私募股权投资包括创业投资、收购投资和夹层投资。其

---

① S&P，*CDO Spotlight*：*Global Criteria For Private Equity Securitization*，2006.

中创业投资强调投资私有、年轻、快速发展的企业，而并购基金和夹层投资则强调投资更成熟的企业。[①] 根据美国联邦银行业监管条例（Code of Federal Regulations，Title 12：Banks and Banking），PE 被定义为：①其成立目的就是为了投资于金融或非金融公司的股权、资产或者其他所有者权益，并在未来将之出售或以其他方式处置；②其不是一个运营公司；③任何一家金融控股公司及董事、经理、雇员和主要股东不直接或间接持有、控制其总股本的 25% 以上；④其最长存续期不超过 15 年；⑤其设立并非出于规避金融控股公司监管条例或者其他商业银行投资限制的目的。

欧洲私募股权和创业投资协会（EVCA）认为私募股权投资是向未上市企业提供权益资本的一种投资方式，其包括以下几个投资阶段：创业投资、企业成长投资、重置投资、救援/周转及收购投资。而 PE 则是一种封闭式的主要对未上市企业进行权益投资的资产管理组合。[②] BVCA 也将私募股权投资定义为一种以获得股权为目的而向具有高增长潜力的未上市企业提供的中长期融资。[③] 中国香港创业投资协会（HKVCA）也采用了类似的定义，认为私募股权投资就是风险投资，是通过长期股权投资的方式投资年轻且高速成长的公司，私募股权交易分为三大类：创业风险投资、成长资本、控股收购。[④]

OECD、PWC 等机构则主要从狭义上去界定私募股权投资，仅将其视作收购投资，认为 PE 所支持的收购交易范围广泛，包括管理层

---

① NVCA，*What's the Difference Between Venture Capital and Private Equity*?，http：//www.nvca.org/index.php? option = com_ content &view = article&id = 119：faq&catid = 41：press-center&Itemid = 621，2012 - 01 - 12.

② EVCA，*Private Equity Yearbook*，2011，p. 7.

③ BVCA，*A Guide to Private Equity*，2003，p. 7.

④ HKVCA："什么是创业投资、私募股权投资、收购"，http：//www.hkvca.com.hk/hkvcpea/cwhatis.html，2012 - 01 - 12。

收购（MBO）、管理层换购（MBI）以及通过财务杠杆对大型上市企业进行收购。[①]

北京股权投资基金协会（BPEA）则将私募股权投资定义为通过私募形式对私有企业，即非上市企业进行的权益性投资，其在交易实施过程中附带考虑了将来的退出机制，即通过上市、并购或管理层回购等方式，出售持股获利。广义的PE为涵盖企业首次公开发行前各阶段的权益投资，即对处于种子期、初创期、发展期、扩展期、成熟期和Pre-IPO各个时期企业所进行的投资，相关资本按照投资阶段可划分为创业投资（Venture Capital）、发展资本（Development Capital）、并购基金（Buyout/Buyin Fund）、夹层资本（Mezzanine Capital）、重振资本（Turnaround），Pre-IPO资本（如Bridge Finance），以及其他如上市后私募投资（PIPE）、不良债权（Distressed Debt）和不动产投资（Real Estate），等等。狭义的PE主要是指对已经形成一定规模的、并产生稳定现金流的成熟企业的私募股权投资部分，即主要是指创业投资后期的私募股权投资部分，这其中并购基金和夹层资本在资金规模上占最大的一部分。在中国，PE主要是指这一类投资。[②]

事实上，私募股权投资的内涵随地区的不同也代表了不同的含义，美国与欧洲、亚洲等国在划分创业投资阶段和私募股权投资阶段的交接上存在着差异。在美国，一般根据对企业投资的阶段来区分创业投资，更强调创业投资是对处于早期发展阶段的企业的投资。而在美国之外的地区，如欧洲等地，则认为创业投资包括了企业投资的所有阶段，基本等同于私募股权投资（如图1-7）。

Preqin的一项调查显示了目前国际上各机构投资者所参与的PE的类型，其中有的机构采取多种投资策略，或参与多种类型的投资基

---

① OECD, *The Implications of Alternative Investment Vehicles for Corporate Governance*, 2007, p. 8.

② BVCA：PE百科，http://www.bpea.net.cn/article//pebk/200807/20080700002845.shtmln/article//pebk/200807/20080700002845.shtml，2012-01-12。

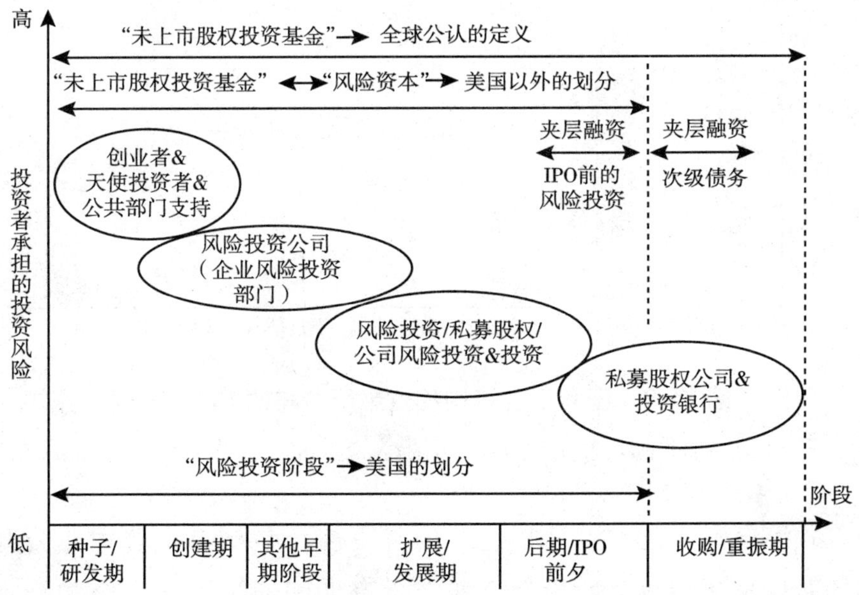

图 1－7　私募股权投资的各个阶段

资料来源：〔瑞士〕马丁·黑米格：《风险投资国际化》，吴红等译，复旦大学出版社，2005，第 22 页。

金。在所有调研的机构中，参与创业投资和收购基金的投资最多，分别占到 41% 和 38%，这也是私募股权产业中最受关注的两个领域。12% 的机构参与管理 FOF，10% 参与夹层投资，9% 从事不良债权机构的重振以及 6% 参与基础设施投资基金。另有 19% 的机构参与其他类型的 PE（如图 1－8）。

事实上，在中国以广义还是狭义来定义 PE 也没有形成定论或者一致的意见，不过，随着私募股权产业的不断发展，创业投资与狭义的私募股权投资之间的区别越来越模糊，很多创业投资基金也涉足狭义私募股权投资的领域，而很多狭义 PE 也向处于种子期、初创期的企业进行投资。

本研究认为可以从广义的角度来定义 PE，即这是一种通过非公

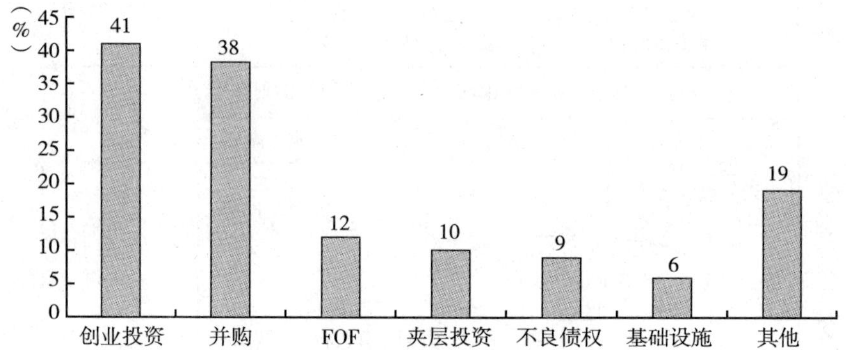

图 1-8 国际上各机构投资者所参与的 PE 的类型

资料来源：Preqin，*The 2012 Preqin Compensation and Employment Review*。

开方式筹集资本，主要对非上市公司股权（包括上市公司非公开募集的股权）进行权益性投资，并在投资期间通过注入资金和管理经验，将非成熟甚至处于初创邀约阶段的低值股权经营为一份优质股权，最后通过上市、并购或管理层回购等方式退出实现资本增值的专业集合投资管理机构。

2. 私募股权投资基金的特征

（1）私募资金：非公开、特定对象

PE 中的“私募”具有两层含义，一是针对投资基金而言，其筹资方式为私募，即采用非公开的方式向特定投资者募集资金；二是针对被投资企业而言，其融资方式为私募，即接受投资的企业不是通过公开上市发行股票，而是通过非公开方式出售股权来募集资本。因此，无论是投资基金筹资还是被投资企业融资，都只能通过非公开方式进行，不能采取公开手段进行宣传，如不可以在电视或报纸上做广告，不能通过网络做宣传，不能进行公开劝诱等。在传播募集信息时，一般利用投资者之间的熟人关系，通过私下途径告知有关信息。当然，作为例外，PE 也常常收购上市公司的股权。但是收购上市公司后，PE 通常会将其“私有化”退市，采用不同于上市公司的治理

结构和资本结构，以提升收购对象的运营效率和经营业绩。另外，任何一个市场中，上市企业所占的比例不会超过1%，其余99%以上都是非上市企业。因此，这种运作模式并不会改变PE交易对象主要是非上市公司股权的特性。

由于PE在募集资金过程中的非公开性，也使得其只能面向特定的“合格投资者”募集资金，即要求投资者不仅拥有雄厚的资金实力，还必须具有较强的风险识别和承受能力。因此，PE的募集对象主要是资金实力雄厚的个人和机构投资者。目前，个人投资者中，许多实业大亨拥有巨额财富，他们选择在资本市场上大展拳脚，成为了PE个人投资者的重要组成部分。此外，许多财富创造者的后代，即“富二代”持有大量资金，但是缺乏相应的资本运作能力和风险辨识能力，也成为PE的重要个人募集对象。在机构投资者方面，银行、保险公司、养老金以及其他各种金融资产管理公司，管理着社会上大量闲散资金，为PE提供了广阔的资金募集渠道。除了金融机构之外，许多法人企业在进行实业投资的同时，也可能出于发展战略或纯粹谋利的目的，进行股权投资。此外，近年来，由一个PE向另一个PE进行投资的模式成为私募股权投资领域的新动向，这种基金被称为基金中的基金（FOF）。还有一个新的趋势是资产主要来源于国家自然资源出口或外汇储备盈余的主权财富基金也作为机构投资者之一，逐渐加大了对PE的投资。

如图1－9所示，2010年欧洲PE的主要投资者中，富裕的个人和家庭投资者分别占总数的5.3%和9.4%，而包括养老金、FOF、政府机构、银行、保险公司、主权财富基金在内的机构投资者共占到总数的77.7%，其中养老金是最大的机构投资者，占到总投资的12.1%，其次是基金的基金占总投资的10.5%。而主权财富基金近年来在逐渐加大对私募股权领域的投资力度，达到了5.8%。

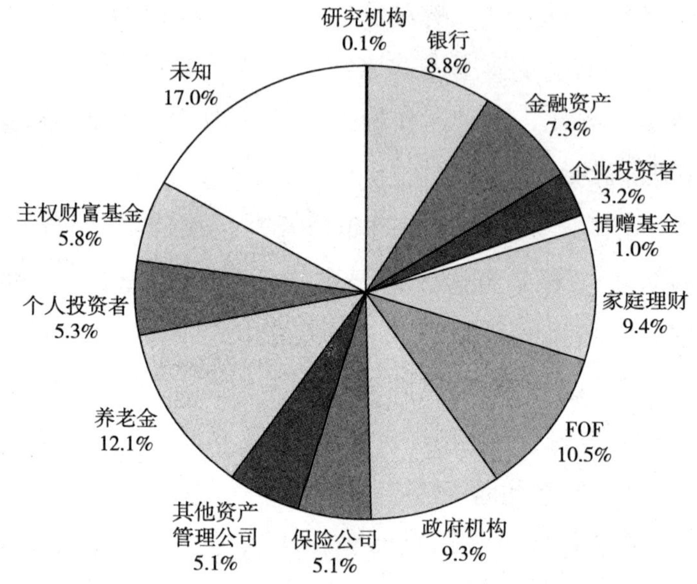

图 1－9　2010 年欧洲 PE 投资者类型

资料来源：Evca，*Private Equity Yearbook*，2011，p. 8。

案例 1－2　中国投资责任有限公司加大对 PE 的配置

近十几年来，主权财富基金在国际经济中的影响越来越大，随着中国经济在世界范围内的崛起，中国主权财富基金逐渐受到国际的关注。中国在 2007 年 9 月 29 日，首次成立了资产规模达 2000 亿美元的主权财富基金——中国投资有限公司（CIC，简称：中投）。该公司是依照《中华人民共和国公司法》设立的从事外汇资金投资管理业务的国有独资公司。由中国财政部通过发行 1.55 万亿元人民币特别国债，向央行购买 2000 亿美元等值外汇资产用作注册资本金。同时，2003 年成立、承担国有银行改革和注资平台任务的中央汇金公司并入中投公司，成为其全资子公司。

2009 年 4 月中投公司调整了其投资部门的职责，设立了“相对收益投资部、策略投资部、私募投资部、专项投资部”四个部门，取代原来的“股权投资部、固定收益投资部和另类资产投资部”。

2011年4月底中投又做了内部改组，之前做PE和FOF的私募投资部和做直投的策略投资部现在都可以做私募股权投资项目，只是在具体行业上有所不同，一个负责金融机构（Financial Institutions Group，FIG）、全球投资（Global Investment Group，GIG）等；另一个负责油气（Oil & Gas）、基础建设和自然资源等。

布局海外私募投资注重新兴市场

中投投资私募股权主要通过私募股权基金和直接投资基金。Preqin的报告显示，中投全球投资“显示出对收购基金（Buyout Fund）和美国基金公司的偏好”。中投对私募股权的首次投资是在2008年第一季度，当时该公司投了40亿美元到美国私募股权公司JC弗劳尔斯（JC Flowers）。这项投资占了后者总资本的80%，也是当时最大的私募投资之一。2009年7月，中投还从香港的私募股权公司——“中信资本控股有限公司”（CITIC Capital Holdings）购入40%的股份，这项交易预计达20亿港币。整个2010年，中投大大增加了对私募股权基金的配置，尤其是海外投资。2010年初，中投通过从安佰深LP处购买股份，向安佰深欧洲7号基金（Apax Europe Ⅶ Fund）投资了6.85亿欧元。在这笔交易之前，中投还在2009年第四季度购买了安佰深旗下基金管理公司Apax Partners LLP不超过8亿欧元的股份（即2.3%的股份）。就在当月，中投还投资了美国的收购基金Triton Fund Ⅲ。2010年第三季度，中投还是价值12亿欧元的英国私人股本3i增长资金基金（3i Growth Capital Fund）的主要LP。在2010年，中投还增加了二级市场投资，对两家二级市场基金公司投资15亿美元——列克星敦投资公司（Lexington Partners）和高盛（Goldman Sachs）各获得7.5亿美元来代表中投向二级市场收购和风险基金进行投资。除此，中投还通过对“基金的基金”（Funds of Funds）进行投资，从而进一步分散私募股权投资组合。

据中投在2010年6月透露的数据，当时中投的投资组合中约25%为股票，9.4%为对冲基金投资，7%为私募股权投资，8.6%为现金，18.9%用于“特殊情况”。中投还开始增加全球另类资产的配置，其全球私募股权投资占全球投资组合的7%（总资产的2.3%），对冲基金占投资组合的9.4%（总资产的3.1%）。

2011年10月中投宣布将向俄罗斯一只新成立的主权财富基金（Russian Direct Investment Fund，RDIF）投资10亿美元。本次中投所投资的10亿美元是RDIF自成立后拿到的首笔境外出资承诺，RDIF也将向这个项目出资10亿美元，并有望再从中投之外的中国机构投资人中“吸金”20亿美元。据境外媒体报道，该合资基金总规模的70%将投资于俄罗斯、哈萨克斯坦和白俄罗斯，另外30%投资于中国境内。RDIF首席执行官Kirill Dmitriev表示，基金将主要关注农业、消费品和新能源领域，不会投资于房地产。

资料来源：

金融界：《争议中投：再获注资或跻身全球前三大主权财富基金》，http：//fund.jrj.com.cn/simu/2011/05/1713189986069-3.shtml，2012-01-15。

腾讯财经：《解构中投投资全版图，布局海外私募抄底房地产》，http：//finance.qq.com/a/20110318/000395.htm，2012-01-15。

网易：《中投10亿美元投资俄罗斯私募股权基金》，http：//money.163.com/11/1012/02/7G4MMOII00253B0H.html，2012-01-15。

（2）长期资本：封闭性、有限生命

PE的资本相对缺乏流动。基金建立后，管理者在做出投资决策前，一般要经过较长的时期来搜寻投资机会、考察投资项目、确定投入方式并最终向企业投入资金。入股企业后，PE要根据目标企业的实际情况制定相对长期的投资策略，并选择合适的机会退出以争取最大收益。因此，在投资周期上，其从投资到变现退出的持续时限

可长达3~7年，甚至更长。由于具有长期资本的特性，因此PE在成立时，一般都要求有一定的封闭期，有的还可以根据情况适当延长。投资者在投资期内不能退出，只能通过被投资企业成功上市后方可套现退出，或通过被其他PE并购及被所投资企业管理层回购等方式退出。

此外，从PE的投资者来看，GP自然希望在整个投资期限内有一个稳定的投资团队，但基金存续的时间越长，在越可能获得巨大收益的同时，也越可能因投资失败而倒闭。而LP则更倾向于提前了解资本何时投向企业、何时成功退出以及如何分配收益。因此，大多数PE的合伙协议都会设定一个有限的存续期，一般而言为10年，但允许由于投资还未获得最大回报而适时延长1~2年。其中，FOF由于会对存续期达10年的PE进行投资，因此其存续期通常达到14~16年，甚至更长。图1-10是汤姆森路透在其对40家美国创业投资基金、30家美国并购基金、27家国际创业投资基金、16家国际并购基金和8个FOF进行调查后得出的数据，显示了大部分基金的有限生命为10年并可以根据情况适当延长。

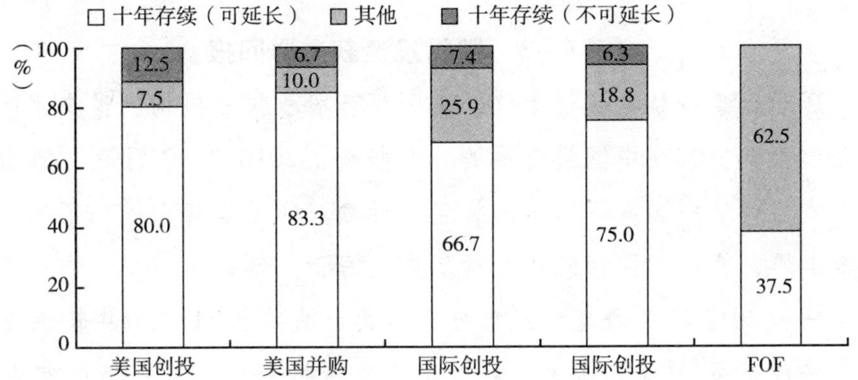

图1-10　基金的生命周期

资料来源：Thomson Reuters：*PE/VC Partnership Agreements Study 2010-2011*，p.13。

（3）股权投资：高风险、收益丰厚

PE以未上市公司的股权为投资对象，其投资是看好目标公司未来的快速增长，进而带来股权价值的大幅提升。一般而言，PE成功退出一个企业后，其投资回报可能达到3～5倍，在中国由于PE大多采取IPO方式退出，其投资回报有可能高达20～30倍。通过IPO退出是私募股权投资回报最高的退出方式，上市的收益来源是企业的盈利和资本利得。这种退出方式代表了资本市场对该公司业绩的一种认可，可以让私募股权投资者在退出时获得大量现金，取得丰厚收益。如被称为总统俱乐部的美国凯雷投资集团，是全球最大的另类资产管理公司之一，截至2011年6月30日，旗下管理资产总额达1530亿美元，集团对外宣称其年均投资回报率高达30%。

根据Preqin的研究报告显示，全球PE在截止到2010年12月31日之前一年内的回报率达到18.8%。在不同类型的PE中，收购基金的回报率最高，达到22.6%。其次是创业投资基金，达到10.9%，夹层基金和房地产基金分别达到8.6%和4.7%。[①]

案例1－3　凯雷投资获丰厚回报

历时六载，获利超过十倍，美国私募股权投资机构凯雷集团而今正在逐步退出其在中国最重要的一笔投资。2010年12月底，凯雷开始正式执行从中国太保退出的跨年度计划。凯雷投资太保，不仅财务回报丰厚，亦在中国保险业发展历史上写下一笔。

截至2011年7月底，凯雷分三次共计减持8.51亿股中国太保H股，累计套现36.7亿美元，经过这三次减持之后，凯雷仍持有4.42亿股中国太保H股，若以中国太保H股31港元/股的股价来计算，

① Preqin, *The 2011 Preqin Private Equity Performance Monitor*, 2012, p. 1.

凯雷所持剩余股份价值约17.6亿美元。以其初始投资额4.1亿美元来计算，凯雷六年获利逾十倍。

2005年底，凯雷斥资4.1亿美元入股太保寿险，助后者解决偿付能力问题。这笔投资几经辗转，先上翻为太保集团股份，后在2009年12月23日太保H股上市时全部转化为H股，限售期为一年，至此凯雷为其海外退出打通了路径。

凯雷投资太保所动用的资金来自于凯雷亚洲基金的第一只基金，成立于1999年。以此计算，2011年将是这只基金存续的第12个年头，已经超出普通PE的存续期。正因如此，2010年底，解禁期一到，凯雷就开始了减持。2010年12月30日及2011年1月10日，凯雷先后以每股31.15港元、33.45港元套现2.16亿股、4.152亿股太保H股，合计套现约206亿港元。

凯雷于2010年12月30日通过香港联交所出售中国太保H股215832400股。据平安证券的研究报告，受让方是美国知名资产管理公司Waddell & Reed牵头的基金团。后者成立于1937年，旗下管理的资产约700亿美元，主业是养老金管理，投资方向主要是蓝筹股。

凯雷于2011年1月10日通过联交所大宗交易平台以33.45港元的价格减持4.152亿股太保股。其中安联集团和美国共同基金Fairholme Capital分别受让了1.98亿股和1.44亿股。余下部分为一组其他投资者购得。

凯雷所持有的太保H股总量高达13.23亿股，相当于太保H股总数的61%，考虑到减持对股价造成的压力，凯雷在2011年1月10日减持之后，承诺未来6个月内不会增加或继续减持股份。2011年7月，凯雷承诺的半年期限刚到，市场纷纷传言凯雷或将撤离中国太保，不久这一传言即获证实，凯雷自年初减持太保后，再趁6个月禁售期届满，以低折让价配售2.5亿股太保H股，套现最多78.5亿港元，持股量由29.9%降至约19.1%；计及2010年底及2011年初配股，基金已共套现约284亿港元。

根据最新消息，2012年1月18日，凯雷再度出手减持中国太保1800万股H股，在交易交割日期（2012年1月20日）后，持有上市公司H股由约3.30亿股下降至约3.12亿股。而凯雷旗下另一家投资实体Carlyle Holdings Mauritius Limited继续持有上市公司H股1.13亿股。减持后，凯雷集团拥有中国太保约4.25亿股H股，持股比例由5.15%下降至4.94%。

2012年1月18日减持当日中国太保H股股价最低为22.70港元/股，最高为23.45港元/股，据此计算，凯雷集团此次套现金额在4.086亿至4.221亿港元之间。

前三次减持使得凯雷集团得以套现近284亿港元，若再加上本次减持，凯雷集团减持中国太保H股套现总计达到约287亿港元。

此外，2012年初一份递交监管部门的文件显示凯雷创始人因公司2011年业绩创纪录高位而获得高额薪酬，且由于即将IPO还有望收获更多回报。根据该文件，创始人William Conway、Daniel D'Aniello与David Rubenstein每人都获得了1.34亿美元现金，以及380万美元高管薪酬。除此之外，Conway、D'Aniello与Rubenstein还分别从之前的投资中获得7080万美元、7760万美元及5680万美元。该文件没有说明这其中有多少是他们的起始投资，多少是获利额。

2011年前9个月，凯雷分给基金投资者逾150亿美元，创下纪录高位。2010年为80亿美元。在此前表现最佳的年度——2007年则为89亿美元。

资料来源：

金融街PE：《金融街PE周刊》第146期，第13～16页。

杨倩雯：《再度减持中国太保1800万H股凯雷持股比例跌入5%》，《第一财经日报》2012年1月31日。

汤姆森路透：《凯雷集团创始人2011年获丰厚回报，因当年业绩创纪录高位》，http：//cn. reuters. com/article/privateEquityNews/idCNSB133106420120111，2012-02-05。

不过在获得高回报的同时，PE投资者也面临着比其他投资形式更高的风险。如全球资本市场变动的风险：PE在向企业进行投资时，有时也需要向资本市场进行融资。一旦资本市场银根紧缩，其无法获得低价融资，就会直接提高融资成本，影响收益。另外，很多PE要通过资本市场实现退出，一旦资本市场表现低迷时，其收益就会大大低于预期；政策风险：目前，很多PE都面向世界寻找优质项目进行投资，也因此必须承担不同地区的政策风险，有可能因某地区的政策变化而付出更多的成本；行业风险：PE所投资的企业必然也身处某一行业，一旦其所投行业出现发展困境，必然会波及投资者的利益；企业运营的风险：由于PE是以获得企业管理权为投资目标，那么企业运营的好坏也将影响到未来其收益的多少。PE通常投资于发展期或成长期的企业，本身发展就有很大风险。一旦企业运营失败，将有可能使得投资者血本无归；人力风险：PE非常需要的就是有经验的管理团队，一旦管理团队出现人才流失，会对其投资选择、上市退出等战略、政策产生影响，从而使收益出现风险；退出风险：相比其他形式，股权投资的流通性差，不能直接在二级市场上买卖，IPO面临着高标准、严要求、多手续等问题，即使成功IPO后，根据规定，投资者也还要经历几年的限售期才能转让手中的股票，实现完全退出。这期间任何一个环节出现差错都会导致获益的受损。

（4）事业开发：广泛性、增值服务

PE的投资领域非常广泛，可以在全球范围内跨越多个行业和领域寻求投资机会。据安永发布的《2011 年全球 PE 形势分析》显示，2010 年全球 PE 所从事的并购交易涉及多个重要行业和领域。其中，日用消费品行业的并购活动最为活跃，占到全部交易的 17%，其次是消费者和专业服务（包括零售业）占到 15%，此外，材料业和金融业分别占到总交易的 14% 和 12%（如图 1－11 上图）。另外，据毕马威的一项调查显示，受调查的全球 PE 中，有 38.2% 的基金认为 2012 年最佳投资领域将是能源产业，19.1% 的基金则选择了医疗保健行业，14.6% 为金融服务行业，13.6% 为媒体、通信行业，选择房地产业和零售业的基金分别占 12.7% 和 1.8%（如图 1－11 下图）。由此可见，PE 的投资活动涉及广泛，与全球各大重要行业紧密相连。

此外，PE 对非上市企业投入的不仅仅是资金，还有先进的管理经验和各种增值服务。优秀的 PE 内部拥有非常专业的基金管理团队，他们具有丰富的企业管理经验和市场运作经验，对所投资企业所处的行业有深入了解，能够帮助企业制定适应市场需求的发展战略，帮助企业改进经营和管理模式。由于私募股权投资的目标企业多是成长中的非上市公司，因此其进入的是一个正处于发展阶段的公司，必须付出一定努力，不仅要满足所投企业的融资需求，更要为企业带来利益，提供各种增值服务。PE 在入股一个企业后，并不是真正占有一个企业，而是主要从健全财务制度、完善公司治理、加强组织运营三个方面，采取措施为企业提供增值服务。其中，完善公司治理是 PE 给企业提供价值增值的关键因素，通过给予管理层股权激励和 PE 作为大股东对企业经营进行积极监督来推动企业价值增值。目前中国一些民营企业就通过引入海外 PE 的投资，获得了先进的管理经验，优化了企业治理结构。同时，借助海外资本的优势，可以打造国际化的商业模式，拓展海外市场，逐步向国际市场渗透。

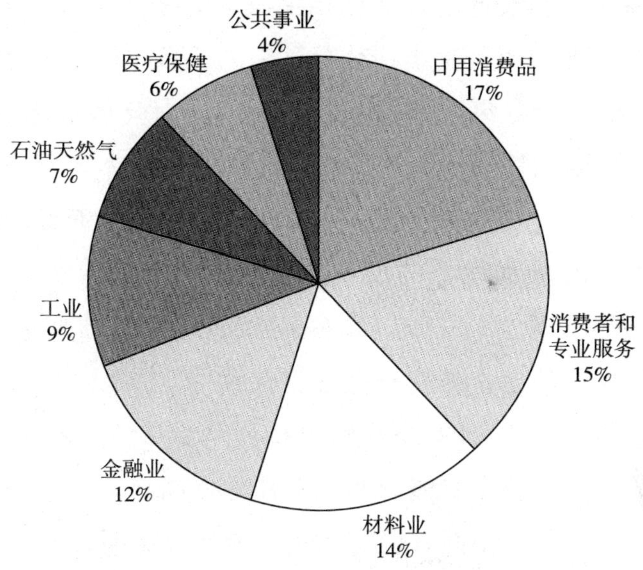

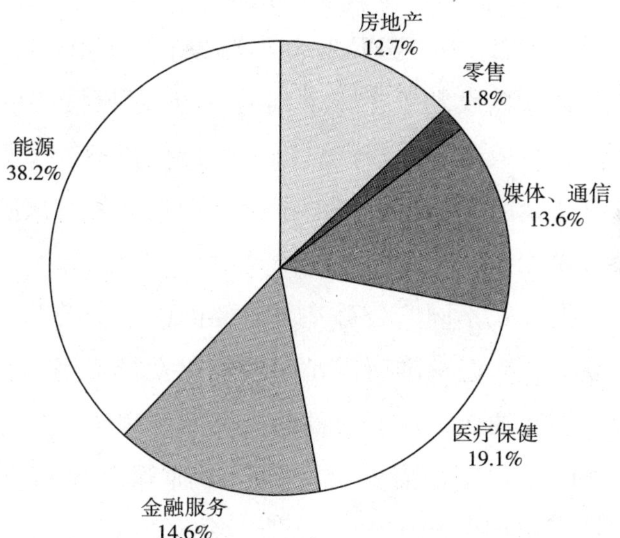

图 1-11　2010 年私募股权基金并购行业分布（上）和 2012 年最佳投资领域调查

资料来源：ERNST & YOUNG，*Global Private Equity Watch*：*Winners Will Emerge 2011*，p. 13；KPMG，*PE Focus-Private Equity Analyst Highlights*。

3. 私募股权投资基金与其他相关概念的区别

（1）私募股权投资基金与公募基金的比较

根据投资基金募集方式的不同，可以分为公募基金和私募基金。公募基金是指面向社会不特定公众，通过公众媒体等公开方式募集而设立的投资基金。私募基金则是指面向少数特定投资者，通过非公开方式“私下”募集而设立的投资基金。事实上，国外基本没有“私募基金”这样的概念，一些以私募基金形式存在的基金大都为对冲基金、风险投资基金、并购基金等。在我国之所以称其为私募基金，是相对于公募基金而言的。PE 属于私募基金中的一种形式，其与公募基金的区别及优势主要体现在以下几个方面：

第一，募集对象不同。公募基金在募集资金时，面向社会公众即不特定投资者，范围广泛。而 PE 仅仅面向少数特定投资者，如富有的个人或机构投资者。并且 PE 对募集对象有严格限定，在不同的国家都对其投资者人数设定了上限。同时，PE 对投资者的资金实力要求也比较高，如对投资者的资产总额和最低投资额做出具体规定，并要求投资者对基金的运作有较好的了解，而且还要有风险辨别能力和较大的风险承受能力。

第二，募集方式不同。公募基金需要面向社会公开募集，整个发行过程比较复杂，登记核准所需时间较长，发行费用也较高。如公募基金在发行时须经注册，注册文件的内容庞杂琐碎，制作成本高。在准备注册文件的过程中，需要会计师、律师等众多专业人士的大量参与，造成发行费用大幅上升。此外，公开发行采用媒体广告等方式也会大大提高发行成本，并导致发行进程较为迟缓。相比之下，PE 采取非公开方式募集资金，通常不需要经过政府主管部门的批准，无须制作完整的招股说明书。募集过程中，多由基金发行人和投资者私下进行直接谈判，会计师、律师等专业人士参与较少，花费较低。另外，PE 由于不允许采用公众广告或大规模劝诱的方式发

行，因此所需的文印宣传费用也不高，有助于节约发行成本和加速发行进程。

第三，监管环境不同。公募基金受政府主管部门严格监管，对基金管理者资格有严格要求，基金投资活动受到严格限制。相比之下，PE 享有宽松的监管环境。这主要是因为公募基金一旦出现违规行为，损害的是社会上不特定多数人的利益，而这直接关系到国家经济秩序乃至整个社会秩序的稳定。因此，国家对公募基金的监管相对严格，强制其在管理部门注册，并要求其定期详细披露投资目标、投资组合等信息，透明度高。与之相对，PE 的受众较小，运作不当或出现违规行为的时候，损害的是特定投资者利益，而且这些投资者具有一定的风险承担能力。因此，对 PE 的监管主要采取行业自律的形式，监管环境较为宽松。对其信息披露的要求也较低，一般只需半年或一年私下公布投资组合及收益，保密度高。这就使得基金管理人有了自由运作资本以获益的空间和动力，其投资更具灵活性和隐蔽性。

第四，服务方式不同。目前市场上的公募基金针对中小投资者而言，其投资决策主要基于基金管理公司的风格和策略，基金管理人单方面确定投资事项，中小投资者只能被动接受。这种特色不明显、收益不突出的状况难以满足少数特定投资者的需求。相比之下，PE 对参与者有严格的规定，对参与人数也有相应的限制。因此，其投资目标更具有针对性，能够根据客户的特殊需求提供量身定做的投资服务产品，可以实现投资产品的多样化和差别化。

第五，风险与收益不同。公募基金在投资品种、投资比例、投资与基金类型的匹配上都有严格的限制，因此其在投资过程中的风险相对较小，收益也较低。而 PE 则是在高风险中寻找高收益，由于其多投资于发展期或成长期的企业，通常需要经历若干年的投资周期，而且被投资企业的发展本身具有很大风险。一旦被投资企业经营出现问题，最后以破产惨淡收场，PE 投资者就可能血本无归。因此 PE 的投资者在可能取得较高收益的同时，面临着较大的投资风险。当然，高风险的同时也带来了高回报。一旦投资的企业成功上市，PE 所获得的收益将非常高，其投资回报率能达到几倍、十几倍，甚至几百倍。

第六，对基金管理人的激励不同。公募基金按照规定不仅不允许基金管理人向基金投资，而且不允许其分享利益、分担风险。2001 年 9 月中国证监会发布了《关于证券投资基金业绩报酬有关问题的通知》，要求“自本通知发布之日起，新申请设立的基金，基金契约中不得含有提取业绩报酬的内容。已设立的基金，其基金契约允许提取业绩报酬的，可执行至 2001 年底，并依据财务会计制度进行账务处理。相关基金管理公司应按规定程序修改基金契约，并按信息披露的规定予以披露”。由于不允许基金业绩报酬提成，所以公募基金普遍出现了激励机制欠缺的现象。与之相比，PE 一般要求基金发起人、管理人必须以自有资金投入基金管理公司，基金运作的成功与否与他们的自身利益紧密相关。例如在有限合伙制下的 PE，国际上通行的方式是，通常由 GP（管理方）和 LP（出资方）组成。其中前者出资 1%，按基金规模提取 2% ~4% 的管理费用，同时投入其人力资本负责管理和运营基金，并对 PE 的债务承担无限责任。后者则缴纳剩余的出资，且不参与基金的管理运营，对基金的债务承担有限责任。在利润分配方面，当 LP 收回其全部投资成本后，GP 可从该基金投资收益中获取 20% ~50% 的利润分成。而如果投资出现亏损，GP 要承担无限责任，首先以自有资本进行偿付。这是一种在高风险、高收益下的强激励强约束机制。因此，PE 的发起人、管理人与基金是一个唇齿相依、荣辱与共的利益共同体。

（2）私募股权投资基金与非法集资的比较

根据中国人民银行发布的《关于取缔非法金融机构和非法金

融业务活动中有关问题的通知》规定，非法集资是指单位或者个人未依照法定程序经有关部门批准，以发行股票、债券、彩票、投资基金证券或者其他债权凭证的方式向社会公众筹集资金，并承诺在一定期限内以货币、实物以及其他方式向出资人还本付息或给予回报的行为。对于进行非法集资活动的人员，根据各项法律、行政法规的规定，除了给予没收违法所得、罚款、取缔非法从事金融业务的机构等行政处罚外，对构成犯罪的，还要依法追究其刑事责任。

由此可见，PE 与非法集资存在着显著区别，主要表现在以下几点：

第一，法律地位不同。非法集资是未经有关监管部门批准而违规向社会不特定公众募集资金的一种被法律所禁止的非法行为，而 PE 在国际上已被许多国家和地区的法律认可，并在基本制度规定上取得了一定的共识，具有合法性。

第二，募集对象不同。非法集资的对象是社会不特定公众，对投资者的资格没有限制，很多投资者可能因知识经验的限制而缺乏自我保护能力。而 PE 则面向社会特定投资者，并对投资者的资格设有限制，要求其具备一定的经济实力、相关的投资经验，并具有自我保护能力，可以承担风险。

第三，运作方式不同。非法集资在筹集资金时，可以接受被投资人以资金、实物等多种形式进行投资。为掩饰其非法目的，犯罪分子往往与受害者签订合同，伪装成正常的生产经营活动，最大限度地实现其骗取资金的最终目的。而 PE 一般只接受被投资人以资金形式的投资。PE 一般依照信托原理设立，运作机制比较规范，对投资者的保护比较有效。

第四，利益分配不同。非法集资者一般会承诺在一定期限内给予出资人货币、实物、股权等形式的投资回报。投资者获得固定的本息

（一旦被欺诈，就可能血本无归），管理者获得剩余利润。而 PE 的投资者获得的是实际投资收益，基金管理人获得的只是管理费用及业绩报酬。公司型 PE 往往还要求资金管理者自己投入资金而成为共同受益人。

第五，经济影响不同。非法集资以高回报为诱饵，面向一般公众，极易引发信任危机，危及整个金融体系乃至社会秩序的稳定；而 PE 在投资者人数、投资资格方面都有严格的限制，其对金融体系产生的影响具有一定的可控性。

（3）私募股权投资基金与私募证券投资基金的比较

私募证券投资基金是指通过非公开方式向少数机构投资者和富有的个人投资者募集资金而设立的基金，它的销售和赎回都是基金管理人私下与投资者协商进行的。因此，从募集方式上看，私募股权投资基金和私募证券投资基金在资金筹集方式上是一样的，都通过私募来筹集资金。

但是，私募股权投资基金和私募证券投资基金在投资对象和投资目的等问题上存在着本质的区别。

第一，投资对象不同。私募证券投资基金的投资对象主要是二级市场上的股票或债券，而私募股权投资基金则主要投资于未上市公司的股权。这是二者最重要的区别。

第二，投资周期不同。私募证券投资基金的投资管理过程相对简单，目的就是通过证券炒作来获取利润，其投资流动性比较大，进出比较自由，投资周期相对较短。而私募股权投资基金通常以未上市公司的股权为投资对象，不仅为企业进行融资，同时还协助企业制定发展战略，参与和监督被投资企业的经营管理，因此一般流动性有限，投资周期较长。

第三，投资收益和风险不同。私募证券投资基金投资于上市公司，接受的监管较为严格，信息披露较为及时，因此透明度较高，其

投资风险要小于对非上市公司进行投资的私募股权投资基金。而高风险带来的是高收益，私募股权投资基金一旦成功实现退出，其回报率常常是几倍、几十倍，要远远高于私募证券投资基金。

五　私募股权产业安全界定与评价指标

1. 私募股权产业安全界定

（1）产业安全的含义

一般认为，产业安全是国家经济安全的一种。许多学者都对产业安全的概念做了界定，但迄今为止学术界尚未形成统一的较为完整、权威的结论。本课题认为：产业安全是指特定行为体自主产业的生存和发展不受威胁的状态。

该定义包含三层含义：第一，安全的主体是特定行为体的自主产业；第二，产业安全包含生存安全和发展安全两个方面；第三，产业安全度，可以通过评价产业受威胁的程度加以反推。

第一，产业安全的主体应该为特定行为体的自主产业。这里的行为体，既包括国家，也包括非国家行为体，大到区域性组织（如欧盟），小到省、市甚至是区、县，只要拥有自主产业，就涉及产业安全问题。因此从定义上看，产业安全并不仅仅限于国家的产业安全，即通常所称的民族产业。然而，在国际关系中，民族国家仍然是最主要的行为体，民族利益仍然是最受关注的焦点，而产业安全问题最先受到关注，也的确始于国家产业安全或民族产业安全，因此一提起产业安全，人们通常会约定俗成地指代民族产业安全。本书中提到的产业安全，若非特别说明，亦指民族产业安全。

第二，产业安全包括产业生存安全和产业发展安全两方面。产业生存安全是指产业的生存不受威胁的状态，产业要生存，首先意味着：①该产业拥有一定的市场或市场份额；②该产业能达到一定的利

润率水平。其次，产业要生存，还必须具备自身的生存特征。马克思指出："产业资本连续进行的现实循环，不仅是流通过程和生产过程的统一，而且是它的所有三个循环的统一……只有在三个循环的统一中，才能实现总过程的连续性，而不致发生上述的中断。"也就是说，产业要生存，还必须实现它的货币资本循环、生产资本循环和商品资本循环的统一。因此，可以将产业生存安全具体地定义为产业的市场或市场份额、利润率水平以及产业的三个循环中的任何一个循环都不受威胁的状态。产业发展安全是指产业的发展不受威胁的状态：从数量上看必须是产业价值的增加或市场份额的提高；从质量上看必须是产业原有产品技术含量的提高及新产品的开发。而开放条件下的产业发展安全意味着，它必须能够紧跟国外同类产业的发展步伐，且在必要时可以实现产业超越。因此，可以将产业发展安全具体地定义为产业价值或市场份额的提高、产业技术创新以及产业的赶超不受威胁的状态。

第三，产业威胁与产业安全是相互对立的，二者实际上是同一问题的正反两个方面。产业受威胁的程度越深，产业越不安全，即该产业的安全度越低。因此，判断一国产业是否安全，既可以直接评价其安全度指标，也可以从产业是否受威胁来反推。且通常情况下，后一种方法对于准确把握产业现状，进而对产业安全进行预警、及时采取应对措施更具有现实意义。

产业受威胁，就其性质而言，可以分为合法威胁和不合法威胁。WTO 背景下产业安全的合法威胁是指市场经济的优胜劣汰规律和合理的 WTO 规则所导致的威胁；非法威胁是指敌意国蓄意对某国产业安全的一种破坏和由敌意国所左右而通过一些国际关系准则所导致的威胁。区分合法威胁与非法威胁，一方面，有助于我们对一国所面临的产业安全做出一个客观的评价，使我们明白哪些产业的安全需要保护，哪些产业不需要安全保护；另一方面，有利于我们针对不同性质

的威胁采取不同的产业保护方法，恰当地确定产业保护的适用范围，从而科学而非盲目地进行产业保护。对于合法威胁，产业保护的方法主要是通过制定一些政策使本国企业发展壮大，逐渐形成国家竞争力，这是一种为将来“不用保护”而进行的暂时性保护，是符合世界贸易组织协议和关贸总协定精神的。对于非法威胁，我们则应充分利用 WTO 规则和其他国际规则，进行有理、有利、有节的政治和经济斗争。

（2）产业安全的特征

归纳起来，产业安全有战略性、综合性、紧迫性、系统性、层次性、动态性及策略性等几个基本特征。

第一，产业安全的战略性。产业安全是国家经济安全的重要组成部分，它关系到国计民生和一国经济的长远发展，关系到一国的经济权益和政治地位。要使国家经济利益不受严重侵害和威胁，就必须确保本国产业的安全发展，必须把产业安全战略纳入国家战略中去，从战略的、长远的高度去重视和研究产业安全问题。

第二，产业安全的综合性。产业安全涉及的范围很广，既包括工业，又包括农业和第三产业。由于产业之间的相互关联、相互制约和相互影响，当某一产业的安全受到威胁时，可能产生连锁效应，影响到相关产业的正常发展。比如金融业安全一旦丧失，工业安全也势必受到破坏。产业安全的综合性还表现在影响产业安全因素的复杂性、全面性上。从大的方面看，历史因素、政治体制、经济体制、自然环境和地理条件以及人员素质等都会对一国产业安全产生影响。因此，不能把产业安全问题简单地归结为某一方面因素作用的结果、进而采取单一的手段加以应对，这样就难以从整体上维护产业安全。

第三，产业安全的紧迫性。产业安全的这一特性源于其战略性和综合性。发展中国家在全球经济一体化背景下实行的对外开放政策将使这一问题变得尤其紧迫。如果对产业安全问题的紧迫性不给予高度重视并采取及时的应对措施，必将给国民经济的发展带来重大的隐患，甚至危及国家安全。因此，无论是理论界，还是政府或企业，都应积极关注这一问题。

第四，产业安全的系统性。产业安全是由多种要素按照一定的方式组成的大系统，涉及各产业赖以生存和发展的宏观经济、政治和国际环境等诸多方面的问题。这些要素相互关联，通过市场机制或其他组织机制共同对产业安全的走向产生着或大或小、或直接或间接的影响。此外，产业安全的系统性还表现在它与财政安全、金融安全等的有机联系上。因此，产业安全本身作为一个相对独立的开放子系统，也在向国民经济的大系统输出各种信号和能量。同时，作为一个复杂的开放系统，产业安全离不开一系列规则制度的作用。正是这些规则制度使得系统各要素有机、有序地发挥其自身功能和作用，研究产业安全问题不能忽视制度规则对产业发展的稳定作用。只有使本国产业成为一个具有组织特征的系统，才能够使这一系统尽可能及时、灵活地应对外部环境的变化。

第五，产业安全的层次性。产业安全既包括一个国家或一个地区某一产业的安全问题，也包括一个国家或一个地区产业群的安全问题，这两个层次是个体与总体的关系。在经济全球化的条件下，按照国际分工和发挥国际间比较优势的原则，一国总是会有一些产业的国际竞争力相对较强、安全度较高。而另一些产业的国际竞争力相对较弱，安全度较低。而且，由于一国的资源有限，任何国家都不可能在所有的产业上都占有明显优势。这就要求在维护产业安全的过程中，妥善处理好不同层次的产业安全的关系。总的原则，应该以宏观层次的产业群的安全为目标，以部分重要支柱产业的安全为支撑，以部分产业的不安全为代价，由此换得参与经济全球化的主动权并获得最大化的比较利益。

第六，产业安全的动态性。产业安全的动态性具有两层含义：一是指产业安全的问题是长期存在的，但具体在不同时期，有不同的产业安全维护对象，这是由经济发展和各国产业竞争力的相对变化所决定的。有些产业具有较大风险，需要政府适当规制和保护。二是指产业安全的实现手段和途径不是一成不变、静止的，而是与时俱进、动态变化的。绝大多数的产业安全保护不是永久的，政府规制的目的只是为了提供一个准备期，让本国产业经过此过渡期，站稳脚跟并逐步升级，形成较强的国际竞争力。

第七，产业安全的策略性。维护产业安全的策略，要根据本国产业与外国产业实力的对比和本国产业的发展需要而定。决定控制范围，始终不能放弃对控制权的争夺，在外资利用中不断创造条件壮大自己的实力，尽力保持自己的发展条件。发达国家在高喊自由贸易的同时，大力实施产业保护政策，对进口商品设置各种各样的技术壁垒，以至到了吹毛求疵的程度。同时，发达国家对各种高科技出口实行种种限制，对于本国在发行的国际金融产品，利用为其控制的三大评级机构标准给予高评级，而对于发展中国家的金融产品则给予低评级，如此种种，都是为了维护本国产业安全的核心利益。

（3）私募股权产业属性

PE 在国际上已经成为仅次于银行贷款和 IPO 的重要融资手段，是金融创新和产业创新的成果。私募股权产业的性质属于金融产业，而金融产业是第三产业中最具代表性的复杂产业，也是国家的命脉产业。因此，对私募股权产业安全问题进行评价具有非常重要的理论意义和现实意义。

私募股权产业是一个关联度很高的产业，可以带动具有发展潜力的其他相关各产业的发展和进步。根据“配第—克拉克定理”，随着一个国家经济的不断发展，其第一、第二产业的劳动力和产值的相对比重将会持续下降，而第三产业的劳动力和产值的相对比重则会不断上升。产业关联度很大、对国民经济和社会发展作用重大的私募股权产业的重要性将会不断显现。

（4）私募股权产业安全含义

私募股权产业在促进产业结构升级、完善企业治理结构等方面发挥了巨大作用，已逐渐成为现代产业体系中的重要组成部分。针对私募股权产业自身特点，结合产业安全内涵，理解私募股权产业安全应注意以下几个层次的内容：

第一，私募股权产业安全研究的对象是私募股权产业，其行为主体可以是国家，也可以是非国家行为主体，大到区域性组织，小到省、市甚至区、县，只要拥有自主产业，就涉及产业安全问题。本研究特指中国私募股权产业安全。

第二，私募股权产业安全包括私募股权产业的生存安全和私募股权产业的发展安全。私募股权产业的生存安全主要是指该产业生存不受威胁的状态，包括该产业所处的宏观经济环境、市场竞争情况以及外资控制情况等方面的安全状态面。私募股权产业的发展安全主要是指该产业发展不受威胁的状态，包括该产业发展所面临的政策环境和运行环境等方面的安全状态面。

第三，私募股权产业安全也可以从整个私募股权产业链的上游安全、中游安全和下游安全三个方面来理解（如图1－12）。私募股权产业链的上游安全主要是指投资者的安全，私募股权的投资者是PE的资金提供者，包括个人投资者和机构投资者。私募股权产业链的中游安全主要是指PE（包括FOF）及其管理者的安全，PE及其管理者是投资者和接受投资企业之间不可缺少的纽带，由它具体操作募集资金的运行和管理。其中，PE的运作安全，对于私募股权产业的生存和发展来说至关重要，是私募股权产业安全的核心。私募股权产业链的下游安全主要是指接受投资的企业及多层次资本市场的安全。

接受投资的企业大都是具有较高发展潜力的未上市企业，从 PE 获得直接融资，加速本企业发展。而 PE 通过在多层次资本市场交易被投资企业的股权，从而实现退出并获利。当然，优化私募股权产业从业人员的学历层次，保证企业人才安全也是私募股权产业安全中的重要内容。

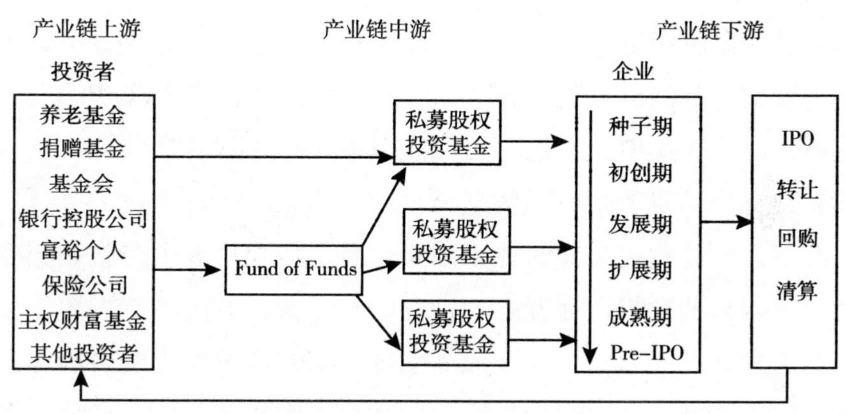

图 1－12　私募股权产业链

2. 私募股权产业安全的影响因素

基于对私募股权产业安全内涵的界定，有可能影响私募股权产业生存与发展或是影响 PE 产业链中各个环节的因素，都有可能危及中国私募股权产业安全，其影响因素可以从私募股权产业的外部和内部两个方面来分析。

（1）外部影响因素

PE 产业安全的外部影响因素来自私募股权产业链外部，以其全局性的特征以同样的方式对所有从事私募股权投资的企业产生不同程度的影响。主要包括宏观经济和资本市场、产业政策与监管体系、社会认知等因素。

第一，宏观经济和资本市场因素：宏观经济和资本市场形势的好坏，会从PE筹资、投资和退出等多个方面对PE的运作产生推动或阻碍作用，从而有可能危及私募股权产业安全。宏观经济和资本市场如果缺乏利好因素，投资者就有可能持币观望，进而制约PE的筹资能力；在宏观经济与资本市场不景气的情况下，投资行业一般都会出现规模收缩，PE的投资数量和投资规模也会随之出现下滑；此外，在资本市场低迷的环境下，PE的退出渠道就会收窄，一方面制约PE的退出，导致投资者收益大大低于预期；另一方面也会反过来影响投资的活跃度，制约投资规模的增长。尤其在中国，PE以IPO方式退出为主，一旦资本市场低迷，将严重影响PE的退出数量与收益，进而影响到整个私募股权产业的安全。

第二，产业政策与监管体系因素：私募股权产业本身就是金融创新与产业创新的结果，因此，这样的创新产业需要政策支持才能生存并发展下去。如一国是否允许以养老基金为首的机构投资者参与私募股权投资，不断扩大PE的投资者来源；以及是否采取措施完善多层次资本市场，为PE的退出开拓更多渠道。上述政策的完善与否直接关系到PE能否正常运作，进而影响到整个私募股权产业的生存与发展安全。此外，私募股权产业属于金融产业的一部分，是否具备健全的监管体系也直接影响到私募股权产业链的各个环节能否正常运作。基于PE主要面向具备风险抵抗、风险识别和风险管理能力的专业投资机构及合格投资者募集资金的认定，目前，西方发达国家都对PE创造了较为宽松的监管环境。不过，较为宽松的监管环境也有可能诱发道德风险，如中国私募股权投资市场近年来出现的非法集资、内幕交易等问题，都会给投资者带来巨大损失，甚至危及整个金融体系的稳定。因此，在2008年金融危机后，美英等国也都相继出现了对PE加强监管的趋势。而中国目前在私募股权产业政策和监管体系方面都还存在很多不完善的地方，对中国私募股权产业安全形成了一定的负面影响。

第三，社会认知因素：如上所述，私募股权投资中的“私募”具有两层含义，一是针对投资基金而言，其筹资方式为私募，即采用非公开的方式向特定投资者募集资金；二是针对被投资企业而言，其融资方式为私募，即接受投资的企业不是通过公开上市发行股票，而是通过非公开方式出售股权来募集资本。因此，无论是投资基金筹资还是被投资企业融资，都只能通过非公开方式进行，不能采取公开手段进行宣传，如不可以在电视或报纸上做广告，不能通过网络做宣传，不能进行公开劝诱等。在传播募集信息时，一般利用投资者之间的熟人关系，通过私下途径告知有关信息。在此背景下，社会各界是否对私募股权产业具备一定的认知，一方面对于PE能否吸引到更多的投资者，尤其是在机构投资者的资产配置中占据一席之地至关重要；另一方面也关系到PE能否在投资中获得优质的项目，从而最终从退出中获得较高收益。总的来说，目前私募股权产业在中国已经具备一定的社会认知，包括全国社保基金、保险资金、证券公司以及商业银行等大型机构投资者都纷纷涌入私募股权投资领域，力争实现更大收益。2011年以来，以私募股权投资为代表的其他类别投资逐渐成为中国高净值人士的投资热点，在高净值人群的资产组合中所占比例上升了5个百分点。[①] 此外，根据中国人民银行营业管理部对北京市80家企业的问卷调查显示，随着私募股权投资在中国的快速发展，企业普遍存在着较强的PE融资需求。中国私募股权产业社会认知度的不断提高，为PE筹集资金和投资企业等基本运作起到了促进作用，这无疑对私募股权产业安全也会产生有利影响。

（2）内部影响因素

私募股权产业安全的内部影响因素不像外部因素影响那么广泛，

---

① 招商银行 & 贝恩公司：《中国私人财富报告》，2011，第18页。

它通常是由某一特殊的因素引起的，只对个别或少数从事私募股权投资的企业收益产生影响，从而影响到这部分投资者的收益安全。主要包括 PE 的同业竞争、人力资源以及企业治理等因素。

第一，同业竞争因素：私募股权产业的市场竞争状况也影响了该产业的安全。目前，中国私募股权投资市场上的竞争非常激烈，有很多业内人士都认为在激烈的竞争下，大批私募股权投资机构将有可能被市场所淘汰，这无疑也使私募股权产业安全面临严峻形势。一方面，20 世纪 90 年代以来，随着中国资本市场的不断开放，外资 PE 积极进入中国，并一度主导中国私募股权投资市场。由于国外私募股权产业已经有六十多年的发展历史，外资 PE 在筹资、投资、退出等运作模式上已经逐渐走向成熟，相比起步较晚、缺乏经验的中国 PE 而言具有较大优势，也给中国私募股权产业的控制力造成了一定影响。不过，近年来，在中国本土 PE 的迅速崛起以及国家相关政策限制的影响下，外资 PE 的主导优势已经逐渐丧失，甚至面临进一步发展的困境。另一方面，中国本土 PE 尽管发展快速，但是真正的优质企业并不多见，业内人士普遍认为真正有影响的中国私募股权投资机构极少，大多数 PE 的专业化程度有待提高。因此，在激烈的竞争下，中国私募股权产业有可能面临大洗牌，很大一部分仅提供资金的 PE 将被淘汰，而有能力扶持早期企业并帮助其做大做强的机构才能脱颖而出。在竞争导致的优胜劣汰中，有必要采取措施保障投资者的权益和被投资企业的运营，避免因 PE 的倒闭而危及整个私募股权产业链上游与下游的安全。

第二，人力资源因素：PE 对非上市企业投入的不仅仅是资金，还有先进的管理经验和各种增值服务。PE 在整个运作过程中，涉及各个不同的行业，需要基金管理人与投资者、企业家以及各个相关领域的专业人士打交道。PE 运作过程中涉及大量的财务和法律问题，也需要配套的专业机构协助处理。国际上优秀的 PE 内部都拥有非常

专业的管理团队，他们具有丰富的企业管理经验和市场运作经验，对所投资企业所处的行业有深入了解，能够帮助企业制定适应市场需求的发展战略，帮助企业改进经营和管理模式。因此，私募股权产业在发展过程中，非常需要的就是有经验的管理团队，一旦管理团队出现人才流失，则会对 PE 投资选择、上市退出等战略、政策产生影响，从而使得投资者收益出现风险。以中国私募股权产业现状来看，经过多年发展涌现出了一批优秀的 PE 管理者，并逐渐成长为产业发展的中坚力量。但由于中国私募股权产业相对于美英等发达国家起步较晚，人才储备基础薄弱，基金管理人专业技能和素质良莠不齐。因此，中国的私募股权产业面临着高级基金管理人才极度匮乏的状况，有的基金管理人还出现了不规范运作，甚至发生“非法募集”事件，对私募股权产业安全产生不利影响。

第三，企业治理因素：企业进行 PE 融资可以引入战略资本、扩大企业规模，有效改善财务状况，同时可以引进先进技术和管理经验，有效促进企业发展。由于 PE 投资的目标企业多是成长中的非上市公司，因此其进入的是一个正处于发展阶段的公司，投资方必须付出一定努力，不仅要满足所投企业的融资需求，更要为企业带来利益，提供各种增值服务。PE 在入股一个企业后，并不是真正占有一个企业，而是主要从健全财务制度、完善公司治理、加强组织运营三个方面采取措施为企业提供增值服务，其中完善企业治理是私募股权投资者给企业提供价值增值的关键因素，通过给予管理层股权激励和 PE 作为大股东对企业经营进行积极监督来推动企业价值增值。目前中国一些民营企业就通过引入海外 PE 的投资，获得了先进的管理经验，优化了企业治理结构，打造国际化的商业模式，拓展海外市场，并逐步向国际市场渗透。不过，在完善企业治理的过程中，以 PE 为代表的投资方与企业创始人团队之间，有可能因为价值观或未来发展方向上的冲突而闹僵甚至决裂，给双方的利益都造成损失，甚至危及整个产业的安全。

3. 私募股权产业安全评价指标体系构建

（1）指标体系构建原则

正确确立评价体系的设计原则是建立产业评价指标体系的指导思想，是科学构建产业安全评价体系的基础和方法，因此我们首先确定产业评价体系的设计原则，并在此原则的指导下选取评价指标，确定评价体系内容。

①系统性原则。指标体系构建的系统性原则，是指纳入指标体系内的各项指标应在总体上形成一个系统，具有统一性和完整性。

②相关性原则。各项指标与私募股权产业安全之间应该相关，即私募股权产业安全状况的变化可以由这些指标灵敏地反映，这些指标也应该成为指示私募股权产业安全状况的“晴雨表”。为遵循这一原则，本研究在私募股权产业安全影响因素分析的基础上，选择那些能够恰当地描述影响因素的指标，并将其纳入指标体系之内。

③可测性原则。首先，各项指标应该是可测的，每个指标都可以通过对经济现象的观测被准确地计算出来。其次，所选的指标应尽可能地与可获得的有关统计资料在统计口径上一致。最后，可测性原则还指产业安全从整体上是可测的，即可以通过各项指标的数值计算出私募股权产业的安全度。

④可控性原则。各项指标还应该是可控的，如果一个产业安全的程度较低，应该可以通过采取一定措施影响这些指标的数值，从而维护产业的安全。

⑤阶段性原则。由于私募股权产业安全始终处于不断变化的过程当中，特别是在国家的经济发展阶段，其要素禀赋和产业结构均有自身的特点，因此该体系必须适应经济发展的阶段性需要，根据经济发展的轨迹，不断调整和修正，动态地进行定量研究。

⑥科学性原则。统计指标的选择能较为准确地反映私募股权产业安全的某一方面。

⑦战略性原则。指标体系不能仅仅局限于对现实情况的评价，还应充分体现出对发展潜力的评价。

⑧规范性原则。在选取指标的基础上，对各个指标的取值进行权重处理，然后按照国际通行的经济警戒值，划分安全等级。

⑨实用性原则。通过该评价体系得出的结论和相应数值将能够较容易地被有关政府部门、学术机构和行业协会、企业等应用，特别是有关数值能够与国家产业安全预警平台相互衔接，形成有效互动。

（2）私募股权产业安全评价指标体系

在我国，私募股权产业是一个近些年才快速发展起来的金融产业。作为一个新兴的金融业，目前学界关于私募股权产业安全评价指标的研究不多。基于指标体系构建原则，考虑到私募股权产业自身特点，结合产业安全理论，本研究从产业生存安全、产业发展安全两个角度，尝试初步建立产业安全评价指标（见表1－3）。

表1－3　私募股权产业安全评价指标

一级指标	二级指标	三级指标	
产业生存安全	生存环境	1	GDP 增长率
		2	居民财富增长率
		3	个人可投资资产规模增长率
	同业竞争	4	产业的优质企业比率
		5	国有、民营资本比率
		6	本币基金、外币基金比率
	安全控制	7	外资准入政策
		8	外资募资比率
		9	外资投资比率
	信用环境	10	PE 信用状况
		11	被投资企业信用状况

续表

一级指标	二级指标	三级指标	
产业发展安全	发展环境	12	法律政策完备性
		13	筹资渠道多元化状况
		14	退出途径多元化状况
		15	产业区域结构分布
	运行环境	16	基金募资数量和规模增长率
		17	基金投资数量和规模增长率
		18	基金退出数量增长率
		19	基金投资回报率
	社会认知	20	机构、个人对私募股权资产配置的需求
		21	企业融资需求
	人力资源	22	从业人员工资水平
		23	产业吸纳劳动力的能力

私募股权产业生存安全是指私募股权产业的生存不受威胁的状态，主要考虑私募股权产业生存所面临的生存环境、同业竞争、安全控制、信用环境等不断变化的情况下，其安全形势的变化情况。其中，生存环境 3 个分指标、同业竞争 3 个分指标、安全控制 3 个分指标、信用环境 2 个分指标，共形成 11 个 3 级指标体系。

私募股权产业发展安全是指私募股权产业的发展不受威胁的状态，主要考虑私募股权产业在未来发展过程中所面临的发展环境、运行环境、社会认知、人力资源等不断变化的情况下，其安全形势的变化情况。其中，发展环境 4 个分指标、运行环境 4 个分指标、社会认知 2 个分指标、人力资源 2 个分指标，共形成 12 个 3 级指标体系。

但是基于私募股权产业的“私募”特性，无论在 PE 的筹资还是投资，以及退出等各方面的数据获得上都存在非常大的难度，理论上没有任何一个超级机构或超大型数据库能够囊括所有的私募股权交易。而且由于对 PE 没有一个统一的定义，不同机构对其进行分析时的统计口径也存在着较大差别。因此，本研究在探讨私募股权产业安全时，将采取数据与案例相结合的方式进行综合评价。

发 展 篇

Development Report

B.2 私募股权产业发展的国际比较

目前，美国可谓是私募股权产业最发达的国家，英国和日本则分别是欧洲和亚洲私募股权市场发展较早并具备一定经验的国家。因此，本研究将以美国、英国、日本为例分别探讨这三个国家私募股权产业的发展历程、产业安全保护等有关问题，以期通过国际化比较和经验借鉴，进一步推动中国私募股权产业的发展和维护该产业安全。

一 美国私募股权产业发展

1. 私募股权产业发展历程及现状

美国是全球私募股权产业最发达的国家，现代PE起源并发展于美国，早期对一些家族工业成功的私人投资造就了PE雏形的兴起和发展。第二次世界大战后，投资于非上市公司的私人有限合伙制受到推崇。在此之后，PE 对于高科技产业的投资开始盛行。1946 年美国哈佛大学教授乔治·多威特和一批企业家一起成立了第一家具有现代意义的风险投资公司——ARD，专门对一些处于早期阶段的非上市公司进行股权投资，开创了现代私募股权投资业的先河。

1958 年，美国国会颁布了《小企业投资公司法》，该法案规定经过管理局审查核准的小公司可得到联邦政府优惠贷款的支持。在政府的支持下，得到特许的小企业投资公司（SBIC）纷纷筹建，并取得快速发展，仅 1958 ~ 1963 年期间，美国就有 629 家 SBIC 相继成立。SBIC 向新兴的高科技产业提供了大量风险投资，推动美国私募股权产业在 20 世纪 60 年代得到了初步发展。许多国际上知名的大型企业，如英特尔（Intel）、苹果电脑（Apple computer）、联邦快递（Federal express）等都是在 SBIC 计划的支持下诞生并发展壮大起来的。但是，SBIC 也存在很多问题，如缺乏灵活性（它们的投资方式大多是债权投资，而不是股权投资）、融资渠道有限（它们主要吸引的投资者是个人投资者而非机构投资者）、管理人才缺失等。到 1977 年，SBIC 的数量就降到了 276 家，无力推动私募股权产业的进一步发展。

20 世纪 70 年代末到 80 年代，美国私募股权产业开始取得迅速发展。如 1978 年，美国政府对税制进行了改革，将资产收益税率下调至 28%，为私募股权产业发展提供了新的动力。1978 年美国劳工部对《雇员退休收入保障法》中“谨慎人”的规则进行修改后，美国私募股权产业的发展获得了巨大的推动力量。在过去，美国是禁止养老基金参与私募股权投资的。通过修改该规则，养老基金获准进入私募股权投资市场，并逐渐成为美国 PE 的主要资金提供者。从此，PE 开始积极争取机构投资者的支持。在这一系列立法和政策改革的基础上，有限合伙制在私募股权投资领域的主导地位逐渐得以确立，

到1988年，有限合伙制在美国PE的组织形式中所占比重达到了80%。在这一时期，相继成立了如今已在全球私募股权投资领域产生重要影响的巨头，如1976年KKR（Kohlberg Kravis Roberts）公司成立，1984年贝恩资本成立，1985年黑石集团成立等。

1992年以后的美国经济复苏带动了PE的进一步繁荣。如表2－1所示，1985年，美国私募股权市场上，共有141家基金筹资68亿美元。1992年则有138家基金共筹资160亿美元。此后，PE的筹资额逐年递增，到2000年，共有810家基金筹资达1830亿美元，比1992年增长了十倍之多。2000年左右的网络泡沫破灭造成PE一度陷入低迷，2004年以来，PE走出低谷，再次进入到一个新的上升期。2006年，美国公开股票发行市场的筹资额为1540亿美元，而PE的筹资额已经首次超过这一数字，达到1697亿美元。2007年，PE筹资再次创下历史新高，达到2351亿美元，超越了2000年网络泡沫时期所创下的历史纪录。PE成为富人们的理财新宠，也成了增长最快、收益率最高的基金组织形式。2008年美国次贷危机引发全球金融危机，也给美国私募股权产业造成了巨大冲击。2009年美国PE仅筹得资金505亿美元，比上年下降了72.77%，创下历史最大降幅。2010年PE筹资额进一步下降到487亿美元。尽管如此，美国仍然是全球私募股权筹资最多的国家，按照美国统计，2010年美国PE筹资额占到全球总金额的63.83%。[①] 此外，2010年全球PE支持下的并购交易共2043起，达到2369亿美元，其中美国PE支持下的并购交易金额就高达1233亿美元，占总数的一半以上，达到52.05%。[②] 因此，长期来看，美国仍将占据全球私募股权产业发展的主导地位，受到全球私募股权投资者的青睐。

---

① NVCA, *Private Equity Yearbook*, 2011, p. 20.

② ERNST & YOUNG, *Global Private Equity Watch*: *Winners will Emerge 2011*, 2011, p. 11.

表 2－1　PE 筹资情况（1985～2010 年）

年份	风险资本		并购资本和夹层资本		私募股权资本	
	筹资额（百万美元）	基金数	筹资额（百万美元）	基金数	筹资额（百万美元）	基金数
1985	3750.7	118	3074.5	23	6825.2	141
1986	3587.4	102	5001.9	31	8589.3	133
1987	4379.1	116	17528.3	45	21907.4	161
1988	4476.7	106	11653.4	54	16130.1	160
1989	4918.8	106	12034.5	78	16953.3	184
1990	3222.7	86	7744.5	62	10967.2	148
1991	1905.7	41	6186.6	28	8092.3	69
1992	5226.8	81	10795.3	57	16022.1	138
1993	4323.2	92	16043.8	79	20367.0	171
1994	7751.6	138	19490.0	98	27241.6	236
1995	9468.9	165	27129.2	104	36598.1	269
1996	12002.6	170	30103.2	99	42105.8	269
1997	18259.9	246	41343.2	131	59603.1	377
1998	30969.8	298	60831.0	158	91800.8	456
1999	54133.6	444	50458.4	155	104592.0	599
2000	104764.3	649	78232.3	161	182996.6	810
2001	38957.8	324	46903.5	126	85861.3	450
2002	16121.4	205	26547.1	93	42668.5	298
2003	11448.9	162	29256.9	104	40705.8	266
2004	18651.9	210	51492.6	137	70144.5	347
2005	30759.6	234	100893.4	181	131653.0	415
2006	31861.9	235	137849.7	177	169711.6	412
2007	31205.0	237	203913.0	217	235118.0	454
2008	26419.2	213	158964.0	190	185383.2	403
2009	16321.5	150	34153.7	113	50475.2	263
2010	12307.9	157	36404.7	131	48712.6	288

资料来源：NVCA，*Private Equity Yearbook*，2011，p. 20。

案例2-1　以KKR为首的财团将以72亿美元收购美国油气企业Samson

美国知名PE公司KKR 2011年11月宣布，其联合日本伊藤忠商事株式会社等4家公司，以72亿美元收购美国主要私人油气勘探生产企业Samson公司。

相关市场数据显示，这是2011年全球最主要的私募股权投资交易之一。KKR牵头的这个投资集团还包括Natural Gas公司和Crestview公司两家私募机构。

按照合同规定，投资集团将收购Samson公司除墨西哥湾陆上及离岸深海区以外的全部资产。交易完成后，公司首席运营官戴维·亚当斯将被任命为公司首席执行官，公司也将更名为Samson资源公司。

资料显示，Samson公司成立于1971年，在美国拥有1万多口油井的产权并经营管理其中4000多口油井。这些油井主要位于油气资源丰富地区。这笔收购交易还需要获得监管机构批准并满足其他惯例成交条件，有望在2011年底完成。

接近交易的观察人士对记者表示，KKR的这笔交易应该看中的是能源企业的长远发展前景。他还提到，尽管目前全球资金面并不宽松，但银行总要放贷，因此融资机构的口碑以及被收购项目的内在价值等，成为融资能否成功的重要因素。

根据公开资料，对这笔交易提供财务支持的机构包括美银美林、巴克莱资本、加拿大蒙特利尔银行资本市场、瑞士信贷、花旗全球资本市场、加拿大皇家银行资本市场、休斯敦能源投资银行、富国证券以及瑞穗等众多大型金融机构。

KKR成立于1976年，是目前全球最主要的私募投资机构。截至2011年9月30日，KKR管理资产额达587亿美元，在全球各地设有14个办事处。

资料来源：《私募巨头KKR牵头收购美国油气企业交易额达72亿美元》，http：//intl. ce. cn/kggs/zxdt/201111/28/t20111128_ 22870772. shtml，2012－01－16。

2. 私募股权投资基金的法律规范

美国没有关于PE的直接法律规定，但是对于证券私募发行已经形成了包括国会立法、SEC规章、法院判例在内的完整体系，同时与各州证券私募的规范也取得了相当程度的协调。[①] 在美国，规范它的联邦法律包括4部，即1933年《证券法》、1934年《证券交易法》、1940年《投资公司法》与1940年《投资顾问法》。

美国1933年颁布的《证券法》是影响PE设立和运行的基本法律规则，主要约束基金的发行与销售。其中第4（2）条明确规定"不涉及公开发行之发行人的交易"可免予注册，该规定开了证券注册豁免制度的先河，为PE的发行提供了依据。但是，《证券法》只是对注册豁免提供了原则性的规定，并没有对实践指出具体的实施细则。SEC于1974年颁布了"规则146"（Rule 146），旨在为1933年《证券法》第4（2）条规定的私募发行豁免提供一个"安全港"（safe harbor）规则，即符合一定条件的私募发行无须得到SEC的确认就可自动获得豁免。其后，SEC又在1982年发布了"D条例"取代"规则146"。D条例简化和统一了私募发行和小额发行豁免制度，组成了三种注册豁免规则，其中的"规则506"专门规定私募发行环节的豁免，对以后的美国私募发行有着巨大影响，至今仍被普遍使用。[②] D条例对私募发售过程中的各种行为及资格做了详细规定，即如果发行人只是向具有特定资历经验的或合格投资者出售证券，并且不通过传单、报纸、电视、广播进行广告传播，也不通过集会、散发传单等形式到处征集投资者，则上述发行方式被认为是私募发行，可以免于向SEC登记注册。其中，具有特定资历经验的投资者主要指具有专业的教育背景、职业、商业经验、投资经验、谈判磋商能力的

① 郭雳：《美国证券私募发行法律问题研究》，北京大学出版社，2004，第205页。

② 李建伟、王咿人：《美国证券私募发行豁免规则的修正及启示》，《证券市场导报》2008年9月号，第51页。

投资者，但这些投资者在一次募集中不得超过35人；而合格投资者可不受人数限制，可以是机构，也可以是个人，通常包括银行、投资公司、保险公司、特定的免税机构和拥有超过100万美元净资产的个人（或符合特定的收入标准），以及总资产超过500万美元的养老金及信托公司。

美国1934年的《证券交易法》第12条第8项规定，PE的资产如果达到1000万美元以上，并且投资人数为500人以上的，应该依法进行登记。换言之，资产1000万美元之下，且投资人数在500人以下的，则可以豁免登记。

美国1940年颁布的《投资公司法》是美国投资基金的核心法规，建立了对投资基金的注册及监管制度。其中3（c）(1）和3（c）(7）条对于私募投资基金做出了具体规定，其中3（c）(7）条是根据1996年《全国证券市场促进法》的规定，新加入《投资公司法》的一项法规。根据3（c）(1）和3（c）(7）的规定，凡是不公开募集资金，并且股东不超过100个或全是“合格投资者”的投资基金即为私募基金。其中“合格投资者”包括拥有不少于500万美元投资的自然人；拥有不少于500万美元投资的家族公司；符合条件的信托组织（此信托组织并非为获得该私募基金证券而专门成立；受托人或经授权管理信托组织的人、托管人及其他参与者）；其他拥有不少于2500万美元及投资自由支配权的组织。另外，3（c）(7）条中基金的管理人或参与管理的雇员购买此类基金证券时不受“合格投资者”资格限制。根据《投资公司法》所设立的私募基金除需遵守该法中有关反欺诈的规定外，不需像其他基金那样向SEC注册，也不需遵守《投资公司法》中关于基金组织形式、基金投资、信息披露等方面的各种限制。

1940年的美国《投资顾问法》则规定，如果在过去12个月内基金投资人超过15个美国人，或其基金额度超过2500万美元，就应向

SEC 登记为“投资顾问”，并定期申报，以便 SEC 了解其基金运作情况。但如果基金过去一年投资人没有达到 15 人、没有对外以投资顾问自居，或担任已注册投资公司的投资顾问，基金管理人则可以豁免投资顾问的登记和申报义务。如果私募基金经理人为一个有限合伙企业提供顾问服务，那么该有限合伙企业会被视为一个投资人，而不是以该有限合伙背后的投资人数为基准，因此，多数 PE 经理人可以豁免相关投资顾问的登记。

此外，为了吸引跨国公司及外国公司到美国市场募集资金，SEC 于 1990 年颁布了“规则 144A”，规定在转售证券时，如果买方是符合规定条件的机构投资者，且所转售的证券在发行时不是已上市证券，并履行了一定的信息披露义务，那么 SEC 将不视其为“发售”，该交易可以豁免注册。

一直以来，美国的 PE 主要以公司或有限合伙的方式建立，其中，有限合伙被认为是更有优势的一种组织方式。早在 1916 年美国统一州法全国委员会就完成了《统一有限合伙法》，此后又分别于 1976 年、1985 年和 2001 年起草了新的《统一有限合伙法》，将《统一有限合伙法》与《统一合伙法》区分开来，明确了有限合伙的概念和制度，更为清晰地界定了有限合伙人的责任范围，为 PE 以有限合伙形式建立提供了法律规范。有限合伙的形式合理协调了普通合伙人和有限合伙人的权利与义务，提高了 PE 的运作效益。目前，美国 PE 大多采取有限合伙的组织形式。

3. 私募股权投资基金的监管模式

美国对 PE 主要采取在法律约束下的自律监管模式，基于 PE 面向具备风险抵抗、风险识别和风险管理能力的专业投资机构及合格投资者募集资金的认定，美国为 PE 创造了宽松的监管环境。

（1）美国对 PE 监管的核心就在于“注册豁免”。根据美国《证券法》、《投资公司法》、D 条例等规定，只要符合一定条件，就可以

免于注册登记，享受注册豁免权。1996 年美国通过了《全国证券市场促进法》，将之前规定的不超过 100 个“合格购买者”设立的私募基金可豁免注册的人数规定放宽至 500 人。并规定依据 SEC 的 D 条例进行的私募发行可以豁免州证券注册，不过对于直接援引《证券法》第 4（2）条进行的私募，则仍须符合各州相应的注册要求。因此，越来越多的私募发行人选择援引 D 条例，而不是 4（2）条进行私募，以期同时获得州证券监管机构的注册豁免。

（2）美国法律对 PE 的监管还体现在对基金投资者资格的限制上。根据相关法律的规定，PE 的筹资对象仅限定于非公众的“合格投资者”。相关法律对合格投资者的收入、资产证明方面都进行了明确规定。此外，如果投资者可证明其有自我保护能力，如是否具有相关知识和经验、能否识别投资的价值和风险、是否有负担能力等，也可以被认定为合格投资者。对特殊的投资者，例如，养老金法案确立了“谨慎投资者原则”，多数私募基金都接受养老金的投资，也受该法案管辖。美国《银行控股公司法》，则将银行控股公司对单一私募基金的投资比例，限制在 25% 以下（可行使投票权的份额须低于 5%）。

（3）禁止公开劝诱或变相公开发售。根据有关规定，私募基金的发行人及其代理人不得通过以下形式的广告进行一般性劝诱或变相公开发行，如在任何报纸、杂志及类似媒体和通过电视、广播、网络进行任何形式的一般性广告宣传；通过一般性召集而召开的研讨会或其他会议。此外，如果法院认为发行人与购买人双方存在密切联系并曾进行交易，则该发行为私下发行，不构成公开劝诱。反之，购买人与发行人素不相识、发行人实际上是在向随机挑选的一般公众进行销售，则此发行属于公开发行。

（4）在信息公开方面，对于注册的投资顾问，要求向 SEC 报告相关信息，但不必向公众披露。报告的信息包括管理的资产总额、杠杆的运用情况（包括资产负债表外的杠杆）、交易对手的信用风险敞口、交易和持仓状况、基金的估值方法、持有的资产类别，等等。此外，2007 年 SEC 颁布公告，禁止私募基金管理人对其客户（或潜在客户）做出虚假或误导性陈述，或者进行欺诈。一旦私募基金信息有误或虚假误导了客户，他们就会受到 SEC 的诉讼。

（5）私募发行的证券的转售一般受法律限制，属于“受限制证券”。在发行时法律往往要求发行人对其私募发行的证券的再转让采取合理的注意。实践中私募发行人的通常的做法是要求所有购买人签署一份“投资函”，保证他们在购买证券时没有向公众转售证券的意图。

（6）行业自律。美国官方监管理念是尽量减少干预，从法律和政策上给予扶持。美国私募股权行业自律组织是 NVCA，它通过建立一系列的规章制度来实现对私募股权投资业的监管。该协会定期发布行业统计数据，以便为政府和公众提供决策依据，积极进行行业自律及政策游说等。为了维护私募股权投资业的信誉，NVCA 对其会员资格的认定有一套十分严格的规定，会员在从事私募股权投资时必须严格遵守协会的章程和规定，否则随时可能被取消会员资格，并导致社会信誉的丧失。

2008 年金融危机后，美国加强了对私募基金的监管。2010 年 7 月 16 日，美国参议院正式通过了美国金融业改革法案，即《多德—弗兰克华尔街改革与消费者保护法案》，禁止商业银行从事对冲基金、私募股权基金的出资、参股等业务，执行事实上的“分业经营”回归；而在自营交易方面，允许银行投资对冲基金和私募股权基金，但资金规模不得高于自身一级资本的 3%。此外，还要求资产超过 1.5 亿美元的大型私募和避险基金需在美国 SEC 注册，创业风险投资基金除外。

2011 年 10 月 26 日，美国 SEC 投票通过了一项新的监管规定，

要求对冲基金和私募基金顾问定期披露相关信息，以监控美国金融体系风险。管理资产在15亿美元以上的对冲基金和管理资产在20亿美元以上的PE顾问被定义为大型顾问。根据规定，大型对冲基金顾问在每财季都要提交一次信息披露报告，大型私募股权基金顾问和所有小型顾问则要求每财年提交一次信息披露报告。

根据《华尔街日报》的报道，2011年12月时，美国SEC曾致函数家私募股权公司，进行“非正式询问”，“要求提供关于12个大项的相关讯息，包括融资和基金设立”。报道称SEC询问的焦点是私募股权行业如何评估其投资价值，这些投资又是如何在市场销售，以及其他行业惯例。

4. 私募股权投资基金的运作特点

（1）资金来源机构化

美国早期的PE大多针对富裕的个人及家庭客户募资，而近年来PE的资金来源则出现明显变化，个人和家庭客户的比重明显下降，机构投资者的比重逐步增长。目前大型机构投资者已经成为美国PE的主要来源，其中养老金是其最主要的资金来源，占到基金来源的40%左右；其次是捐赠基金、银行和保险公司。近十年来，美国养老金创纪录地为PE提供了1.2万亿美元的资金，其中加利福尼亚州、俄亥俄州和华盛顿州的公共养老基金是三个最大的投资者，共提供了538亿美元的资金。[①] 如俄勒冈州和华盛顿州的养老基金与KKR已经合作多年，在基金市场繁荣期，这两只养老基金分别于2000年和2006年向KKR投资了61亿美元和176亿美元。长期以来，这两只养老基金一直名列KKR前十大有限合伙人的名单，它们向KKR管理的任何一只基金投资的金额都远远超过30亿美元。[②] 据统计美国机构

① Jason Kelly and Jonathan Keehner, *Pension Plans'Private-Equity Cash Depleted as Profits Shrink*, Bloomberg, 2009. 8.

② 王孟颖：《找寻PE最佳拍档》，《投资与合作》，2011年第12期。

投资者平均将其管理资产中的7%投向了PE，而欧洲的这一比例为5%，日本则仅有3%。[①]

案例2－2　美国养老金增加对PE的投资

2011年6月，管理资产为370亿美元的伊利诺亚州教师养老基金宣布将在未来五年向PE注资70亿美元。该基金宣布将在未来12个月内提供34亿美元注资PE，并计划在未来五年，每年向私募股权投资9亿～14亿美元。目前，其管理资产中的9.1%投向了PE，并计划在2012年将这一比例提高到11%。

2011年11月，管理资产总额为1070亿美元的美国得克萨斯州教师退休金（Teacher Retirement System of Texas，TRS）决定，向收购公司阿波罗全球管理公司（Apollo Global Management）和私募股权投资机构KKR各注资30亿美元。受到存款利率下调和股票市场挥发性影响，为保证资金的回报率目标，得克萨斯州教师退休金不得不选择投资私募股权基金和对冲基金这种另类资产投资策略。

此次与阿波罗和KKR的合作，该基金承诺通过不同的单独账户分别向两家公司注资30亿美元，分批到账。首先得克萨斯州教师退休金会分别给两家公司一笔数目可观的资金，然后再视他们对资金的配置情况决定后续资金的到位计划。目前，得克萨斯州教师退休金还没有充分对外透露此次投资的详细条款。但可以确定的是该退休金会先向KKR注资10亿美元，根据协议KKR和阿波罗可以将得克萨斯州教师退休金委托管理的资金用于投资许多不同的资产类型。

据了解交易详情的人士透露，KKR和阿波罗在基金管理费上给予了得克萨斯州教师退休金很大的优惠，而作为回报，得克萨斯州教

① TheCityUK, *Private Equity Report*, 2011, p. 8.

师退休金投资给这两只基金的资金管理周期也要长于其他的有限合伙人。

得克萨斯州教师退休金的董事总经理史蒂夫·勒布朗克（Steve LeBlanc）表示："此次投资可以使得克萨斯州教师退休金将更多的精力放在与KKR和阿波罗之间的伙伴关系上。我们相信这两只基金会很好地配置我们投资的资金，并为我们赢取目标收益。"

与此同时，尽管此次得克萨斯州教师退休金向阿波罗和KKR投资的60亿美元仅占它的私募股权基金投资计划总额的20%～30%，但是随着时间的过去，依据资金循环供应条款阿波罗和KKR的投资会在该计划中占有非常大的比重。尤其是在得克萨斯州教师退休金的总体投资组合增长速度缓慢的情况下，这个比重会更大。这会使得克萨斯州教师退休金缺乏投资其他PE的灵活型。

资料来源：

Reuters，"U. S. pension fund to boost private equity investment"，2011. 6. 24.

王孟颖：《找寻PE最佳拍档》，《投资与合作》，2011年第12期。

由于获得财力雄厚的机构投资者的大力支持，美国PE的平均规模都相对较大。2008年平均每个基金的规模达到12.77亿美元，创下历史最高纪录。2011年平均每个基金的规模为7.77亿美元，比2010年提高了13%。[①]

（2）投资活跃收益高

美国PE对企业实现的投资增长快速，如图2－1所示，在2002年仅有843个基金完成了400亿美元的投资，而2007年达到顶峰时共有3040个基金实现了5710亿美元的投资，六年时间投资额增长了13倍之多。2008年金融危机后，PE的投资一度大幅下降，2009年

① PitchBook，*PE Trends 1Q2012 Presentation Deck*，2012，p. 30.

完成620亿美元的投资，仅为2007年投资额的10.86%。2010年开始，随着经济形势的复苏，美国PE的投资额又重新出现了增长，2010年达到1610亿美元，2011年达到1470亿美元。

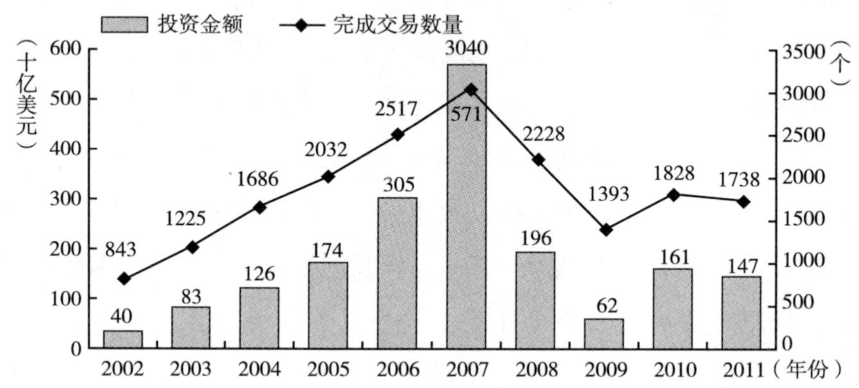

图2－1　2002～2011年美国PE的投资情况

资料来源：PitchBook，*Decade Investments* 2001～2010，2012.1，p.3。

美国PE对企业的单笔投资额也相对比较高，在处于投资顶峰的2007年，单笔超过10亿美元的投资占到总投资额的76.84%，单笔超过25亿美元的投资则占到总投资额的62.36%，单笔低于5000万美元的投资仅占总投资额的1.39%。在经历金融危机后的投资低迷后，2011年单笔超过5亿美元的投资占到总投资额的73%，单笔超过10亿美元的投资占到总投资额的一半以上，达55%，而单笔超过25亿美元的投资占到总投资额的26.80%。[①]

从美国PE的投资领域分布来看，主要集中在服务业等非制造业领域。如图2－2所示，一直以来，美国PE对商业产品与服务和消费者产品与服务的投资案件占到了其总投资案件的50%以上。2011年投向了商业产品和服务领域的案例占总数的32%，其后依次是消

① 根据PitchBook，*Decade Investments* 2001～2010，2012，p.5计算。

费者产品和服务（22%）、信息技术（13%）、医疗保健（12%）、金融服务（9%）、能源（7%）、材料与资源（5%）。

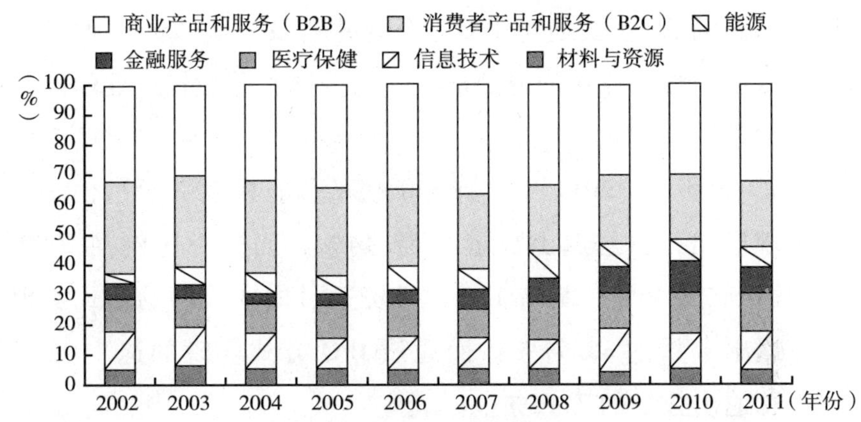

图 2－2　2002～2011 年美国 PE 的投资领域

资料来源：PitchBook，*PE Trends 1Q2012 Presentation Deck*，2012. 1，p. 6。

从投资阶段来看，2010 年美国创业投资基金对处于种子期的企业投资占到总数的 8%，对于创业初期的企业投资占总数的 24%，对于创业后期的企业投资占总数的 29%，对处于扩张期的企业投资占总数的 39%。[①] 由于对创业早期的企业投资比较多，所以美国 PE 能够向被投资企业提供管理和经营上的建议，为企业与资本市场的衔接提供了各种资源，从而积极参与到被投资企业的发展中。

而美国 PE 的投资回报也远远高于证券投资等其他投资方式。根据剑桥联合研究顾问公司 2011 年 9 月对 905 家美国 PE 的调查显示，其有限合伙人 1 年期净投资回报率达到 13. 76%，而同期巴克莱资本政府/信用债券指数的投资回报率是 5. 14%，道琼斯工业平均指数的投资回报率是 3. 83%，纳斯达克综合指数的投资回报率是 1. 97%，

① NVCA，*Private Equity Yearbook*，2011，p. 25.

罗素1000指数的投资回报率仅0.91%，标准普尔500指数的投资回报率为1.14%。[①]

（3）退出形式多样化

目前，美国PE主要通过IPO、企业并购及二次收购三种形式实现退出，这样一种多样化的退出形式，为美国私募股权产业的发展创造了良好的条件。

如图2-3所示，2011年共有240起私募股权投资通过企业并购的形式实现退出，占总退出数量的57.14%，而这一比例在2009年最高时曾达到72.46%。另有150起投资通过二次收购的形式实现退出，占总退出数量的35.71%。而通过IPO方式实现的退出仅有30起，仅占总退出数量的7.14%。

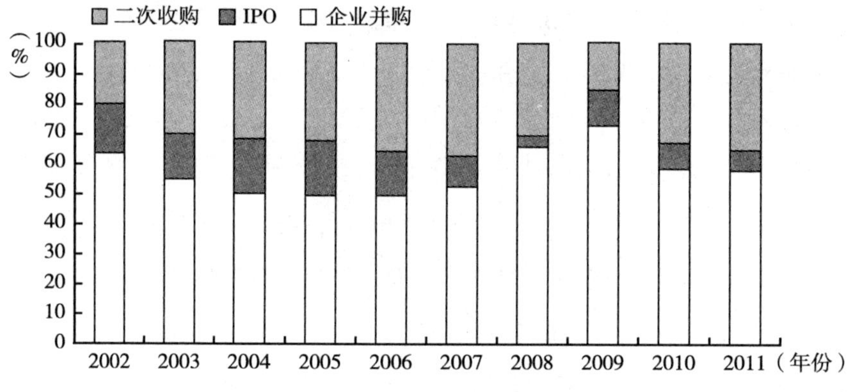

图2-3　美国PE退出方式

资料来源：PitchBook，*Decade Investments 2001～2010*，2012.1，p.10。

美国拥有一个可谓是健全、系统、多层次、全方位的资本市场，每一层级的交易模式中都有相应的规则规范去约束与制约。美国多层次的资本市场分为三个层次，公司依自身规模和特点选择所在的交易

---

① Cambridge Associates LLC，*U.S. Private Equity Index? And Selected Benchmark Statistics*，2011，p.3.

市场。第一个层次为主板市场，包括纽约证券交易所（NYSE）和美国证券交易所（AMEX）等全国性集中市场和太平洋证券交易所（PSE）、费城证券交易所（PHSE）等区域性市场。第二个层次是高增长板市场，1971 年美国政府创建了纳斯达克市场（NASDAQ），为中小企业直接上市融资创造了便利条件，也为 PE 提供了退出途径。NASDAQ 自成立以来发展迅猛，其根据对上市公司不同标准的要求，在交易实务上可区分为全国市场（National Market）与小型资本市场（Small Cap Market）。第三个层次是全国性场外交易市场，即未上市证券市场，包括柜台交易市场（OTCBB）和粉单交易市场（Pink Sheets），主要交易地方性中小企业证券和公司债券。企业业绩持续良好，交易情况好的公司可申请上升到高一级市场。美国多层次的资本市场体系庞大，结构完善，能够适应于处在不同发展阶段和发展特点的企业的资本交易需求。这样一种多层次的资本市场为 PE 的发展提供了良好的环境，也为其投资提供了退出的平台，不仅可以通过主板市场和高增长板市场以 IPO 方式退出，也可以通过全国性场外交易市场交易退出。

目前，IPO 方式并不是美国 PE 退出的首选，更多的退出是通过股权转让的方式实现的，即主要通过企业并购或者由其他私募股权基金收购（二次收购）来实现退出，而企业并购无疑是当前美国 PE 退出时的首选方式。

如表 2 -2 所示，根据 NVCA 的统计，1985 年通过并购方式实现的退出案件仅有 8 起，而到 2010 年则有 591 起，增长了 70 多倍。从已经披露的案例来看，并购所涉及的金额也增长快速。1985 年企业并购仅有 2. 71 亿美元，1999 年高达 2225. 69 亿美元，此后虽有所减少，但 2007 年也达到了 768. 53 亿美元，2010 年则为 393. 02 亿美元。此外，单笔平均涉及的金额也增长迅速，1985 ~ 1994 年这十年期间，仅有 3 年的单笔平均交易超过 1 亿美元。而从 1994 年至今，单笔平均交易都超过了1亿美元，而且1999年创造了单笔平均8.73亿美元的纪录。2010年并购退出交易额名列前三的行业分别是工业/能源、生物技术和软件。

表2-2 PE通过并购实现的退出（1985~2010年）

年份	披露交易			
	总数	数量	金额(百万美元)	单笔平均(百万美元)
1985	8	3	271.2	90.4
1986	17	4	214.7	53.7
1987	21	8	854.4	106.8
1988	31	16	1579.5	98.7
1989	37	20	2071.3	103.6
1990	28	12	595.6	49.6
1991	34	14	1059.7	75.7
1992	91	60	4293.4	71.6
1993	118	73	6027.7	82.6
1994	136	88	9970.1	113.3
1995	160	108	16106.4	149.1
1996	193	146	37023.7	253.6
1997	268	200	65122.5	325.6
1998	325	233	91541.2	392.9
1999	349	255	222568.6	872.8
2000	377	249	121780.0	489.1
2001	407	203	39639.9	195.3
2002	361	187	24031.8	128.5
2003	328	146	14605.5	100.0
2004	391	214	25766.4	120.4
2005	451	222	43507.1	196.0
2006	518	231	51079.4	221.1
2007	569	244	76852.5	315.0
2008	503	171	29711.0	173.7
2009	335	120	50647.6	422.1
2010	591	183	39301.5	214.8

资料来源：NVCA，*Private Equity Yearbook*，2011，p. 52。

二 英国私募股权产业发展

1. 私募股权产业发展历程及现状

英国是欧洲私募股权投资的发源地，1945 年，英国清算银行和英格兰银行共同投资成立了工商金融公司（ICFC，3i 的前身），是欧洲第一家创业投资公司，主要是为了解决中小企业发展的长期资本短缺问题。不过，20 世纪 50～70 年代，英国私募股权投资还处于初步萌芽阶段，仅开展了一些小规模的投资活动。

20 世纪 70 年代后，英国开始实施新的银行竞争和信用控制政策，银行拥有了更大的投资决策权，养老基金、保险公司等金融机构也相继放开，可以成为 PE 的投资者，带动了英国私募股权产业的初步发展。1973 年，英国工党政府成立了国家创业投资机构“国家企业委员会”，进行地区工业投资，为小企业提供贷款和分析研究高新技术领域发展的投资问题。该委员会于 1981 年与国家创业投资公司合并，成立了英国技术协会，专门进行创业投资和有关协调工作。1983 年，英国成立了本国的创业投资协会 BVCA，共有 34 个创始成员，并逐渐发展成为推动英国私募股权产业发展壮大的重要力量。目前该协会已经拥有 220 个成员，累计管理资金约 320 亿英镑。①

在 20 世纪 80 年代以来，英国政府相继采取了“税收优惠”、“贷款担保计划”（LGS）和“企业扩大计划”（BES）等一系列鼓励创业投资发展的政策与措施。如英国 1983～1996 年实施企业扩大计划，通过向英国未上市公司的投资人提供个人收入税减免优惠来刺激投资，每年可减免 4 万英镑的收入税。投资人可以直接投资或通知投

① BVCA，http：//www. bvca. co. uk/About-BVCA/features/OurIndustry，2012 - 01 - 20.

资基金进行投资，但投资必须是新的风险性股本，并至少持股5年。在政府的大力支持下，英国的私募股权产业取得了初步发展。

1994年英国政府颁布了《创业投资信托法》，对符合该法要求的“创业投资信托”，实行全面税负豁免与优惠。如个人投资者股利收入税的豁免、资本利得税豁免、基金公司在资本利得上的豁免，以及其他税负上的特别优惠等。1995年6月19日，英国伦敦证券交易所建立了另类投资市场（Alternative Investment Market，AIM），专门为小规模、新成立和成长型公司服务，大大促进了英国私募股权产业的快速发展。如图2－4所示，英国的PE筹资和投资都在2000年后出现了快速增长，尤其是2005～2008年期间分别是21世纪初筹资和投资的3倍到6倍。目前获得英国私募股权投资的企业超过5000个，这些企业在世界各地有210万左右的全职员工，在英国的有100万左右。有一段时间在英国每十个私营企业的员工中就有一个受雇于PE所投资的公司。[①]

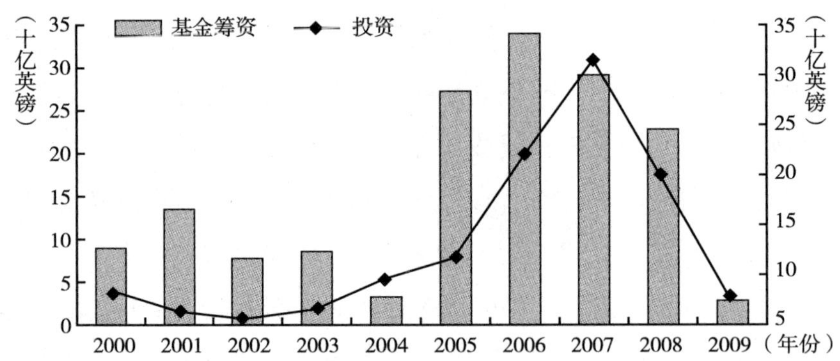

图2－4　2000～2009年英国PE筹资和投资情况

资料来源：TheCityUK，*Private Equity Report*，2010，p. 2。

① 马克·福劳蒙：《股权投资创造就业机会推动全球经济增长》，http：//www. bpea. net. cn/article/zjsd/201201/20120100035363. shtml，2012－03－05。

目前，英国已经发展成为欧洲规模最大、发展最迅速的私募股权投资基地，在全球的发展规模也仅次于美国。根据 OECD 的一项调查显示，英国私募股权交易占 GDP 的比例（图 2－5 上图）以及私募股权杠杆收购占 M&A 的比例（图 2－5 下图）都分别超过美国。

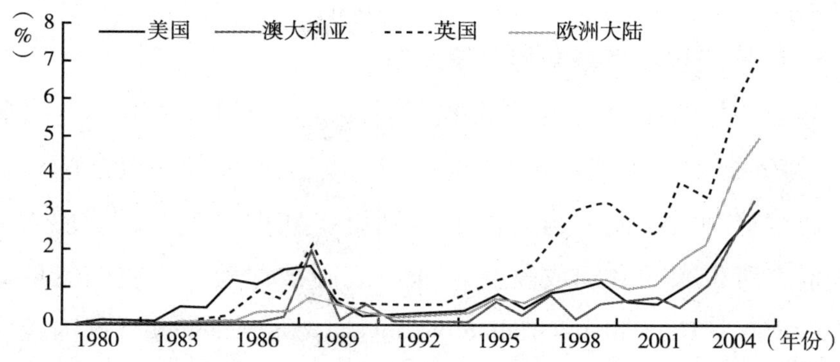

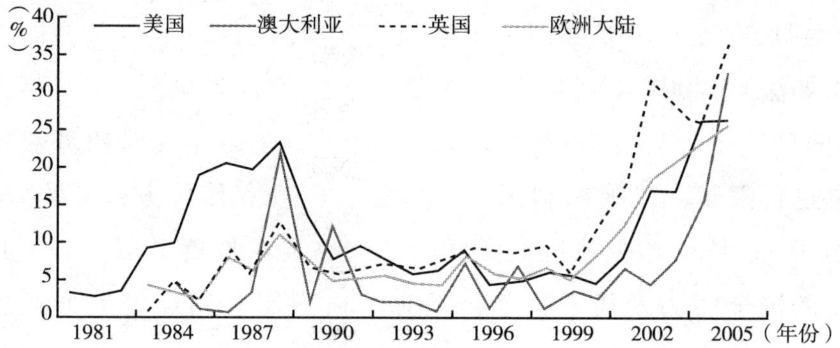

图 2－5　私募股权交易占 GDP 比例和私募股权在 M&A 中的比例

资料来源：OECD，*The Private Equity Boom Causes and Policy Issues*。

受全球金融危机的影响，2009 年英国 PE 的筹资和投资都出现了大幅下跌，2010 年开始重新出现了复苏的迹象。从筹资来看，2010 年英国所有 PE 共筹资 76.99 亿欧元，比 2009 年的 56.35 亿欧元增长了 36.6%，占欧洲筹资总额的 38.47%。2010 年新建立的 PE 筹资达

31.54 亿欧元，占欧洲 22.47%。从投资情况看，2010 年，英国 PE 共实现投资 190.39 亿欧元，比 2009 年的 90.52 亿欧元增长了 110.3%。从退出情况看，2010 年英国 PE 共从 355 家企业实现退出，完成交易额达 101.8 亿欧元，分别比 2009 年的 304 家企业和 49.71 亿欧元提高了 16.8% 和 104.8%，并分别占欧洲总数的 16.42% 和 51.46%。[①]

2. 私募股权投资基金的法律规范

英国将投资基金称为集合投资计划，英国 1986 年《金融服务法》第 75 条第 1 项规定："集合投资计划是有关某些资产的任何安排，通过这种安排使参与者能够得到由于获取、占有、管理、处置这些资产所带来的利润或收益。"而 PE 则被称为"未受监管的集合投资计划"（Unregulated Collective Investment Scheme）。英国投资基金业隶属于资产管理业，规范英国投资基金业的法律主要是 1986 年《金融服务法》，1997 年《开放式投资公司法》、2000 年《金融服务与市场法》、2001 年《集合投资发起（豁免）条例》。纵观英国有关 PE 的法令，与美国存在很多相似之处，也是主要对招募对象的资格进行限制，以限制利用邀约传播、广告宣传等方式募集资金。在给予 PE 特殊豁免权地位的同时，严格要求投资者自身必须具备一定的资金实力及投资技能，同时严格限制利用广告等方式进行宣传。

2000 年《金融服务与市场法》规定，集合投资计划的发起人和管理人局限于"被授权人"和"经财政部豁免的人"两类，并在 21 条款和 238 条款中规定，除非特别规定（豁免），否则，这些人不得邀请他人参与投资活动或集合投资计划。采取一种不受监管的集合投资形式成立的 PE 必须由基金管理公司管理，而后者是接受英国金融

① EVCA, *Private Equity Yearbook*, 2011, p. 64.

服务局（FSA）监管的。基金管理公司需要获得 FSA 的批准，才能从事私募的管理业务。

根据英国 2001 年《集合投资发起（豁免）条例》的规定，主要对 PE 的传播方式和募集对象进行了限制。传播方式上规定对于私募基金的发行和募集不得通过电视广播、网络宣传或出版物等方式进行。募集对象方面，英国采取了“内外有别”的策略。英国境内的募集对象应只包括投资专家、富裕个人、拥有高额资产的公司及成熟投资者四类。对富有个人的要求是其必须年收入不低于 10 万英镑，或者净资产不低于 25 万英镑，并且对于其财务情况还必须有会计师或者雇主证明，其本人还必须对私募性质签署了解声明书等。至于如何判断是否属于成熟投资者，除了根据投资者的财富数量判断之外，更注重根据投资者本身投资经验及金融知识来进行判断。至于海外投资者则要求应为：海外人士、以前的海外顾客、投资专家、富有个人、拥有高额的资产公司、熟练投资者、富有的投资者或熟练投资者的联合会、信托发起人等。

2001 年 4 月，英国开始实施《有限责任合伙法》，标志着英国正式引入有限责任合伙这一新的商业组织形式，这为英国 PE 的发展扫除了障碍。不过，依据英国《有限责任合伙法》的规定，有限合伙人不得在经营期间撤回任何一部分出资，这也造成了有限合伙制的 PE 在英国并不发达。

3. 私募股权投资基金的监管模式

英国对 PE 采取的是以行业自律为主、法律监管为辅的监管模式。

2000 年《金融服务与市场法案》是目前英国规范金融业的一部“基本法”，根据该法建立的 FSA 则是英国整个金融行业唯一的监管机构。FSA 颁布了一个监管手册来规范 PE，其中三方面的标准适用于 PE，即高标准（涉及基金管理公司的董事和高级经理，以及内部控制制度）、谨慎标准（要求基金管理公司在其管理的基金中，投入高于一定数额的自有资本）和经营标准（涉及反洗钱法案、商业道德规范等方面的内容）。

而英国的PE经过数十年的发展，形成了一套以基金行业自律为中心的基金监管体制，即强调通过基金行业自律制定出相应的规则进行自我控制、自我约束和自我管理。目前，英国的自律组织是BVCA，其职能包括行业自律、政策游说、行业调研等。BVCA要求所有会员在从事私募股权投资运作时必须严格遵守协会的章程与其他法规，否则随时可能面临被取消会员资格，并进而招致社会信誉丧失殆尽的风险。2007年11月BVCA发布了针对英国PE整个行业的监管指引——《PE信息披露和透明度行为准则》，为PE公开披露及促进其透明化制定了相关规范。该准则主要规范的是私募股权投资公司和资产组合公司。根据其定义，私募股权投资公司是一个由FSA授权成立的公司，其业务主要是对英国基金提供管理或咨询服务，或者在未来有能力参与此类投资。资产组合公司则是被私募股权投资公司收购（经公开发行后私有化）且资本额及取得控制权的费用加起来超过3亿英镑，同时公司50%的收入来自英国境内并有超过1000个全职员工的英国公司，或者私募股权投资公司经由次级市场或非市场交易收购，而其公司价值在交易时超过5亿英镑，公司50%的收入来自英国境内并有超过1000个全职员工的英国公司。这一行为准则对私募股权投资公司做出了四个方面的行为规范：①应在其网站上公布年度审查报告，内容包括描述该公司历史、投资期限、内部英国籍高层管理人员、是否有适当的利益冲突处理机制、所投资的公司、有限合伙人来源（包括该资金来源于英国境内或境外，以及资金来源的产业）；②应向其有限合伙人报告基金投资情况、有限合伙人对基金的权益、基金管理及无限合伙人出资情况，并评估基金投资的价值；③向BVCA所指定的会计师事务所或其他独立第三人

（该第三人负有保密义务）提供有关基金的资金募集、收购资产组合公司及其他英国公司的交易价格、资金管理相关费用等资讯；④当私募股权投资公司与资产组合公司将进行交易或资产组合公司有重大政策变更时，应该与该资产组合公司员工进行沟通。该行为准则同时也要求资产组合公司应定期在其公司网站上公布年度财务报告，其中必须包括如下资讯：①投资该公司的 PE，以及代表 PE 监管公司的高层主管及顾问；②董事会的详细组成资料，并注明 PE 的指派董事；③公司业务发展等业务检查资料；④公司风险管理政策（包括杠杆融资及现金流处理）等财务检查资料。此外，公司还应该向 BVCA 提供有关营运绩效、雇佣、资本架构、周转资本及固定资本投资、研发费用等相关资讯，以便 BVCA 进行市场资料收集及分析。

2008 年 3 月，为评估该行为准则的执行情况，同时也便于根据行业发展的实际情况进一步修正和完善该准则，英国成立了由利万基爵士为主席的指引执行监测小组（Guidelines Monitoring Group）。通过该小组对 32 家基金和基金所投资的 54 家企业的跟踪调查来看，绝大多数基金和企业都进行了信息披露，较好地遵循了准则的规定，仅有非常少的公司在某些方面的披露还差强人意。

4. 私募股权投资基金的运作特点

（1）机构投资者为主

如表 2－3 所示，目前英国私募股权的投资者与美国相似，都是机构投资者为主。2010 年英国 PE 的机构投资者占总数的77%，其中养老金是最大的机构投资者，占到总投资的 25%。其次是企业占 13%，FOF 位居第三，占 11%。而个人和家庭理财共占总投资的 23%。

表 2-3 2008~2010 年英国 PE 的资金来源

资金来源	金额(百万英镑)			所占比例(%)		
	2008 年	2009 年	2010 年	2008 年	2009 年	2010 年
养老基金	8414	550	1630	35	18	25
保险公司	859	280	440	4	9	7
企业	1813	398	848	8	13	13
银行	976	190	113	5	6	2
家庭理财	NA	60	1161	NA	2	18
FOF	3948	531	731	17	18	11
政府机构	1140	191	420	4	6	6
研究机构	805	66	172	3	2	2
个人	2256	153	300	10	5	5
资本市场	NA	5	65	NA	NA	1
主权财富基金	NA	180	36	NA	6	1
其他	2928	383	678	13	13	10

资料来源：BVCA，*Private Equity RIA 2010*，2011，p. 12。

从纵向角度来看，2008~2010 年之间，养老金对 PE 的投资占比大幅减少，2008 年曾高达 35%，2009 年跌幅达一半仅为 18%，2010 年略有回升达到 25%。而相比之下，家庭理财的投资大幅增长，2009 年仅占比 2%，而 2010 年则达到了 18%。

（2）收购投资为主

英国 PE 的投资以收购投资为主，并有不断增长的趋势。2010 年收购投资占英国私募股权投资总额的一半以上，达到 58%，共计 47.52 亿英镑，而这一比例在 2008 年和 2009 年时仅 36%，增加了 22 个百分点。2010 年英国 PE 对创业阶段的企业投资仅占总投资的 4%，对处于扩展期的企业投资占总投资的 20%，对重置资本的投资占到总投资的 12%，其余投资占 6%。①

① BVCA，*Private Equity RIA 2010*，2011，p. 5.

从表 2-4 可以看出，2010 年英国 PE 对消费者服务业的投资金额最高，达到 24.45 亿英镑，占全部投资的 30%。其次是医疗保健业和金融业，分别投资了 11.93 亿英镑和 11.68 亿英镑，各占总投资额的 14%。从纵向角度来看，从 2008 年到 2010 年，对原材料、工业、油气业的投资额占比大幅下降，而对消费者服务、日用消费品和科技行业的投资呈现出增长趋势。

表 2-4　2008~2010 年英国 PE 主要投资行业

投资行业	投资金额(百万英镑)			投资金额所占比例(%)		
	2010 年	2009 年	2008 年	2010 年	2009 年	2008 年
原材料	6	58	76	—	1	1
日用消费品	640	616	336	8	13	4
消费者服务	2445	758	1856	30	16	22
金融业	1193	484	913	14	10	11
医疗保健	1168	310	1294	14	6	15
工业	1073	950	2464	13	20	29
石油、天然气	234	522	983	3	11	12
技术	1019	959	517	12	20	6
通信	146	21	40	2	—	0
实用工具	264	42	77	3	1	1
其他	49	68	NA	1	1	NA
共计	8237	4790	8556	100	100	100

资料来源：BVCA，*Private Equity RIA 2010*，2011，p. 7。

英国的两家知名的研究中心（MBO 研究中心和信贷管理研究中心）发表的研究报告显示，在过去十年中受到私募股权投资的企业比其他私有企业和上市公司的业绩都要优异，而且业绩的优异程度在经济衰退时期更为显著。BVCA 的统计也显示，其会员管理的基金在过去十年中每年给投资人的净内部回报率（IRR）平均为 14.6%，大大超越很多其他资产类别的业绩。在 1994 年和 2004 年成立的基金每年净内部回报率分别为34.3%和32.0%，比在其他年份成立的基金业绩都要好。值得指出的是，这两个年份都是在英国经历了一段经济衰退之后刚开始复苏的时期。[①] 2010年英国私募股权基金投资的内部回报率达到18.6%，比英国养老金投资回报率的12.7%高了5.9个百分点，比英国富时指数（FTSE）全部资产回报率的14.5%高了2.1个百分点。[②]

（3）退出形式多样

英国PE的退出形式多样，以2000年为例，通过IPO方式退出的交易金额达到20.41亿英镑，占总额的21%，而其余五分之四的交易则通过多种方式实现退出。其中，通过贸易交易实现的退出达到22.53亿英镑，占总额的23%。股权报价出售达15.67亿英镑，占总额的16%。转让给其他私募股权投资公司达14.62亿英镑，占总额的15%。通过冲销方式退出为11.46亿英镑，占总额的12%。另外，以卖给其他金融机构、优先股/优先债偿付及管理层回购方式退出的交易金额占总额比重分别为5%、4%和3%。[③]

英国的多层次资本市场也同美国一样包括三个层次，公司依自身规模和特点选择所在的交易市场。第一个层次是主板市场，包括伦敦证券交易所等全国性市场和伯明翰、曼彻斯特等区域性市场。第二个层次是高增长板市场，即AIM，由伦敦交易所主办，其运行相对独立。第三个层次是全国性的三板市场即未上市证券市场（Off-Exchange，OFEX），它是为更初级的中小企业提供融资服务的股票交易市场。OFEX创立于1995年10月2日，其目的是为那些未

① 马克·福劳蒙：《股权投资创造就业机会推动全球经济增长》，http://www.bpea.net.cn/article/zjsd/201201/20120100035363.shtml，2012-03-05。

② BVCA，*Performance Measurement Survey 2010*，2011，p.5.

③ BVCA，*Private Equity RIA 2010*，2011，p.13.

进入伦敦证券交易所主板市场或 AIM 挂牌交易的公司股票建立一个可出售其股票、募集资金的市场。一些在 AIM 交易的公司股票及以前在 1996 年底关闭的“未上市证券市场”交易的公司股票也可以在 OFEX 进行交易。OFEX 与 AIM 非常类似，都是为中小型高成长企业进行股权融资服务的市场，但 OFEX 的市场准入门槛更低、层次更初级。

三　日本私募股权产业发展

日本是亚洲最早开始发展私募股权产业的国家，其私募股权产业是战后在美国的影响和推动下，通过模仿美国而逐渐发展起来的。日本创业企业中心（VEC）将私募股权投资定义为对未上市企业股权进行投资的一种方式，一般分成两大类，即创业投资（通过发掘和支持未上市企业来推动企业发展并依靠卖出股权实现资金回收的一种投资方式）和收购投资（取得已实现一定发展基础的企业经营权并在提高企业价值后实现资金回收的一种投资方式）。[①] 在20 世纪 90 年代末以前，日本基本没有收购投资，所以创业投资就等同于私募股权投资。直到在 20 世纪 90 年代末以后，日本才逐渐出现了收购投资方式，私募股权投资领域得以进一步扩展。

1. 私募股权产业发展历程及现状

（1）以政府为首设立私募股权投资机构

1963 年 6 月，日本政府效仿美国的《小型企业投资法》制定了《日本中小企业投资扶植法》，并根据该法于同年 11 月分别成立了东京中小企业投资扶植公司、大阪中小企业投资扶植公司和名古屋中

① VEC:「2008 年ベンチャービジネスの回顧と展望」, 2009, 第 30 頁。

小企业投资扶植公司，面向资本金低于3亿日元的中小企业进行投资，主要目的是为促进中小创业企业充实自有资本，推动其获得健康发展。这三家公司可谓是日本私募股权投资的开拓者，以此为契机，日本的私募股权产业开始有了初步的萌芽。截止到1970年3月，这三家公司共对408家企业进行了累计122.8亿日元的投资（如图2－6）。

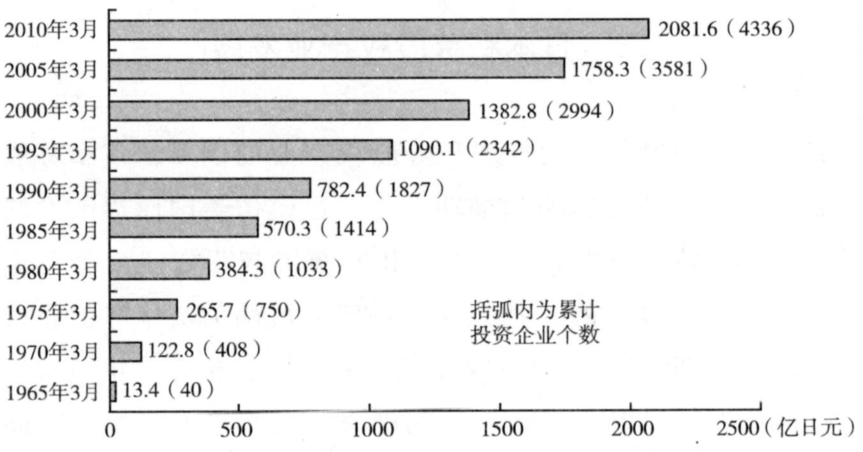

图2－6　三个投资扶植公司累计投资金额

资料来源：名古屋中小企業投資育成会社，http：//www.sbic-cj.co.jp/company_ funddata.html。

1986年后，这三家中小企业投资扶植公司都分别进行了民营化改革，目前都是日本经济产业省管辖下的特殊法人企业，其资金来源主要是地方公共团体及银行、证券公司、保险公司，业务已经覆盖日本全国（见图2－7）。截止到2011年3月底，三家企业已经累计向4449家中小企业进行了超过2万亿日元的投资，其中196家企业实现上市，265家企业最终破产。①

① 大阪中小企業投資育成会社，http：//www.sbic-wj.co.jp/outline/data.html#3，2012－02－02。

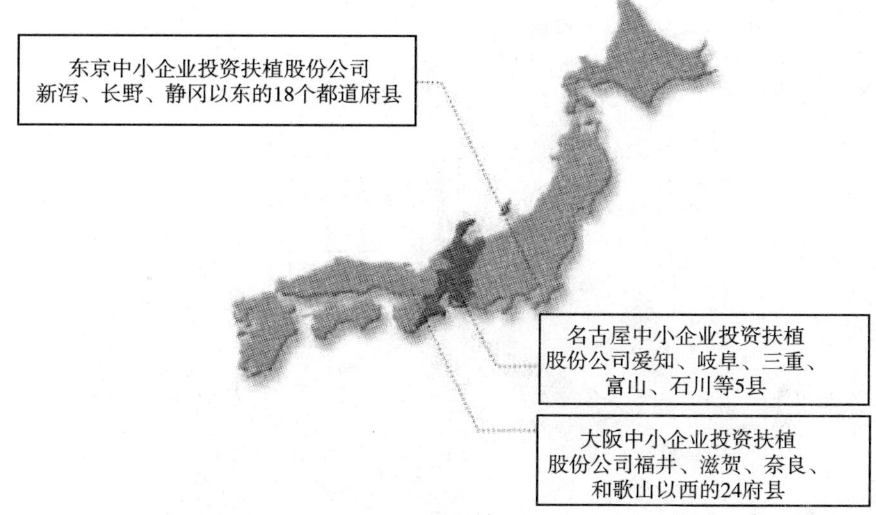

图2-7　三个投资扶植公司的营业区域

资料来源：名古屋中0小企業投資育成会社，「わかりやすい投資育成会社のご案内」，第8頁。

这三家政府创立的私募股权投资机构与其他民间私募股权投资机构的区别在于，投资的最终目的并不是为了上市退出以实现资本利得，而是要扶植和发展中小创业企业，因此它们通常会长期持有所投资企业的股份，即使企业上市后也不会立即退出，仅追求稳定的红利收益。此外，这三家企业对IT、半导体、生物制造等处于初创阶段的高新技术领域的投资较少，而对制造业、批发业、零售业等发展较成熟的行业投资占多数。如图2-8所示，这三家企业截至2011年3月的投资领域主要集中在制造业，占其总投资的59.0%；其次是批发业，占其总投资的18.8%；再次是服务业，占7.3%。此外还有建筑业（5.6%）、零售、餐饮业（3.8%）、软件业（3.1%）、运输业（1.3%）和不动产业（1.1%）。而对制造业的投资中，有色金属及金属产品获得的投资最多，占20.6%；其次是其他一般机械，占19.2%；再次是化学，占9.1%。其后依次是电气设备（7.7%）、食

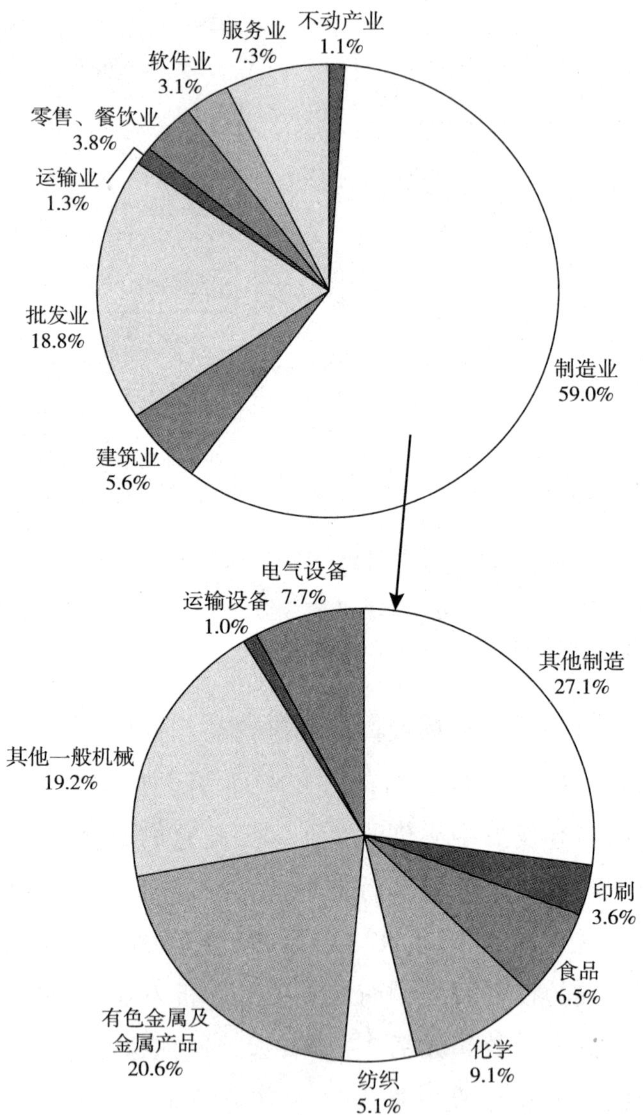

图2-8 三个投资扶植公司截至2011年3月底的投资领域分布

资料来源：大阪中小企業投資育成会社，http://www.sbic-wj.co.jp/outline/data.html#3，2012-02-02。

品（6.5%）、纺织（5.1%）、印刷（3.6%）、运输设备（1.0%）等，此外的其他制造占27.1%。

此外，日本政府为支持创业企业的发展，于1975年7月在通商产业省（现日本经济产业省）的支持下，由政府和民间共同出资成立了一个半官方机构——财团法人研发型企业扶植中心（1994年6月更名为VEC）。其主要目的是为研发型企业提供80%的债务担保（最高限额8000万日元），扶植创业企业的发展以及帮助有关企业进行合作交流。VEC在成立之初的1975年和1976年都分别进行了30起以上的债务担保。此后几年受到日本经济萧条和创业企业经营不善的影响，仅进行了10起债务担保。不过，在挺过了最困难的几年后，VEC在20世纪80年代日本第二次创业热潮的兴起中发挥了重要作用。1982~1985年，VEC每年进行的债务担保都能达到30起以上。1988年，VEC的债务担保事业进一步扩展到“利用新技术开发成果和本企业自己的技术秘密，发展新服务计划”等知识融合型企业，向他们提供最高额度为5000万日元的债务担保。20世纪90年代后，随着日本泡沫经济破灭，VEC提供债务担保的很多企业破产导致其代位权支付剧增，2002年3月后结束了新增债务担保的业务。截至2002年3月，VEC共向526家研发型企业和34家知识融合型企业提供了债务担保，[①]为推动日本创业企业发展提供资金支持做出了重要贡献。

（2）民间私募股权投资机构的兴起和发展

1972年11月，为振兴京都地区经济圈，日本仿照美国的ARD成立了第一家民营私募股权投资公司——京都开发公司（KED）。该公司由当地企业（31家）、京都银行协会加盟金融机构（31家）、京都证券交易所研究院协会（63家）这三个集团各出资1亿日元设立，投资对象主要集中在京都地区的企业，以培育京都地区的新兴产业和振

① VEC：「2002年度年報」，2003，第5頁。

兴地区经济为主要目的。2 周后，同样以 ARD 为范本，又成立了日本开发公司（NED）。此后，日本又先后成立了日本创业投资、日本联合金融（现 JAFCO）、环球金融、中央资本、东京创业投资、钻石资本 6 家私募股权投资机构。其中 1973 年 12 月成立的 JAFCO 是一直存续至今的日本历史最悠久的私募股权投资机构，由野村证券、原三和银行和日本生命保险公司共同出资组建。这 8 个私募股权投资机构被统称为日本私募股权投资的“先遣 8 公司”（见表 2 -5），其投资活动推动了日本 1970 ~1975 年第一次创业热潮的出现。后由于石油危机导致经济萧条、缺乏实现投资退出的多层次资本市场以及缺少有经验的专业人才，日本第一次私募股权投资高峰在 1975 年后走入低谷。

表 2 -5　20 世纪 70 年代日本的私募股权投资机构

私募股权投资机构	建立日期	私募股权投资机构	建立日期
京都开发公司	1972 年 11 月	环球金融	1973 年 12 月
日本开发公司	1972 年 11 月	中央资本	1974 年 1 月
日本创业投资	1972 年 12 月	东京创业投资	1974 年 4 月
日本联合金融	1973 年 12 月	钻石资本	1974 年 8 月

在经营战略上，由于 KED 的投资者过多而出现了反复变化的情况。最初其以扶植“京都品牌”作为重要战略，1973 年、1974 年分别向刚建立不久的创业企业“竹中工程工业公司”投资 600 万日元和日本电力生产公司投资 500 万日元。1975 年 KED 又将经营战略从对创业企业提供小额投资转为对具有上市潜力的企业进行投资，向千曲制造厂进行了 4000 万日元的大额投资。但是，千曲制造厂于 1976 年破产后，KED 的经营战略再次出现变化，“改变了扶植创业企业的方式，而是重点扶植拥有扎根于京都的传统技术的企业”①，又向志

① 「日本経済新聞」，1976 年 10 月 23 日，第 1 頁。

野陶石公司投资了1500万日元，而这笔投资也成了KED的最后一笔投资。最终，KED作为私募股权投资机构，却没有实现一个企业的上市退出，并于1980年3月解体。可以说，在整个20世纪70年代，这8家日本私募股权投资的先遣机构无所作为，连自身的存续都难以维持。除了KED解体之外，1978年4月，日本创业投资也更名为综合金融，改为从事代理经营业务。

1982年，日本著名的私募股权投资企业JAFCO依照《民法》规定，仿照美国的有限合伙制基金的建立方式，筹建了日本的第一个PE。此举打通了资金筹集的通道，引入了大量投资者，解决了私募股权投资企业筹资困难的问题，并可以通过基金向管理者支付报酬。1983年日本进行了店头市场改革，放宽了二板市场和OTC市场上市注册的要求，为投资退出创造了有利条件。1983~1986年，日本出现了第二次创业热潮，产生了一大批以生物技术、新材料、电子产品等高新技术产业为主的创业企业。在这些因素的影响下，许多经营业绩良好的中型证券公司与小型城市银行都积极参与到当时的私募股权投资活动中，私募股权产业也因此在这一时期呈现出一派繁荣景象，出现了第二次投资高潮。1983~1986年间，日本创纪录地出现了六十多家私募股权投资机构，到1987年末其融资额已经累计达到3000亿日元。[①] 但是，1985年“广场协议”后日元升值给很多创业企业带来沉重打击，纷纷破产倒闭，也导致了第二次私募股权投资高潮的结束。

日本的第三次创业热潮始于1995年，时值日本泡沫经济破灭后陷入长期萧条，当时日本政府积极采取各种措施为创业企业的发展提供多方面的支持，在软件及新兴服务业等领域出现了很多创业企业。1993~1996年在大批企业出现上市热潮的带动下，日本的私募股权

① 日本通産省:「ベンチャーキャピタル投資状況調査」，1991年。

投资也随之取得了快速增长。从投资情况来看，1993 年[①]的新增投资额仅为 865 亿日元，此后 3 年持续增长，1996 年的投资额达 2427 亿日元，是 1993 年的 2.81 倍。受到 1997 年亚洲金融危机的影响，日本的私募股权投资也出现了一定的萎缩，1998 年的投资额仅为 1157 亿日元，继 1996 年后连续两年大幅下降，仅为 1996 年投资额的 47.67%，减少了一半之多（如图 2－9）。

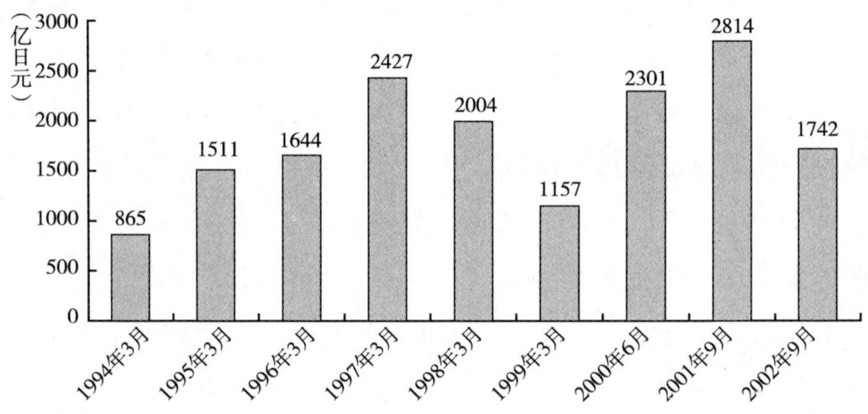

图 2－9　日本 1994～2002 年 VC 新增投资额

资料来源：VEC，「2002 年度ベンチャーキャピタル投資動向調査」。

为推动国内私募股权投资的复苏，日本政府出台了一系列促进投资的政策。1997 年，日本修改了养老金运用法规，使其可以投向 PE，扩大了 PE 的投资者构成。1997 年日本政府颁布《天使投资税制》，从税收上采取优惠措施促进创业投资的发展。1998 年 11 月日本政府又出台了《中小企业等投资事业有限责任组合契约法》（《LPS 法》，即《基金法》），正式允许以有限合伙的方式设立 PE，明确了有限合伙人仅承担有限责任，开始了私募股权投资主体多元化的进程，大大推动了日本私募股权产业的发展。1999 年 11 月 11 日，日

① 日本的财政年度是从第一年 4 月到第二年 3 月。

本东京证券交易所在一部、二部市场外，成立了名为 Mothers 的创业板市场，2000 年 6 月美国 NASDAQ 登陆日本，创立了日本 NASDAQ 市场。日本多层次资本市场的不断完善打通了私募股权投资上市退出的渠道，进一步推动了日本私募股权投资的发展，1999 年和 2000 年的投资都出现了持续增长（如图 2－9）。

在收购投资方面，1999 年日本通过了《产业活力再生特别措施法》，放宽了购买股票的对象及上限，日本国内外私募股权投资者可以建立收购基金进行私募股权投资。该法令一经推出就大大拓宽了私募股权投资发展的渠道，推动了日本私募股权投资的快速发展。如表 2－6 所示，截止到 2011 年 6 月，日本共有 158 个专门进行私募股权投资的收购基金，累计认缴投资额达到 31535 亿日元。自 1998 年开始，这些基金共发起 599 个投资活动，投资累计总额达到 63994 亿日元。

表 2－6　日本收购基金的历年各项指标一览（1997～2011 年 6 月）

年份	基金个数	认缴额(亿日元)	投资件数	投资金额(亿日元)
1997	1	30		
1998	2	207	1	38
1999	6	1540	10	149
2000	9	1520	13	1671
2001	7	1012	31	2292
2002	11	1433	24	1107
2003	13	1405	50	7968
2004	15	3440	55	7384
2005	24	2794	49	4551
2006	22	5608	77	9245
2007	18	5380	90	6558
2008	21	5069	67	12446
2009	3	972	59	4177
2010	4	665	46	2933
2011(6 月)	2	460	27	3475
合　计	158	31535	599	63994

资料来源：日本バイアウト研究所，「日本バイアウト市場」，2011，p. 1。

案例2-3　日本产业革新机构预计2012年将增加参与企业海外并购

受日本政府支持的基金——日本产业革新机构（INCJ）2012年初表示，它对日本企业海外并购案的投资今年料将增加，因有日元走强且海外资产出售增加的扶助。INCJ通过股权参与方式来为日本企业的海外并购提供资金。

“我们收到许多希望参与投资海外并购的要求。今年可能会有相当数量的此类交易出现”，INCJ社长能见公一在接受专访时表示。“鉴于欧洲形势，有许多资产出售，而手握天量现金的日本企业在国内并未见到很多有吸引力的投资项目”，他并称日元走强也支持这一趋势。

INCJ是由政府支持的私募股权基金，拥有1.9万亿日元（247亿美元）资金，包括已承诺投资的资金在内，INCJ一直积极争取交易，目标是提升日本企业在全球市场中的竞争力。

资料来源：汤姆森路透：《日本产业革新机构预计今年将增加参与企业海外并购》，http://cn.reuters.com/article/privateEquityNews/idCNSB132932020120110，2012-05-01。

虽然日本的私募股权产业已经取得了数十年的发展，但与欧美等国相比，仍有很大距离，尤其是近年来日本私募股权投资额急剧萎缩，对其私募股权产业发展造成负面影响。根据TheCityUK的统计，2007年日本私募股权投资达150亿美元，占世界总额的4.72%。随后持续大幅下降，2008年投资额为100亿美元，跌幅达33.33%。2009年进一步下降到30亿美元，2011年日本私募股权投资额仅20亿美元，比2007年下降了86.67%，仅占全球私募股权投资总额的1.12%。[①] 同时，新建PE筹资额也大幅减少，2007年筹资额达50亿

① TheCityUK, *Private Equity Report*, 2007-2011.

美元，而2010年的筹资额仅20亿美元，下降了60%。[①]

从日本私募股权投资中的创业投资来看，如图2-10所示，日本的创业投融资额自2006年达到2790亿日元后，连续三年大幅下跌，在2009年仅为875亿日元，自2005年以来首次低于1000亿日元大关。2010年尽管VC的投融资额出现了一定程度的上升，但也仅有1132亿日元，还不及2006年的一半。而据上表2-6所示，收购基金的投资额在2008年创下历史最高纪录后，也同样出现了急剧的下跌，2009年仅有4177亿日元，仅为2008年投资额的约三分之一。2010年进一步下跌到2933亿日元，比上一年下跌了29.78%。

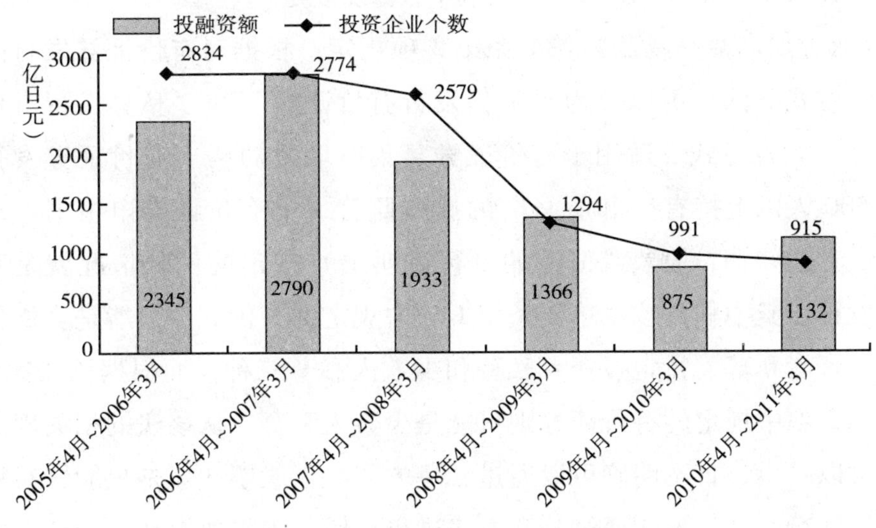

图2-10　日本VC年度投融资额

资料来源：VEC，「2011年度ベンチャーキャピタル等投資動向調査結果（速報値）」。

2008年以来，日本私募股权投资无论从创业投资来看还是从收购投资来看，都出现了大幅度的下跌，这种投资的停滞究其原因在于

① TheCityUK，*Private Equity Report*，2007 & 2011.

日本股市长期低迷导致私募股权投资机构难以依靠 IPO 收回投资，而日本固有的相互持股制度导致以并购方式退出的渠道也同样受阻，私募股权投资机构自身业绩恶化导致投资能力低下，以及长期的经济景气低迷造成中小企业经营状况不佳，从而导致优质投资资源的严重匮乏。此外，日本私募股权投资产业的人才匮乏也限制了其自身的发展。

2. 私募股权投资基金的法律规范

到目前为止，日本还没有直接针对 PE 的法律规定，但是日本的《金融商品交易法》（原《证券交易法》）和《投资信托及投资法人法》中都对“私募发行证券”进行了明确规定。

《金融商品交易法》第 2 条第 3 项规定，根据对有价证券发行的劝诱方式不同，可以分为“募集发行有价证券”和“私募发行有价证券”两种方式。适用于有价证券募集时取得劝诱（有价证券发行为 500 人以上持有）和所必需的披露监管（如有价证券申报书或有价证券通知书，股票或债券的发行说明书）规定的例外情况就是私募发行。其中根据该法第 2 条第 1 项中规定的有价证券只能是合格机构投资者私募、特定投资者私募和少数人私募三种，而根据该法第 2 条第 2 项中规定的有价证券则只能是少数人私募。从该法的相关规定中可以看出，日本明确可以通过私募方式发行股票，但是只能针对特定人发行，并且不能通过公开方式进行招股，不需要提交有价证券申请书及发行说明书，原则上也不需要股票发行后的相关公示。只是在募集时要向募资对象告知一定的必要事项。此外，该法又规定面向专业投资者进行募资的基金是由合格机构投资者进行的特例业务，当合格机构投资者进行私募时，基金成员中必须有一名以上的合格机构投资者（银行、证券公司、投资基金等专业机构），合格机构投资者以外的一般投资者不得超过 49 人，并且可以享受注册豁免，但要承担报告义务。根据规定，所谓合格机构投资者就是对有价证券投资具有

专业知识或经验的投资者，包括①金融商品交易业者中，从事股票、债券等高流动性有价证券经营或投资管理业务的机构；②接受存款的金融机构（信用合作社中仅限向金融厅厅长提出申请的合作社，农业合作社和渔业合作社仅限由金融厅厅长指定的合作社）；③保险公司；④个人（有价证券结余达10亿日元以上且开设账户满一年以上）；⑤根据《民法》设立的企业中向金融厅厅长提出申请的普通合伙人及管理合伙人（企业的有价证券结余10亿日元以上并得到其他合伙人同意）；⑥有限合伙投资基金；⑦向金融厅厅长提出申请的养老基金；⑧向金融厅厅长提出申请的经营型信托公司。

1998年12月1日修正公布的日本《投资信托及投资法人法》允许私募投信设立，与美、英等国对PE规范的最大不同之处在于日本PE（私募投资信托）仍受《投资信托暨投资法人法》管辖，而美、英等国则一般采取豁免的方式不对PE进行管辖。《投资信托及投资法人法》将投资基金称为证券投资信托，其第2条第1款规定："证券投资信托是指基于委托人的指示，以将信托财产投资于特定有价证券之运用为目的之信托，且以将受益权分割，使不特定的多数人取得为宗旨。"该法案规定在发行新受益证券时可以有公募和私募两种形式。私募分为合格机构投资者私募和一般投资者私募，合格机构投资者私募又分为合格机构投资者私募和特定投资者私募。其中合格机构投资者指的是"对有价证券投资具有专业知识或经验的投资者"，特定投资者指的是"合格机构投资者、国家、日本银行以及投资者保护基金之外的内阁府条例规定的法人"，一般投资者则是指符合公募及机构投资者私募规定之外的所有投资者。

在1982年以前，日本的私募股权投资机构都是依据《商法》建立的股份有限公司，形式单一，无法解决对公司和投资者双重征税的问题。1982年开始，JAFCO仿照美国的有限合伙制形式，依据《民法》首次建立了PE，解决了双重征税的问题，但是所有合伙人均需承担无限责任，无法有效保护投资者的利益。直到 1998 年日本出台了《LPS 法》后，才从法律上正式确立了有限合伙制，为私募股权产业发展提供了新的组织模式，即可以以有限合伙的形式建立私募股权投资机构，出资者必须有一个以上的合格机构投资者，除此以外的出资者不得超过 49 人。并规定了有限合伙制投资机构的业务范围包括可以投资未上市中小企业的股份以及对被投资企业的经营提供建议等。普通合伙人承担无限责任，有限合伙人根据出资额承担有限责任，有利于保护投资者的利益。此外，2005 年 4 月日本通过并于同年 8 月正式开始施行《有限责任合伙企业法》(《LLP 法》)，规定了普通合伙人和有限合伙人分别承担无限责任和有限责任，并规定可以不对有限责任合伙企业征税，在分配收益时，出资人根据收益直接纳税。

这一系列法律的制定和修订尽管没有对 PE 进行直接的规定，但是对私募投资机构的募集方式、投资者人数和资本的限制等都进行了规定，明确了“私募”这一筹资形式的法律地位，为 PE 的筹资和设立提供了一定的法律依据。

3. 私募股权投资基金的监管模式

与其他国家相比，日本政府对私募股权产业的监管比较严格。这种严格的监管模式可以充分发挥政府的功能，推动投资基金的快速发展，缩短基金发展的成长期，同时也有利于引导 PE 在支持国家金融发展和经济建设方面发挥积极作用。但是，政府过多的干预也容易导致 PE 缺乏行业自律性，不能实现充分的市场竞争，不利于培养现代、高效、透明的资本市场，造成整个私募股权产业效率大大下降。

(1) 募集资金的规定

如上所述，根据相关法律与法规，PE 不能通过公开方式募集资金，必须有一名以上的合格机构投资者，其他投资者人数不得超过 49 人。

（2）投资行为的限制

1972 年 11 月 8 日，日本公正交易委员会出台了《创业投资指导方针》，规定私募股权投资机构持有被投资企业的股份不得超过 50%；不得派遣人员担任被投资企业董事；只能收购被投资企业的新股；其投资目的不是为了控制被投资企业，而是在于支持该企业的发展。可以说这些措施严格限制了私募股权的投资，极大地影响了其投资的自由度。直到 1994 年，日本政府才对这一指导方针进行了修改，允许私募股权投资机构向被投资企业派遣董事，使得私募股权投资机构可以在被投资企业的公司治理和经营活动中发挥更多的作用。

在 1998 年通过的《LPS 法》仅允许设立的有限合伙制私募股权投资机构对未上市的中小企业进行投资，2002 年其投资对象中增加了有限公司和匿名合伙企业，2003 年增加了满足《产业活力再生特别措施法》有关规定的事业再生企业。2004 年日本修改了该法，去除了原来名称中的“中小企业等”，更名为《投资事业有限责任组合契约法》（《LPS 法》），放松了投资限制，允许私募股权投资机构不仅可以向中小企业投资，还可以对其他类型的大中型企业及大型上市公司进行投资。

（3）报告义务

根据 2007 年 9 月正式实施的日本《金融商品交易法》规定，基金的普通合伙人在募集资金时必须进行注册，但是 1 人以上合格机构投资者及 49 人以下一般投资者的私募基金可以免于注册，承担申报义务。2008 年 3 月 30 日以后，原则上不进行注册或申报的机构或人员将不得从事相关业务。

（4）信息公开

根据《金融商品交易法》的规定，“私募”形式的机构原则上不需要股票发行后的相关公示。《LPS 法》规定，基金要对自身运行状况，包括借贷对照表、损益计算表等制成财务表格，备置于办公室以供合伙人查阅。此外，要由注册会计师对财务表格进行外部监察。此外，由于日本很多私募股权投资机构都是以法人公司的形式设立的，所以根据2002年4月日本内阁通过的《根据特别法设立的民间法人运营指导监督基准》中规定，鉴于法人企业的公共性质，有必要确保一定的透明性，要求公开法人企业的业务及财务信息。所以很多私募股权投资公司也都相应需要根据规定，承担公开公司章程等信息的义务。

（5）行业自律

2002年11月，日本成立了本国的私募股权行业性自律组织——日本风险投资协会（JVCA），作为代表私募股权投资机构利益的公益性组织。该协会成立之初仅有70名成员，至今已拥有120多名成员，现任会长为伊藤忠科技创业投资公司总裁兼首席执行官安达俊久。但是与欧美等国主要依靠行业自律的监管模式相比，日本的政府监管较为严格，因此JVCA作为行业协会在推动日本私募股权投资方面发挥的作用还不明显。

4. 私募股权投资基金的运作特点

（1）资金来源

目前，日本的创业投资机构大都是证券公司、银行等金融机构的子公司，这些金融机构下属的创业投资机构垄断了大部分市场。根据日本经济新闻的创业投资调查显示，以银行、证券公司和保险公司投资为主的前22位PE的投资额就占到了日本全部投资累计总额的约90%。据日本经济产业省“创业企业创建、发展研究会”的最终研究报告显示，截止到2007年3月，日本创业投资余额的60.2%主要来源于银行、证券公司和保险公司等金融机构下属的私募股权投资机构，其中银行系列占21.9%，证券公司系列占31.2%，保险公司系列占7.1%（如图2-11）。

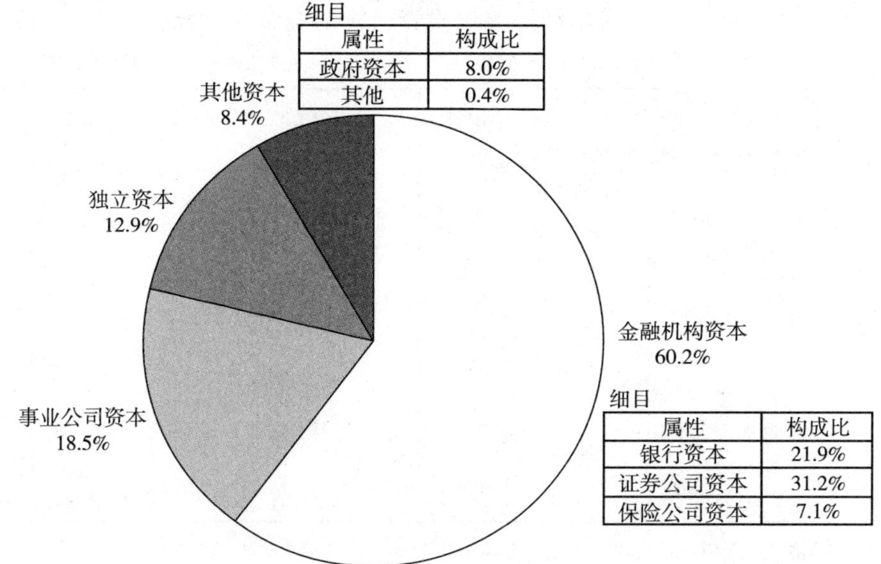

图 2－11　日本创业投资余额的属性构成（截止到 2007 年 3 月）

资料来源：日本経済産業省，「ベンチャー企業の創出成長に関する研究会最終報告書」。

从私募股权投资机构的投资者构成来看，如表 2－7 所示，2008 年很多公司是以自有资金进行投资，普通合伙人在出资比例中所占的比重相当高，VC 中的普通合伙人投资额占总数的 36.6%，收购基金中的普通合伙人投资额占总数的 5.7%，都远远高于欧美等国 1% 左右的比例。此外，日本的收购基金来源很简单，其中一半以上的资金来源于海外投资者，占总数的 53.7%，另有超过四分之一来源于养老基金，占 25.9%。此外银行占 9.5%，保险公司占 4.6%。

日本 PE 的这样一种资金来源结构使得其私募股权产业安全存在极大隐患，一方面金融机构占较大比重，一旦投资失败，会增加金融机构的不良债权，给整个金融运行带来不利影响。此外银行类金融机构为自身安全起见，提供给私募股权投资机构的资金在其自有资本中占较少比重，造成私募股权投资机构的募资也较困难。根据 TheCityUK

表2-7 日本私募股权投资机构的资金来源结构

单位：%

出资者构成	创业投资	收购投资
普通合伙人及管理合伙人	36.6	5.7
个人	5.5	0.0
其他创业资本	1.0	0.5
事业法人	18.9	0.0
银行	15.2	9.5
保险公司	11.7	4.6
证券公司	4.3	0.0
养老基金	2.4	25.9
其他基金、财团	2.5	0.0
其他国内投资者	1.7	0.0
国外投资者	0.2	53.7

资料来源：VEC,「2008年ベンチャービジネスの回顧と展望」。

的统计，美国机构投资者向PE的投资占其总资产的7%，欧洲则5%，日本仅3%。[①] 另一方面，外资在收购基金中所占比重较高，有可能会出现外资借收购控制国内重要产业的危险。

（2）投资情况

从日本PE的投资领域来看，与欧美相比，对制造业领域的投资相对较高，占到总数的50%。其次是对信息通信业的投资，占到40.8%，对服务业和不动产业的投资分别占到6.6%和2.6%。[②]

日本私募股权的每一个项目的投资金额与欧美相比也非常少，美国每起私募股权投资的金额平均达到10.36亿美元，欧洲达到4.5亿美元，而日本则仅有0.86亿美元，远远低于欧美的投资水平。[③]

日本的私募股权投资机构对高科技企业的创业初期投资比例不高，这与美国恰好相反。据JVCA的统计，2010年日本私募股权投资

① TheCityUK, *Private Equity Report*, 2011, p. 6.

② VEC:「2008年ベンチャービジネスの回顧と展望」。

③ 日本経済産業省:「ベンチャー企業の創出成長に関する研究会最終報告書」。

机构对种子期的创业企业投资仅占总数的3%，对处于创立期、成长期、扩张期的创业企业投资分别占总数的7%、28%和34%。对处于成熟期的创业企业投资则达到28%，而这一比例在2009年高达36%。[①] 因此可以看到，私募股权投资机构除了对企业提供资金之外，很难像欧美那样，能够参与到所投资企业的经营管理中，并对企业治理和业务拓展提供帮助。

此外，如图2－12所示，日本的私募股权投资收益率也远远低于欧美的水平，1年期收益率仅－2.4%，而美国达到7.0%，欧洲达到17.2%。其重要原因之一就是日本私募股权多选择IPO方式退出，而日本股市又长期低迷，使得投资收益不高。

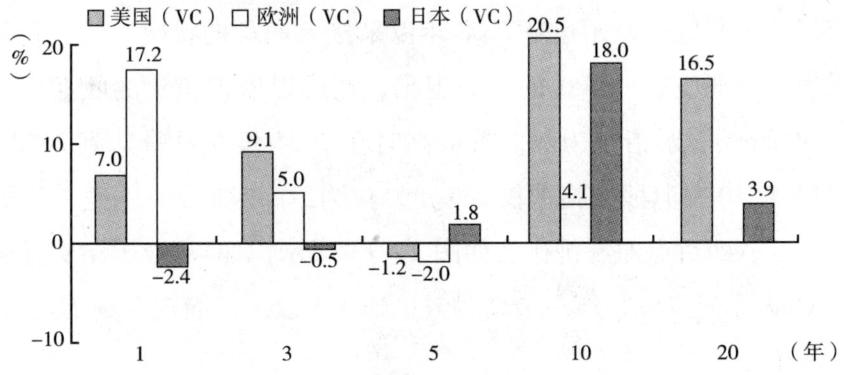

图2－12　日美欧的VC投资收益率

资料来源：日本経済産業省，「ベンチャー企業の創出成長に関する研究会最終報告書」。

（3）退出机制

目前日本私募股权投资主要通过IPO、并购出售、清算等方式实现资本的退出。从资本市场来看，早在1878年日本就建立了东京股票交易所，并逐渐形成了全国性证券交易中心、地区性证券交易中心

① JVCA：「2010年JVCA投資動向調査（第4四半期レポート）」，2011年2月。

和场外交易市场等构成的多层次资本市场。1996～2001年被称为“金融大爆炸”的金融改革以来，日本的资本市场也发生了巨大的变化。场外交易市场逐渐消亡，而现行的证券市场主要分为面向一般企业的一般市场和面向创业企业的新兴市场。一般市场包括东京证券交易所、大阪证券交易所、名古屋证券交易所、福冈证券交易所、札幌证券交易所和东京AIM交易所六大交易所，新兴市场包括Mothers（东京证券交易所）、新JASDAQ（大阪证券交易所）、Centrex（名古屋证券交易所）、Q-Board（福冈证券交易所）、Ambitious（札幌证券交易所）五个创业板市场。尽管通过改革，日本不断完善了资本市场，为私募股权投资提供了众多可选择的上市渠道，但是由于日本股票市场的长期低迷，尤其是2008年以来接近崩盘的状况，使得私募股权投资机构即使选择IPO的方式退出，也难以取得满意的收益率。以东证Mothers股票指数为例，其最高时在2004年6月曾达到2672点，而2008年10月其股票指数仅269点，仅为最高时期的十分之一。此后也一直在三四百点左右徘徊。如图2－13所示，如果2003年9月的东证Mothers股指为1，那么最高时曾达到2.5以上，而现在则不足0.5。

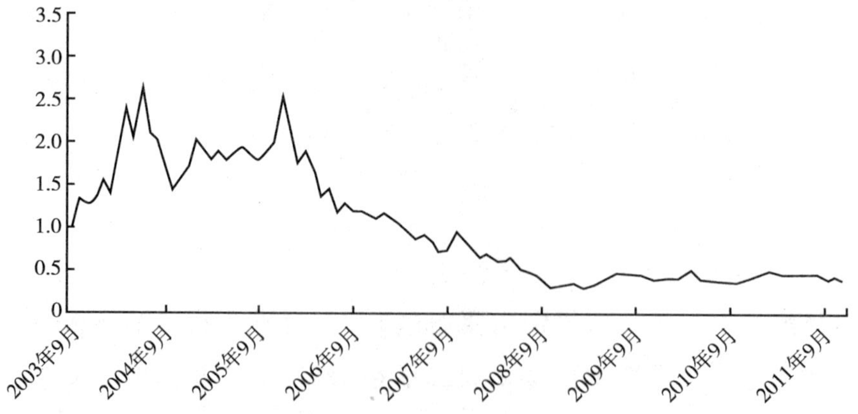

图2－13　东京证券交易所Mothers股票指数（2003年9月～2011年9月）

注：2003年9月12日＝1.0。

资料来源：東京証券取引所HP。

在资本市场表现低迷的情况下，如图2－14所示，日本IPO企业数2006年达到188家，2010年却仅有22家企业上市，跌幅达88.3%。由私募股权投资机构投资的企业上市也从2006年的115家下降到2010年仅10家。

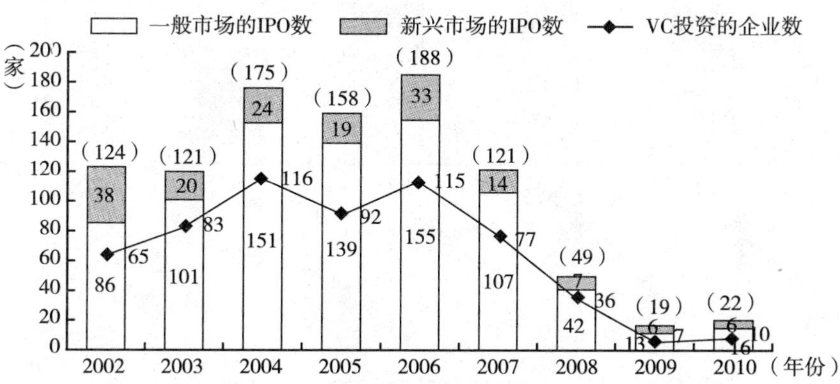

图2－14　2002～2010年日本股票市场新上市企业数

注：括号内数字为所有IPO企业数

资料来源：VEC，「2010年ベンチャービジネスの回顧と展望」。

由于IPO方式退出的低迷，日本私募股权投资采用该方式进行资本退出的比例也从2006年曾高达44.9%下降到2008年仅9.9%，首次低于10%。而通过二次并购等方式卖出企业的比例则从2006年仅占29.8%上升到2009年的56.6%（如图2－15）。不过由于日本《反垄断法》等法律对企业并购中的股权转让有极为严格的限制，所以采取这种途径退出投资未来仍存在很大变数。

总的来说，日本股票市场的长期低迷，以及对企业上市的相关政策要求极为严格，上市平均周期较长，都限制了私募股权投资通过IPO实现退出。而法人相互持股制度又使得企业不会轻易卖出股份，企业并购活动也很稀少，又限制了私募股权投资退出的另一个重要渠道。因此，可以说，日本目前私募股权投资整体退出渠道不畅，并极大制约了私募股权产业的进一步发展。

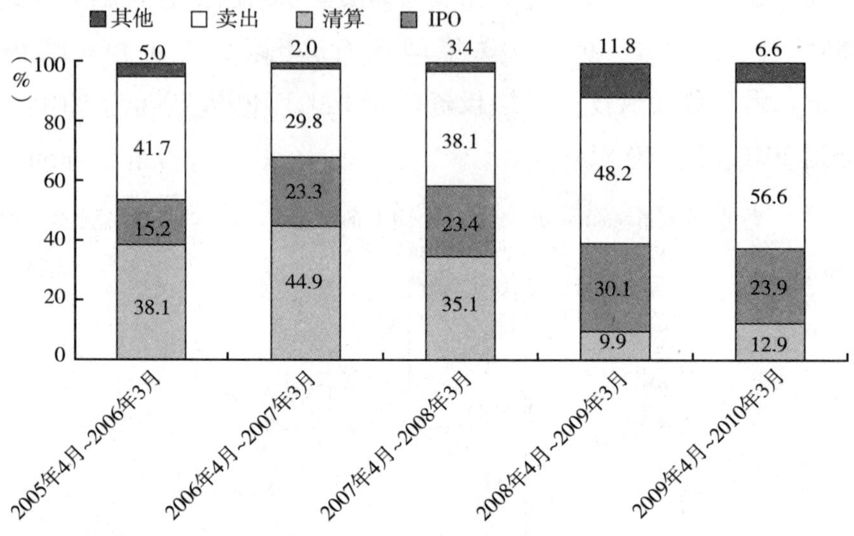

图 2-15 日本私募股权投资退出方式比例

资料来源：VEC，「2010 年ベンチャービジネスの回顧と展望」。

四 国外私募股权产业发展对我国的借鉴

总的来说，国外主要从两个方面来实现对 PE 的规范，一是确立了“合格投资者”的制度，对投资者资格和数量进行限制；二是限制 PE 以公开方式进行宣传。此外，英、美等国家都确立了一系列配套法律来规范整个私募股权产业链的上游、中游和下游，为 PE 的发展提供了很好的政策支持。

在监管方面，国际上普遍对 PE 实行较为宽松的监管措施，将法律监管与行业协会自律相结合，各国法律很少对 PE 进行直接约束。不过，近年来，受到金融危机的影响，各国也普遍存在着对 PE 加强监管的趋势，这对于我国如何构建 PE 监管制度有很大启示。

从运作方式来看，国外 PE 在资金来源方面渠道广泛，大量引入

包括养老金、保险公司和银行在内的机构投资者，并积极引入国外投资者，为基金的筹资提供了多种选择。此外，私募股权投资基金运作专业，存在着投资方式多样化和投资方向多元化的特点。近年来，国外 PE 越来越重视收购投资，并多向高科技企业进行投资，推动了国内高新技术企业的快速发展。从 PE 的退出渠道来看，其退出途径也呈现出多样化的态势。由于英、美等国的多层次资本市场较为发达，因此，IPO 仅仅是 PE 退出的方式之一，更多的 PE 采取股权转让的方式进行退出。中国私募股权产业未来要取得进一步发展，有必要借鉴这样一种专业化的运作模式，从筹资渠道到退出方式都要谋求多元化和多样化的发展。

B.3 中国私募股权产业发展

一 中国私募股权产业的发展历程

与美国等国家私募股权投资的发展历程类似，中国探索和发展私募股权投资同样始于风险投资。随着中国政治、经济、文化环境的变化，中国私募股权产业也经历了巨大的发展，根据时间顺序及中国私募股权产业发展过程中呈现出的特征，本文将其发展划分为三大阶段：萌芽阶段（20 世纪 80 年代 ~ 1997 年）、初步发展阶段（1998 ~ 2003 年）及高速增长阶段（2004 年至今）。

1. 萌芽阶段（20 世纪 80 年代 ~ 1997 年）

为了推进经济体制改革和促进科技成果的产业化，中国从 20 世纪 80 年代便开始了探索风险投资的历程，由政府率先破冰发展本土 PE。1984 年，国家科委科技促进发展研究中心组织了“新的技术革命与我国的对策”研究，提出建立创业投资机制促进高新技术发展的建议。1985 年中共中央发布《关于科学技术改革的决定》，指出“对于变化迅速、风险较大的高技术开发工作，可以设立创业投资给予支持”，首次提出支持创业风险投资，为我国创业风险投资业的发展提供了政策依据和保证，拉开了中国创业风险投资的序幕。1986 年 1 月，我国第一个风险投资公司——中国新技术创业投资公司（中创公司）在北京正式成立，标志着我国风险资本市场的萌芽。该公司实收资本金人民币 10286 万元，美元 1830 万元，其中，国家科委和财政部作为发起股东分别持股 40% 和 23%。中创公司的金融业

务由中国人民银行领导，主要投资对象是进行技术改造和开发应用新技术的中小企业，投资领域着重于开发信息、生物、电子、新材料和其他新技术产品及应用。

案例3-1　中国最早的私募股权投资公司——中国新技术创业投资公司

中国新技术创业投资公司（中创公司）由国务院1986年批准成立，发起股东主要为国家科委（持股40%）和财政部（持股23%），注册资金1000万美元。中创公司拥有经中国人民银行批准的国内外金融业务经营权，是一家以金融业务为核心，以投资国内外市场的新技术、新型管理及新技术设备更新改造的“三新”产业为支柱的全国性非银行金融机构。中创公司在中华人民共和国工商行政管理局登记注册，各项业务直接受中国人民银行总行的监督和管理。

中国新技术创业投资公司成立的最初目的是为配合“火炬计划”的实施，后来发展规模不断壮大，业务不断扩张，从风险投资发展到集房地产、企业融资、证券经纪、资产管理、基金管理、信息咨询等许多业务。中创与渣打银行、亚洲开发银行、获多利詹金宝公司等合资成立的中国置业（China Asset Holding Ltd.）于1991年以“中国基金”的名义在中国香港上市，这是中国内地第一个到海外上市的创业风险投资基金。虽然有如此多的优势和特权，但也许是支持高科技创业太难、太慢的缘故，也许是由于管理团队中不善经营的人太多，也许是由于房地产上套得太深，也许是有人为了浑水摸鱼故意搅乱公司，中创公司在股票、期货和房地产等业务上均出现十多亿元的巨额亏损，已经资不抵债，而且管理层混乱、违规经营多，1998年6月22日被中国人民银行宣布关闭。

资料来源：孙继伟：《企业管理视野中的风险投资：模式与案例》，上海财经大学出版社，2002，第204~205页。

此后，中国招商技术有限公司、江苏省高新技术风险投资公司、广州技术创业公司相继成立。1987 年河南省许昌市成立了我国第一个科技金融组织——科技信用社。1992 年，沈阳市建立了科技风险开发投资基金。截止到 1994 年底，我国已有全国性和区域性的风险投资公司 80 多家，投资能力达 35 亿元人民币。[①] 但20世纪 90 年代中期，随着中央开始治理经济过热现象，资本市场出现低迷状态，地方政府直接出资设立创业风险投资机构的热潮有所下降。

另外，20 世纪 90 年代以来，伴随着中国改革开放的进一步展开，海外 PE 开始进入中国市场，为中国私募股权产业提供了学习的机会。1992 年，美国国际数据集团（IDG）在中国成立了美国太平洋技术风险投资基金，投入资金超过 1 亿美元。1994 年，华登国际投资集团在中国创立了华登创业投资管理有限公司。这些海外投资基金主要与中国各部委合作共同向国有企业投资。1995 年，中国政府通过《设立境外中国产业基金管理办法》，鼓励国外 PE 来华投资，红杉、华平、新桥、凯雷、鼎晖、戈壁、德同等国际知名 PE 纷纷进入中国。但是，由于法律体系和市场环境等因素的制约，投资机构一方面受到行政干预过多，难以寻找到优质项目；另一方面缺乏退出途径，投资后找不到出路。因此，海外 PE 在进入中国后没有取得预期的发展，大都在 1997 年之前撤出或解散。

可以说，从 20 世纪 80 年代中期中国开始创业投资到此后十几年的时间里，中国的私募股权投资主要依靠政府直接兴办创投机构来强力推动，但缺乏配套政策及发展环境的支持，整个私募股权投资市场并没有取得实质性进展，一直处于摸索、学习的阶段。

---

① 孙继伟:《企业管理视野中的风险投资：模式与案例》，上海财经大学出版社，2002，第205 ~206 页。

2. 初步发展阶段（1998～2003 年）

20 世纪 90 年代以来，美国风险创业投资所带来的创造财富神话在全球引发效仿热潮。1998 年，中国政协九届一次会议上，“关于尽快发展我国风险投资事业的提案”引起社会各界高度关注。1999 年 6 月，国务院向中小企业拨款 10 亿元人民币，作为其创新基金的启动基金。同年 8 月，国务院出台了《中共中央关于加强技术创新、发展高科技、实现产业化的决定》，强调培养资本市场，建立创业风险投资机制，发展创业风险投资公司及创业风险投资基金等。为我国私募股权投资的发展做出制度上的安排，极大鼓舞了 PE 的发展热情，掀起了一次短暂的投资风潮。国内相继成立了一大批由政府主导的创业风险投资机构，其中具有代表性的是深圳市政府设立的深圳创新投资集团公司和中科院牵头成立的上海联创、中科招商等公司。

1999 年 11 月科技部、国家计委等 7 部委联合发布了《关于建立风险投资机制的若干意见》，这是我国第一个有关风险投资发展的战略性、纲领性文件，为风险投资机制建立了相关的原则。该意见界定创业风险投资为“主要向属于科技型的高成长性创业企业提供股权资本，并为其提供咨询服务，以期在被投资企业发展成熟后，通过股权转让获取中长期资本增值收益的投资行为”，提出通过“支持创业的投资制度创新”来构建中国的创业风险投资体制。中国私募股权产业开始进入一个全面推进体制建设和制定财税、金融扶持政策的新阶段，私募股权投资开始在中国全面起步。2000 年，北京天绿创业投资中心在中关村成立，是我国第一家有限合伙制创业投资公司。此后，2002 年鼎晖投资在北京市工商局登记为有限合伙企业。

但是此后由于缺乏配套政策的推出，基金退出渠道不畅，以及全球经济调整，一大批投资企业因无法收回投资而倒闭，中国的创业风险投资热迅速降温，经历了 2001～2003 年的调整期。

2003 年 1 月 30 日，科技部等五部委联合颁布《外商投资创业投资企业管理规定》生效，为中方投资者提供了与外国投资者共同投资，并由外国基金管理专业人士管理投资的合法途径，外资 PE 陆续进入中国私募股权产业。

总的来说，这一阶段中国的私募股权产业取得了初步发展，但在法律保护和政策扶植方面仍有很大欠缺，而且 PE 自身运作也不规范，因此与美国、欧洲等地的私募股权投资相比发展还极为有限。

3. 高速增长阶段（2004 年至今）

（1）国有产业基金和外资基金为主推动发展（2004～2006 年）

2004 年深圳中小企业板正式启动标志着 PE 通过 IPO 方式退出取得新进展，中国资本市场出现了有利于私募股权投资发展的制度创新，私募股权投资取得成功的案例陆续出现，推动中国私募股权产业迈向高速增长阶段。2005 年，由国家发改委等十部委联合起草的《创业投资企业管理暂行办法》开始实行，对创业投资企业的设立、创业投资资金的投资运作、创业投资企业的法律保护、政策扶持、监督管理做出明确规定，为私募股权投资提供了政策导向和法律依据，标志着中国私募股权投资制度建设取得重大进展。

如图 3－1 所示，2004 年以来，无论是 PE 募资的数量和规模，还是投资的数量及规模都出现了快速增长。2006 年 12 月 30 日，国务院特批的中国首只私募股权性质的产业基金——渤海产业基金在天津发起设立，基金总规模 200 亿元，首期募集 60.8 亿元。它是中国本土 PE 发展的一个里程碑。

2004 年 6 月，美国著名的新桥资本以 12.53 亿元人民币，从深圳市政府手中收购深圳发展银行的 17.89% 的控股股权，成为国际并购基金在中国的第一起重大案例，同时产生了第一家由国际资本控股的中国商业银行，业界普遍认为这是中国第一起典型的私募股权投资案例。此后，中国私募股权投资市场渐趋活跃，2004 年末，

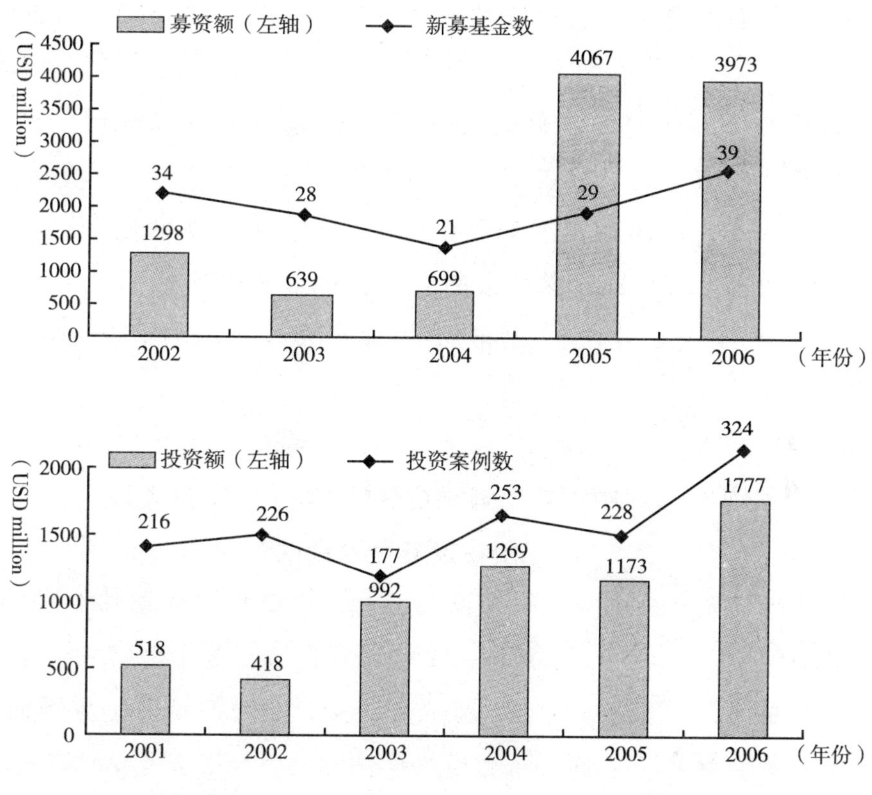

图 3－1 中国创业投资基金募资及投资统计

资料来源：清科研究中心：《中国创投暨私募股权投资市场 2010 数据回顾》，2011 年 1 月。

美国华平投资集团等机构，联手收购哈药集团 55% 股权，创下了第一宗国际并购基金收购中国大型国企的案例。2005 年以来，淡马锡、橡树资本、高盛、凯雷、KKR 等国际著名私募股权投资机构相继参与了中行、建行、工行、民生、太平洋人寿、平安保险等商业银行和保险公司的引资工作，均获得了巨额的投资回报。2005 年 9 月，凯雷投资集团斥资 4.1 亿美元入股中国太保人寿保险公司，凯雷因此获得太保人寿 24.975% 股权，这是迄今为止中国最大的私募股权投资。

（2）国有产业基金、外资基金和民营本土基金三足鼎立（2007年至今）

2007年6月1日，新修订的《合伙企业法》正式施行，允许以有限合伙的方式建立私募股权投资企业，而这是国际私募最常采用的组织形式，从而真正推动了中国PE国际化、规模化发展的进程。2007年6月26日，深圳市南海成长创业投资有限合伙企业成立，是新《合伙企业法》颁布后我国首家以有限合伙方式成立的PE。

案例3-2　中国首个有限合伙制PE——南海成长创业投资有限合伙企业

深圳市同创伟业创业投资有限公司（以下简称“同创伟业”）成立于2000年6月26日，注册资本1亿元人民币，是中国第一批专业创业投资公司，公司长期专注创业企业投资，是中国投资协会创业投资专业委员会副会长单位，深圳创业投资同业公会副会长单位，是天津私募基金协会发起理事单位，深圳私募基金协会副会长单位。公司为深圳和全国多家中小型企业提供创业资金，协助企业规范运作、改善治理结构、参与企业战略决策、提高盈利水平、策划上市，与企业共同成长。

同创伟业成立11年来，旗下已设立5只基金，管理资金规模达55亿元人民币，管理资产规模超75亿元，是国内最为活跃的本土品牌的民营创投企业之一，是中国第一家有限合伙制创投企业、中国第一批本土品牌专业创投机构、中国第一批获新股询价资格的创投机构、中国第一家退出IPO上市企业的有限合伙制企业。公司以投资为切入点，致力于扶持新能源、新材料、通信电子、环境保护等新兴高科技企业和新型消费服务业的发展，先后投资了百余家企业，不断为中国资本市场推出优质上市企业，均在细分行业保持龙头地位。近年

来，同创伟业更创造了民营企业创投上市数量第一、清科集团评选的2011年度中国最佳创业投资机构TOP 10、ChinaVenture评选的2010年中国最佳创投机构第三名、清科研究中心2010创投机构创业板上市企业数量前三甲中投资回报率排名第一、一线创投机构上市成功率排名前列、国内第一家实现现金分红的有限合伙创投基金等骄人业绩。

南海成长一期

基金概况

基金名称：深圳市南海成长创业投资有限合伙企业

注册地：深圳

基金形式：封闭式，有限合伙制，承诺投资制

基金规模：2.5亿元人民币

最低投资额：200万元人民币

基金期限：5年+2年

流动性安排：有限合伙人的权益可在合伙协议框架下可转让

管理费率：每年2.50%

业绩报酬：提取项目实现的投资净收益的20%

运作机构

执行事务合伙人：郑伟鹤

主投资顾问：深圳市同创伟业创业投资有限公司

联席投资顾问：深圳国际高新技术产权交易所

托管机构：中国工商银行股份有限公司深圳市分行

法律顾问：信达律师事务所

投资限制

企业规模限制：单个投资项目投资前估值不得低于2000万元人民币

行业限制：对单个行业不得超过基金总额的35%

项目投资限制：单个项目投资不得超过被投资企业股权的25%；对单个项目投资不得超过基金总额的30%

资料来源：同创伟业网站，http：//www. cowincapital. com/channels/3. html，2012 - 03 - 06。

此后，国家相继推出一系列有利于私募股权产业发展的政策，开始打通私募股权产业链的上下游，逐渐规范PE运作，并出台了税收优惠等配套政策，促使许多民营本土PE陆续成立，中国私募股权市场呈现出国有产业基金、外资基金和民营本土基金三足鼎立的态势。如2007年2月，财政部和国家税务总局发布了《关于促进创业投资企业发展有关税收的通知》，正式出台对私募股权投资机构的相关税收优惠政策。据此规定，自2006年1月1日起，创业投资企业采取股权投资方式投资于未上市中小高新技术企业2年以上（含2年），凡符合一定条件的，可按其对中小高新技术企业投资额的70%抵扣该创业投资企业的应纳税所得额。此外，2009年1月，国务院办公厅发布《关于当前金融促进经济发展的若干意见》。要求出台股权投资基金管理办法，完善工商登记、机构投资者投资、证券登记和税收等相关政策，促进股权投资基金行业的规范健康发展。2011年2月，国家发改委出台《关于进一步规范试点地区股权投资企业发展和备案管理工作的通知》，有利于促进股权投资企业健康规范发展。

在产业链上游方面，有关部门出台了一系列发行政策，引导越来越多的机构投资者参与到私募股权投资行业中，也进一步推动了中国私募股权产业的快速发展。2006年6月，国务院发布《关于保险业改革发展的若干意见》，允许保险公司开展“保险资金投资不动产和创业投资企业试点”。2006年9月，证监会在对证券公司直投业务试点方案充分论证的基础上，确立了“先试点、后推开”，“方案简单易行、风险控制有效”、“内控与监管同步落实”等试点原则，允许

证券公司设立直投子公司，以自有资金对境内企业进行股权投资，开展直投业务试点。2008 年 4 月，财政部、人力资源与社会保障部在国务院的批准下，同意全国社保基金投资经发改委批准的产业基金和在发改委备案的股权投资基金，但总体投资比例不得超过其总资产的 10%，使得社保基金有望成为 PE 资金来源的大户。2008 年 7 月，银监会正式出台了《信托公司私人股权投资信托业务操作指引》。这份指引为信托公司参与私募股权投资界定了门槛，明确了专家理财的身份，引入了财务顾问的角色，并允许信托公司以固有资金参与私人股权投资信托计划，将私募股权投资业务作为信托公司新的利润增长点。2010 年 8 月初，保监会下发《保险资金运用管理暂行办法》，又于同年 9 月颁布《保险资金投资股权暂行办法》，放开保险资金从事股权投资的政策。此外，近年来商业银行也一直尝试借道混业经营来进行直接股权投资或尝试通过间接方式进行私募股权投资。

而在产业链下游方面，中国多层次资本市场的建设取得重大突破。在酝酿十年之久后，2009 年中国证监会正式批准在深圳证券交易所设立创业板，这为 PE 提供了又一个退出的途径，大大推动了中国私募股权产业的发展。

二　中国私募股权产业发展现状

1. 私募股权投资基金的资金募集

根据 ChinaVenture 的调查统计显示，2011 年中国私募股权投资市场的资金募集保持活跃态势，完成募集（含首轮募资完成）的 PE 共有 503 只[①]，募资完成规模为 494.06 亿美元，相比 2010 年分别增

① 如无特殊说明，本节数据均引自 ChinaVenture《2011 年中国创业投资及私募股权投资市场统计分析报告》。

长10.5%和28.7%；披露新成立（开始募集）基金185只，总目标规模470.69亿美元，相比2010年基金数量增长28.5%，但目标规模下降5%。从基金募集的规模来看，平均单只基金规模达0.98亿美元，自2009年以来连续两年增长。不过，大量小型本土基金的涌现使得基金规模分布非常不均，2000万美元以下的基金共有233只，占比达到46.9%。而5亿美元以上规模的基金仅有20只，占比仅4.2%。2011年募资完成规模最大的一只基金为重庆申银龙盛投资有限公司，披露募资完成规模达200亿元人民币（约合29.5亿美元）。

而从募资完成基金的币种来看，2011年中国私募股权市场募集完成（含首轮完成）人民币基金463只，募集规模2204.48亿元（约合347.71亿美元），分别占比90.0%和70.4%；募集完成美元基金38只，完成规模143.70亿美元，分别占比7.6%和29.1%，人民币基金无论数量还是完成规模都领先于外币基金。

从新募基金类型的角度分析，2011年完成募集的503只基金中共有成长型基金255只，占总数的51%，完成募资达320.01亿美元，占比达64%；创投基金219只，募资140.37亿美元；此外，在银根收紧以及调控重拳频出的宏观环境下，房企融资渠道开始拓宽，2011年私募房地产投资基金突围而出，共有19只基金募集到位，募资总额19.89亿美元；并购类基金共有2只完成募资，较上年的4只有所放缓，10.17亿美元的募资金额也与上年水平相距甚远。与此同时，2011年还有4只FOF以及3只引导基金的募集完成，较2010年有所突破。

案例3-3 “首只私募房地产基金”发改委成功备案 盛世神州喜获头彩

根据发改委最新公布的备案股权投资企业列表，盛世神州房地产投资基金管理（北京）有限公司旗下的北京盛世神州房地产投资基

金（有限合伙）成功备案，成为第一只在国家发改委备案的私募房地产投资基金。清科研究中心认为，对于快速发展的中国私募房地产投资行业，能够尽快明确监管归属，规范操作，对保障投资人利益以及促进行业健康发展具有积极推动作用。

2011年是中国市场中私募房地产投资基金飞速发展的一年，无论在募资和投资方面均较往年实现大幅增长。清科研究中心数据显示，2011年前11个月，共有26只可投资于中国大陆地区的私募房地产投资基金完成募集，募资总额达36.42亿美元；投资方面，前11个月中国市场共完成房地产投资35起，交易总额22.20亿美元。从细分行业来看，35起投资交易主要集中在房地产开发经营行业，该行业共完成投资交易31起，投资金额19.96亿美元，相比之下，房地产中介服务及物业管理行业的投资数量较少。房地产开发经营行业中又以商品住宅类投资案例居多，13起投资涉资共计9.64亿美元，城市综合体、商业地产以及养老地产等类型投资相对较少。

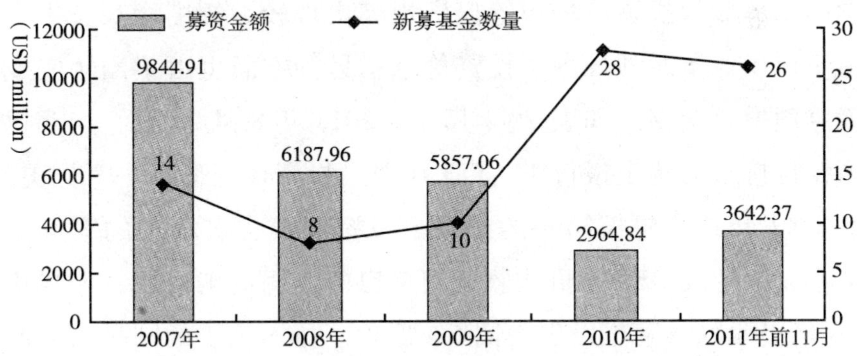

图3-2 2007～2011年前11个月中国私募房地产投资基金募集情况

资料来源：清科研究中心：《“首只私募房地产基金”发改委成功备案盛世神州喜获头彩》，http://research.pedaily.cn/201112/20111228288784.shtml，2012-03-15。

2. 私募股权投资基金的投资情况

2011年中国私募股权市场中的投资活动也急速升温，共计发生投资交易1380起①，投资规模达379.62亿美元，案例数量和金额同比分别增长3.14%和22.94%。其中，2011年披露创业投资案例976起，投资总额89.47亿美元，相比2010年分别增长15.9%和50.4%。中国创业投资市场继2008～2009年因全球金融危机影响而出现下滑后，市场规模已连续两年增长，2011年披露投资案例数量和投资规模均达到新的历史高峰。2011年披露的不计算创业投资在内的私募股权投资案例404起，投资总额290.15亿美元，相比2010年投资案例数量下降18.5%，投资总额上升16.5%，投资规模达到新的历史高峰。

从投资规模来看，2011年中国私募股权投资的平均单笔投资为2751亿美元，达到历史最高水平。其中创业投资平均单笔投资金额为917万美元，比上年增长29.8%；不计算创业投资在内的私募股权投资平均单笔投资规模为7182万美元，同比增长42.9%。2011年中国私募股权投资市场单笔投资规模出现较大幅度增长，一方面是由于市场竞争激烈推高了投资价格；另一方面也由于当年完成了多笔巨额投资交易。如表3－1所示，2011年8月29日，淡马锡购美国银行持有的建设银行44亿股H股，投资金额达27.98亿美元，创下2011年投资规模第一的纪录。投资规模排名第二的案例是云峰基金、银湖及DST等机构收购阿里巴巴集团员工持股，上述机构以16亿美元购入阿里巴巴集团5%股份。排名第三的则是京东商城新一轮融资，由老虎基金、DST等机构参与，投资总额达15亿美元。

① 如无特殊说明，本节数据均引自ChinaVenture《2011年中国创业投资及私募股权投资市场统计分析报告》，并根据该报告数据计算得出。

表 3－1　2011 年中国私募股权投资市场十大披露金额投资案例

企业	行业	融资时间	投资机构	融资性质	投资金额（亿美元）
建设银行	金　融	2011－08－29	淡马锡	PIPE	27.98
阿里巴巴	互联网	2011－09－22	云峰基金/DST/银湖	Growth	16.00
京东商城	互联网	2011－04－01	老虎基金/DST//高瓴资本/红杉中国	Growth	15.00
无线电视	文化传媒	2011－03－31	Providence Equity	PIPE	8.06
新华保险	金　融	2011－02－26	中金香港	Growth	2.69
中消安	制造业	2011－11－04	贝恩资本	Buyout	2.65
新达科技	节能环保	2011－03－05	鼎晖	Buyout	2.58
赛维 LDK 硅化	新能源	2011－01－04	国开金融/建银国际	Growth	2.40
凡客诚品	互联网	2011－07－05	淡马锡/IDG 资本/和通/中信产业基金	Growth	2.30
金钱豹	连锁经营	2011－07－26	安佰深	Buyout	2.22

资料来源：ChinaVenture：《2011 年中国创业投资及私募股权投资市场统计分析报告》，2012，第 35 页。

从投资阶段来看，如图 3－3 所示，2011 年中国私募股权投资市场不同发展阶段的企业投资规模中，发展期投资案例数量最多，占到总投资的 51%，其次是扩张期企业的投资，占比达 34%。按投资金额分类，对扩张期企业的投资金额最高，占到总投资额的 43%，其次则是获利期企业，占比达 31%，这主要是由于中国私募股权投资市场以 Pre-IPO 为主的投资格局，使得扩张期及获利期企业成为私募股权投资的主流选择。与美国等欧美国家不同，无论从数量还是金额上来看，中国私募股权市场对处于早期阶段的企业投资都比较少，仅分别占到总数的 4% 和 3%。

如表 3－2 所示，2011 年中国创业投资市场仍以发展期投资案例数量居多，达到 668 起，占比达 68.4%；早期阶段投资案例 52 起，占比 5.3%；扩张期投资案例 255 起，占比 26.1%；获利期阶段仅 1

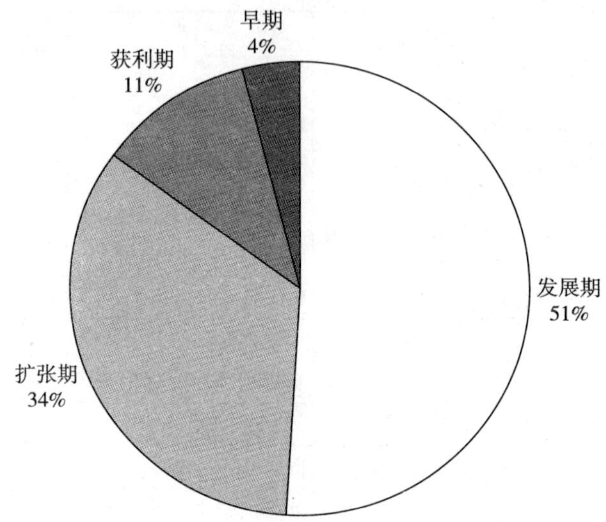

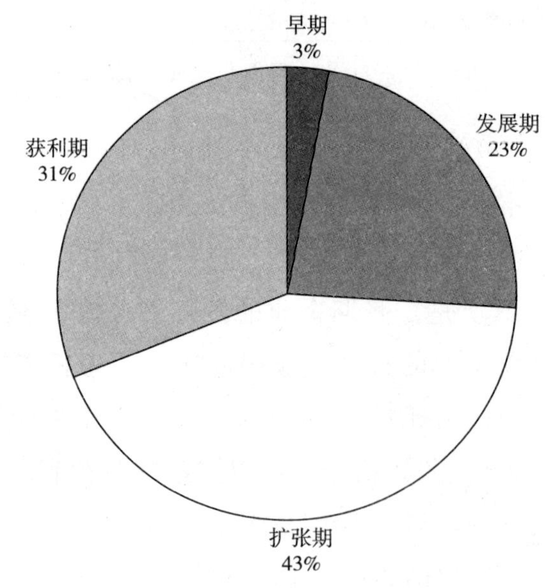

图 3－3　2011 年中国私募股权投资市场不同发展阶段的企业投资规模

资料来源：根据 ChinaVenture《2011 年中国创业投资及私募股权投资市场统计分析报告》制成。

起，占比0.1%。发展期投资案例数量占比相比2010年提高了4.7个百分点，而早期、扩张期、获利期投资占比相对下降。另外，2011年中国不计算创业投资在内的私募股权投资案例中，扩张期企业投资案例数量居首位，共216起，涉及投资金额72.8亿美元，占比分别达54%和43%；获利期企业投资147起，投资金额79.9亿美元，分别占比36%和47%。

表3-2　2011年中国私募股权投资市场不同发展阶段企业投资规模

阶段	基金类型	案例数量	投资金额（百万美元）	单笔投资金额（百万美元）
早期	创业投资(VC)	52	346.36	6.66
	私募股权投资(VC除外)	5	528.76	105.75
	合　计	57	875.12	112.41
发展期	创业投资(VC)	668	4800.48	7.19
	私募股权投资(VC除外)	36	1290.42	25.85
	合　计	704	6090.90	33.04
扩张期	创业投资(VC)	255	3794.86	14.88
	私募股权投资(VC除外)	216	7280.58	33.71
	合　计	471	11075.44	48.59
获利期	创业投资(VC)	1	4.71	4.71
	私募股权投资(VC除外)	147	7991.10	54.36
	合　计	148	7995.81	59.07

资料来源：ChinaVenture：《2011年中国创业投资及私募股权投资市场统计分析报告》，2012，第24、41页。

从2011年中国私募股权投资市场行业投资情况来看，中国创业投资市场中行业投资共涉及18个行业，其中，互联网、制造业、IT业是投资最为活跃的三个行业，分别披露案例236起、165起和133起，分别占比达24%、17%和14%。而除创业投资外的中国私募股权投资共涉及19个行业，其中，制造业、能源及矿业、化学工业分别披露案例89起、49起和35起，为全年披露投资案例数量最多的三个行业，分别占比达22%、12%和9%（如图3-4）。

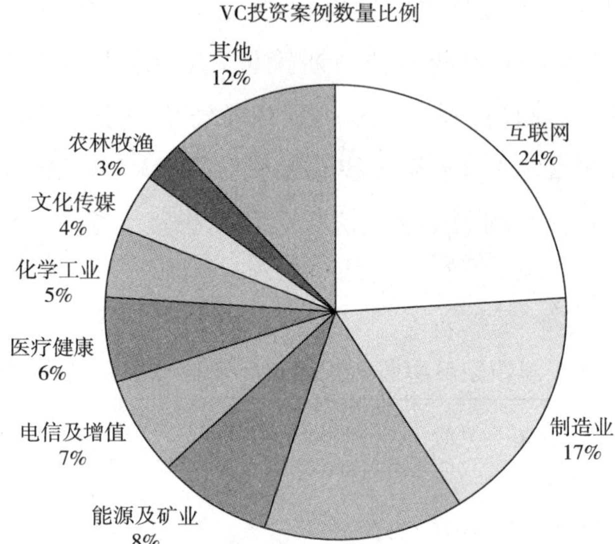

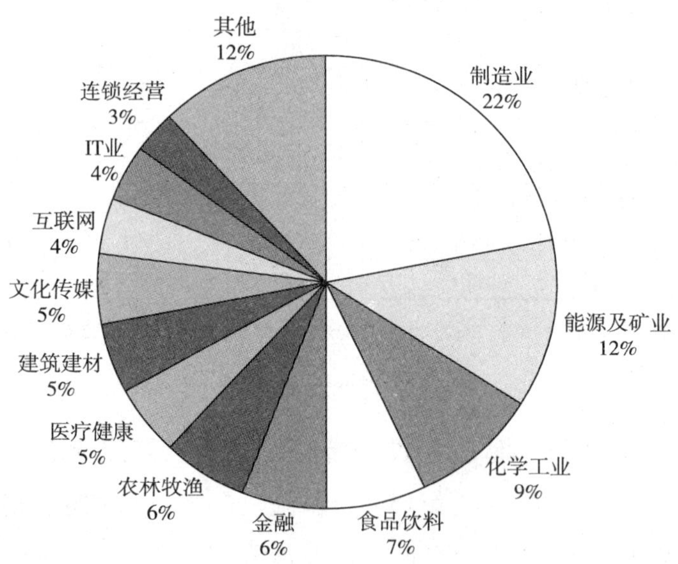

图 3－4　2011 年中国私募股权投资市场行业投资案例数量比例

资料来源：根据 ChinaVenture《2011 年中国创业投资及私募股权投资市场统计分析报告》制成。

在投资金额方面，中国创业投资市场中，互联网、制造业和IT同样居于前三位，尤其是互联网行业成为2011年中国创业市场投资的主导，披露投资总额38.92亿美元，占比达44%，相比上年占比增长12个百分点。此外制造业和IT业的投资金额都占到总数的10%，并列第二位。而除创业投资外的中国私募股权投资市场中，金融业投资规模最大，以72.22亿美元居各行业之首，占比25%；其次是互联网行业，投资总额达47.66亿美元，占比16%。制造业、能源及矿业、化学工业等投资活跃的传统行业分列三名至五名，分别占比为11%、10%和7%（如图3－5）。

从投资地域来看，2011年中国私募股权投资市场上，如图3－6所示，投资案例数量和投资金额位列前五的地区都同样分别为北京、广东、上海、江苏和浙江。北京地区无论在投资案例数量还是投资金额上都高居榜首，分别达到321起和130.87亿美元。

3. 私募股权投资基金的退出情况

2011年共有233家私募股权投资机构通过165家企业IPO实现393起退出案例，总计获得账面回报1065.5亿元，在案例数量及回报金额上相比2010年分别下降18.3%和28.5%；平均账面回报率为7.22倍，较2010年下降近83个百分点，为近三年来的最低水平。

在并购退出方面，2011年共披露28起有PE背景的企业并购案例，涉及53笔退出。其中仅有15笔退出案例完整披露了其最初投资金额及最终退出回报金额，该15笔退出的平均投资回报率仅为1.52倍，以此来看，相比IPO退出，并购方式退出的回报水平仍不理想，因此也难以成为投资机构退出的主流选择。

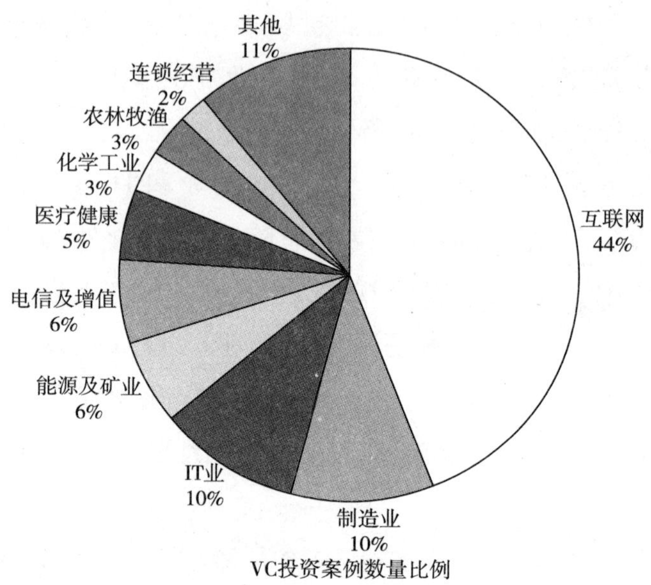

VC投资案例数量比例

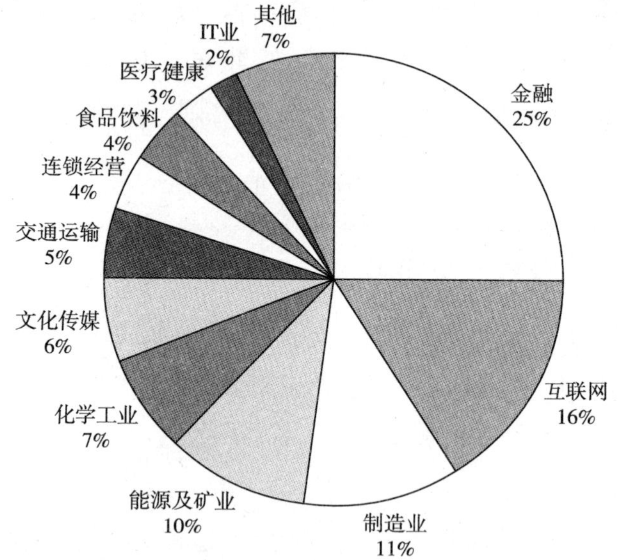

除VC外PE投资案例金额比例

图3-5　2011年中国私募股权投资市场行业投资案例金额比例

资料来源：根据ChinaVenture《2011年中国创业投资及私募股权投资市场统计分析报告》制成。

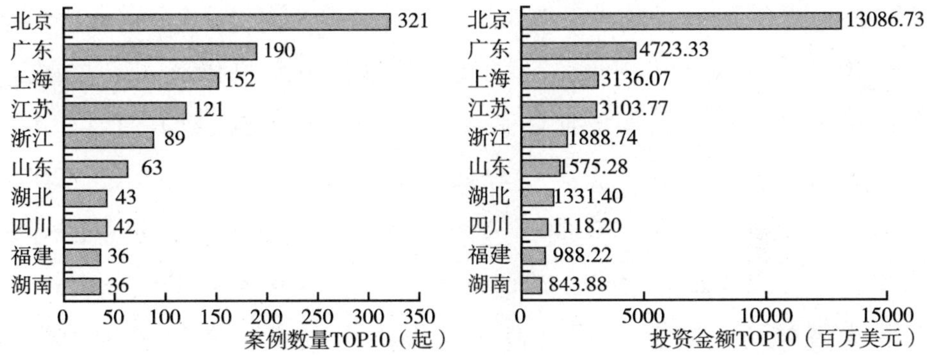

图3－6　2011年中国私募股权投资市场地区投资案例数量和金额TOP 10

资料来源：根据ChinaVenture《2011年中国创业投资及私募股权投资市场统计分析报告》数据计算制成。

案例3－4　2011年券商直投IPO退出活跃

2011年，券商直投纳入证监会常规监管，并能够通过直投公司募集PE，就此，券商直投公司参与私募股权投资全面开闸。从投资回报来看，已经试点四年之久的券商直投业务，已经迎来其回报期，在2011年，22家券商直投投资的企业成功登陆A股市场，远超过2009年及2010年，其背后的券商直投公司也获得丰厚账面回报。不过，新规之下，原有的“保荐＋直投”模式受到限制，券商直投公司将直面市场挑战，未来，券商直投的转型发展成为必然。

券商直投全年获账面回报40亿元　深交所是主阵地

根据ChinaVenture投中集团旗下金融数据产品CVSource统计，2011年共有22家券商直投投资企业实现IPO，涉及7家券商直投公司，共发生账面退出23起；总账面回报金额达39.75亿元，平均账面回报率达4.21倍。其中，回报金额最大的一起案例是贝因美IPO后中金佳成的退出，其账面回报达9.8亿元，回报率最高的案例同样来自贝因美，中金佳成与平安财智均获得11.34倍账面退出回报率。

券商直投退出回报逐年增长　金石投资获利最丰

2007 年 9 月，中国证监会批准中信证券股份有限公司、中国国际金融有限公司开展直接投资业务试点，截至目前，已有超过 30 家券商成立直投公司，总注册资本超过 200 亿元。在资本市场，2009 年首次出现券商直投 IPO 退出——在创业板首批上市企业中，有 3 家曾获券商直投公司投资。2010～2011 年，券商直投 IPO 账面退出规模大幅增长，账面退出金额及账面退出数量年均增长 183% 和 96%。

从投资周期来看，根据 ChinaVenture 投中集团统计，2009～2011 年券商直投 IPO 账面退出距离其投资的平均间隔时间为 1.22 年，其中，2009 年投资至 IPO 间隔为 9 个月，2010 年为 13 个月，2011 年为 16 个月，券商直投公司投资至退出周期逐渐延长。

2009～2011 年 42 起 IPO 退出共涉及券商直投公司 9 家，其中，收获最丰的是中信证券旗下金石投资，共有 IPO 账面退出 9 起、退出金额 19.17 亿元，平均账面回报率为 3.63 倍；其次是平安财智，账面退出 11.86 亿元，账面回报率为 4.62 倍，中金佳成名列退出金额第三位，账面退出 9.87 亿元，账面回报率达 11.34 倍，是所有券商直投公司中平均账面回报率最高的一家。

资料来源：ChinaVenture：《2011 年券商直投 IPO 退出活跃》，http：//www.techweb.com.cn/finance/2012－01－16/1142451.shtml，2012－04－15。

4. 私募股权投资基金的国际化

2008 年金融危机过后，中国经济强势崛起，中国企业国际化步伐也明显加快。2011 年，境内企业海外并购及投资明显增加，而北京的私募股权投资机构因其资金实力雄厚及国际化资源丰富，已经成为这一潮流的重要推手。2011 年 5 月，弘毅投资支持武汉钢铁集团在马达加斯加投资大型铁矿项目，成为本土私募股权投资机构联合境

内企业出境投资并购的典型案例之一，此外还包括中信资本收购日本特耐王和美国华瑞集团、鼎晖投资新加坡三达科技、弘毅投资收购日本东海观光酒店等。另外，更有机构成立专门的海外并购及投资基金开展全球投资，如中信产业基金即成立了一只规模为9.9亿美元（折合人民币约62.37亿元）的美元投资基金，帮助中国企业开展境外收购；新希望旗下也设立了专门的投资基金，用于境外投资。2012年1月20日，中信产业投资基金联手三一重工，与德国普茨迈斯特的股东签订合并协议，以3.6亿欧元收购普茨迈斯特100%股份，其中三一重工收购90%。三一重工于今年4月宣布已经完成中德两国政府对并购的审批手续，普茨迈斯特正式成为一家中国工程机械企业的成员公司。

案例3-5　弘毅投资联合武钢投资非洲最大铁矿

2011年5月，弘毅投资支持武汉钢铁集团在马达加斯加投资大型铁矿项目，该项目是截至目前非洲最大的铁矿，成为本土PE机构联合国内企业出境投资并购的一个典型案例。

联想控股董事局执行董事、高级副总裁、弘毅投资总裁赵令欢在接受记者采访时表示，传统的PE行业正在从人民币输入向人民币输出转变，但他并没有透露该项目的整个投资额度及弘毅投资的具体出资额。

武钢的官方网站上介绍，武钢位于湖北省武汉市，是我国重要的优质板材生产基地，其生产规模近4000万吨，居世界钢铁行业第四位。据外电4月报道，武汉钢铁集团相关负责人表示，公司计划从2011年5月底开始，在马达加斯加的苏阿拉拉（Soalala）地区勘探开采铁矿石。4月5日，武钢方面与马达加斯加国家环境办公室签署了该矿的环境影响研究及勘探协议。武钢去年向马达加斯加支付了1亿美元，获得该地区的勘探许可。

投资马达加斯加是武钢实现铁矿石海外定价权的一部分。武钢发布的行政报告显示，通过坚持不懈地“走出去”，武钢目前已锁定海外铁矿石权益资源量近100亿吨，到“十二五”末，完全能实现铁矿石的自给自足。有媒体报道，武钢还将加快推进马达加斯加项目合资公司在香港上市，但目前，记者并未了解到，弘毅投资参与的与该合资公司是否属于同一计划。

赵令欢表示，在跨境并购中，PE所能起的作用往往并不仅仅是资金，对行业、对目标市场的认知还有服务能力才是更重要的。弘毅将帮助更多的中国企业成长为跨国企业。中国要积极利用全球的资源，通过私募股权投资买入美国最好的新技术企业，买入欧洲最好的服务企业，实现资源优化配置。

资料来源：腾讯财经：《弘毅投资联合武钢投资非洲最大铁矿》，http：//finance.qq.com/a/20110526/003956.htm，2012-04-15。

三　各大城市争做“中国股权投资中心”

1. 各具特色发展私募股权产业

近年来，随着私募股权投资热潮在中国各地的广泛展开，各大城市竞相出台各种优惠政策，吸引PE落户本地，争做“中国股权投资中心”。其中，北京、上海、天津、深圳、重庆、宁波六大城市，在这场争夺战中的政策特色各异，利用本地区优势竞相出台新政，力争在这场政策博弈中取得优势。从相关报道来看，天津是最早提出要“打造中国股权投资中心”口号的城市，其最大优势在于占有国家政策层面上的先机。北京、上海等城市也紧随其后，相继推出各项有利政策，开启了一场中国私募股权投资中心的争锋。而深圳是国内最早开始私募股权投资的城市之一，重庆近年来致力于

建设长江上游金融中心，宁波民营经济发达、投资活跃，这些城市也都不甘落后，纷纷出台各具特色的新政，加入到这场“中国股权投资中心”的争夺战中。各地政府争相吸引 PE 落户本地并向当地的中小企业投资，希望能借此从根本上缓解中小企业融资困难的局面，同时提供管理、技术、市场等资源，力推本地优质企业上市，激活经济发展。

（1）北京：投资资源最具优势

作为全国金融资产管理中心，北京市为本地 PE 的发展创造了良好环境。首先，北京市政府积极支持 PE 发展，努力营造良好的发展环境，出台了促进 PE 发展的一系列政策和措施，为其发展提供相应支持；其次，中关村科技园区作为中国最早一批建立的高新技术产业园区，培育了一大批高素质的创业企业和高新技术企业，拥有 2 万多家高速成长的科技导向型的优质中小企业，为 PE 创造了理想的投资机会；再次，北京市力推建设多层次、多元化的投融资体系，为 PE 在北京的发展提供多种退出渠道和机制，有助于分散投资风险；最后，北京作为中国首都，每年吸引众多国内优秀人才和海外归国人士的涌入，拥有其他城市无法比拟的丰富的专业人才资源，极具人才优势。

2008 年 4 月 30 日，北京市政府发布了《关于促进首都金融业发展的意见》，提出要将北京建设成为具有国际影响力的金融中心城市的战略目标，为此，北京将持续强化投融资市场体系建设，积极推动产业投资、创业投资等股权投资市场发展。该意见明确提出“研究支持股权投资机构在京发展的政策措施，鼓励各类股权投资基金在京设立，支持股权投资基金管理机构在京发展，支持中国股权投资协会的设立，促进股权投资市场健康发展”。作为落实这一意见的具体措施之一，2008 年 6 月 20 日，北京股权投资基金协会（简称北京 PE 协会）正式宣告成立，成为继天津股权投资基金中心之后国内成立的第二个PE协会，该协会旨在充分发挥行业自律职能，服务在京注册的各类股权投资基金及其管理企业以及有关中介机构，促进北京私募股权产业的健康发展。北京PE协会提出将采取6项措施培育股权投资市场，助力北京金融中心城市建设。这6项措施分别是PE机构快速注册；依据相关法律与法规，给予有限合伙企业财税支持；对批准的产业投资基金视同金融企业给予政策支持；对PE协会在办公场所、政府服务等方面给予支持；在金融街建设PE中心大厦；探索创新政府资金使用模式，统筹考虑地方社保基金和企业年金，引入市场化的资产管理模式和运作机制等。

2009年1月21日，北京市五部委联合发布了《关于促进股权投资基金业发展意见》，在税收政策、财政支持政策、综合配套服务及行业自律建设四方面为北京股权投资基金业发展提供有力的政策支持，营造良好的政府服务环境，促进其健康快速发展。此后，北京市政府还提出了发展股权基金的基本框架，即“1+3+N”：“1”是指设立北京股权投资基金发展资金，首期规模50亿元，总规模100亿元，2009年9月底正式设立了基金管理公司；“3”是指由股权投资发展基金作为发起人之一，发起设立科技、绿色和文化创意三只产业投资基金；“N”是指鼓励在京设立多只市场化的股权投资基金，对募集基金投向符合国家产业政策、具有优秀管理团队的PE公司，股权投资发展基金可以进行引导性投资。

北京金融资产交易所在2010年11月正式启动了PE二级市场交易平台，为PE提供投资退出服务，这也成为中国国内第一个可以进行私募股权二级市场交易的平台。北交所下设“私募股权交易中心”，致力于在私募股权投资领域为创投企业、基金机构提供“募、投、管、退”等各环节的全方位服务。

2011年2月28日北京市政府继上海之后，也颁布了《关于北京市开展股权投资基金及其管理企业做好利用外资工作试点的暂行办

法》，主要规定了在北京市设立的外资股权投资基金和外资基金管理企业申请参与试点的条件以及试点企业可享受的特殊待遇。

2011 年 11 月 29 日，北京市金融工作局会同北京市发展改革委发布了《北京市“十二五”时期金融业发展规划》，提出“十二五”时期北京将基本形成具有国际影响力的金融中心城市的框架，将鼓励各类天使投资、创业投资和股权投资机构在京聚集发展，逐步形成资金募集平台、项目投资资源、基金管理人才、市场退出渠道等功能完善的股权投资发展环境，打造全国股权投资中心。规划中首次明确提出“十二五”时期北京要努力打造“全国股权投资中心”的战略定位，再次指明了北京市推动私募股权投资行业发展的战略方向，将为北京私募股权投资行业发展创造更加广阔的发展空间。在该规划中，北京市率先拓宽 PE 的退出渠道，提出除了要大力推动企业上市之外，还要深化中关村代办股份转让试点工作，并以中关村代办股份转让试点为基础，配合国家金融监管部门加快推进证监会统一监管下的全国场外交易市场建设。

由北京股权投资基金协会主办的“全球 PE 北京论坛”自 2008 年起，已经成功举办了三届，并定于 2012 年 2 月底在京举行第四届全球 PE 北京论坛。这一论坛是一个为促进股权投资基金健康快速发展、加强国内外业界沟通而搭建的交流平台，得到全球业界的广泛关注和一致好评。该论坛同时还得到中国人民银行、证监会、银监会、保监会、国家发改委、社保基金、商务部等有关部委的大力支持，发挥了政府与业界沟通的桥梁作用，巩固了首都股权投资中心的市场地位，提升了北京在全球范围内的影响力。

此外，北京市还由财政出资 9.2 亿元设立了中小企业创业投资引导基金，并通过与市场化创投机构合作，使基金总额扩大到 26 亿元，并已对 58 家企业进行了投资。2011 年，北京市与国家发改委、财政部在新材料、软件与信息服务业领域参股设立了 2 只创业投资基金。

此前，北京市已在电子信息、生物医药等领域设立4只创投基金，总规模10亿元，累计投资项目29个，投资金额5.5亿元。除了市级创投引导基金外，北京市各区县也纷纷设立创投引导基金引导本区创投企业投资于初创期企业。海淀区设立了5亿元创业投资引导基金，截至2011年10月底，合作的3只子基金已投资项目41个，投资金额12.22亿元。石景山区设立了一期2亿元创业投资引导基金，并已与两家创投机构达成合作意向。创投引导基金的设立吸引了更多优秀创投机构来京发展，同时也使得财政资金的杠杆效应和引导作用得到进一步放大，对北京市新兴产业发展起到了非常重要的推动作用。[①]

北京的中关村地区在中国率先进行创业投资发展试点，经过10年的发展，已成为中国创业投资最活跃的区域。中关村示范区出台了一系列鼓励创业投资的政策，如对投资中关村成立五年以内科技企业的创业投资机构，按照其实际投资额的10%给予风险补贴等，推动了大批优秀的PE在中关村的高度聚集。2012年3月14日，北京举行的“2012创业中关村”的启动仪式上，中关村管委会主任郭洪宣读了《中关村创业投资发展报告》，该报告显示，2011年，发生在中关村示范区内的股权投资案例数为544起，占北京市总数的92.7%，并在中国继续保持领先地位。在这544起投资案例中，有8家创投机构的投资案例数超过或达到10起，他们投资的案例共达到105起，接近示范区同期投资案例总数的20%。其中，红杉资本以19起投资案例排名第一，IDG资本以17起投资案例排名第二，启明创投和北极光创投以14起投资案例并列排名第三。2011年在中关村示范区范围内发生的股权投资案例中披露金额达到355亿元，占中国股权投资总额的36.4%。投资金额比2010年的208亿元增长了70%。其中，

① 北京股权投资基金协会：《2011首都PE十大回顾揭晓》，http://www.bpea.net.cn/article/xhxw/201201/20120100035492.shtml，2012-03-05。

（6）宁波：股权投资前景广阔

宁波市近年来经济实力显著增强，2008 年 5 月被列为长三角试点地区之后，宁波开始了私募股权投资的“破冰”之旅，宁波市政府常务会议于同年 10 月正式通过了《关于鼓励股权投资企业发展的若干意见》，对股权投资企业和股权投资管理企业的成立条件作了规定。股权投资企业的注册资本应不低于 3000 万元，出资方式限于货币形式。其中单个自然人股东（合伙人）的出资额应不低于人民币 100 万元。以有限公司、合伙企业形式成立的，股东、合伙人人数应不多于 50 人；以非上市股份有限公司形式成立的，股东人数应不多于 200 人。其次，股权投资管理企业以股份有限公司形式设立的，注册资本应不低于人民币 500 万元；以有限责任公司形式设立的，其注册资本应不低于人民币 100 万元。新出台的《意见》兼顾了公司制和合伙制两种注册登记形式，宁波率先规范以合伙企业形式成立的 PE，引发了市场有关合伙制与公司制的热议。而无论选择哪种方式，在大量的中小企业面临资金困境的时候，作为一种较好的直接融资途径，私募股权投资无疑受到政府和市场双方的关注。

由于宁波市民营经济发达，民营资本充裕，因此为私募股权投资提供了良好的前景。

2. 京沪津发展私募股权产业的政策比较

目前，在“中国股权投资中心”的争夺战中，京沪津三个城市最具竞争优势，对股权投资中心的争夺也最为激烈。这三个城市利用各自优势，出台了各具特色的政策以发展本地区的私募股权产业，本文将试图从以下几个方面对这三个城市的政策进行比较分析。

（1）对私募股权投资企业组织形式及名称的要求

目前，北京和上海只允许在该地区成立公司制和合伙制的 PE，而天津的规定则较为宽松，允许在该地区设立公司制、合伙制、契约制和信托制的 PE（见表 3－3）。

表 3－3　对私募股权投资企业组织形式及名称的要求比较

城市	组织形式	企业名称
北京	公司制 合伙制	符合条件的股权投资基金或管理企业可在企业名称中使用“基金”或“投资基金”。
上海	公司制 合伙制	股权投资企业和股权投资管理企业名称中的行业可以分别表述为“股权投资”和“股权投资管理”，如“某某股权投资有限公司”等。
天津	公司制 合伙制 契约制 信托制	(1)公司制 PE 名称核定为“××股权投资基金股份(有限)公司”、“××股权投资基金有限(责任)公司”； (2)合伙制 PE 企业名称核定为“××股权投资基金＋除公司外的组织形式＋(有限合伙)、(普通合伙)”； (3)公司制 PE 管理公司名称核定为“××股权投资基金管理股份(有限)公司”、“××股权投资基金管理有限(责任)公司”； (4)合伙制 PE 管理企业名称核定为“××股权投资基金管理＋除公司外的组织形式＋(有限合伙)、(普通合伙)”。

（2）对私募股权投资企业注册资本额度及投资者人数的规定

根据北京市《关于促进股权投资基金业发展的意见》的规定，只要是在北京市注册的内资、外资股权投资基金和股权投资基金管理企业，都可以适用于该意见，享受相关优惠政策。而在上海和天津，则只有符合一定条件的股权投资企业，才可以享受相关的优惠政策，尤其是天津市 2011 年 9 月 1 日开始实施的《天津股权投资企业和股权投资管理机构管理办法》，提高了股权投资企业注册资本的门槛，加强了对这类企业的管理（见表 3－4）。

（3）税收优惠政策

上海市并未直接对股权投资企业提供税收缴纳的优惠政策，只是明确了股权投资企业缴税的法律依据。北京市和天津市则在税收方面提出了较为诱人的优惠政策（见表 3－5）。

表 3－4　对私募股权投资企业注册资本额度及投资者人数的规定比较

城市	注册资金额度	投资者人数
北京	—	—
上海	(1)股权投资企业的注册资本(出资金额)应不低于人民币 1 亿元(出资方式限于货币形式);单个自然人股东(合伙人)出资额不低于人民币 500 万元; (2)股权投资管理企业以股份有限公司形式设立的,注册资本应不低于人民币 500 万元;以有限责任公司形式设立的,其实收资本应不低于人民币 100 万元。	以有限公司、合伙企业形式成立的,股东、合伙人人数应不多于 50 人;以非上市股份有限公司形式成立的,股东人数应不多于 200 人。
天津	(1)股权投资企业注册(认缴)资本不少于 1 亿元人民币。其中,公司制股权投资企业首期实际缴付资本不少于 2000 万元人民币,合伙制股权投资企业首期实际缴付资本不低于 1000 万元人民币; (2)股权投资企业出资人中每个机构投资者最低认缴(出资)1000 万元人民币,每个自然人投资者最低认缴(出资)200 万元人民币; (3)股权投资管理机构首期实际缴付资本不低于 200 万元人民币; (4)公司制股权投资企业和股权投资管理机构还应符合法律与法规对首期缴付比例的规定。	以股份有限公司形式设立的,投资者人数不得超过 200 人;以有限责任公司形式设立的,投资者人数不得超过 50 人;以合伙制形式设立的,合伙人人数最高不得超过 50 人。

表 3－5　京沪津税收政策比较

城市	税收政策
北京	(1)合伙制股权基金和合伙制管理企业不作为所得税纳税主体,采取“先分后税”方式,由合伙人分别缴纳个人所得税或企业所得税; (2)合伙制股权基金中个人合伙人取得的收益,按照“利息、股息、红利所得”或者“财产转让所得”项目征收个人所得税,税率为 20%; (3)合伙制股权基金从被投资企业获得的股息、红利等投资性收益,属于已缴纳企业所得税的税后收益,该收益可按照合伙协议约定直接分配给法人合伙人,其企业所得税按有关政策执行; (4)合伙制股权基金的普通合伙人中,其行为符合下列条件之一的,不征收营业税:①以无形资产、不动产投资入股,参与接受投资方利润分配、共同承担投资风险,②股权转让;

续表

城市	税收政策
北京	(5)对在北京市注册登记的符合有关规定的公司制管理企业,自其获利年度起,由所在区县政府前两年按其所缴企业所得税区县实得部分全额奖励,后三年减半奖励; (6)市政府给予股权投资基金或管理企业有关人员的奖励,依法免征个人所得税。
上海	以有限合伙形式设立的股权投资企业和股权投资管理企业的经营所得和其他所得,按照国家有关税收规定,由合伙人分别缴纳所得税。其中,执行有限合伙企业合伙事务的自然人普通合伙人,适用5%~35%的五级超额累进税率征收个人所得税。不执行有限合伙企业合伙事务的自然人有限合伙人,按"利息、股息、红利所得"应税项目,依20%税率计算缴纳个人所得税。
天津	(1)合伙制股权投资基金和合伙制股权投资基金管理企业,可采取"先分后税"的方式,由合伙人分别缴纳个人所得税或企业所得税; (2)以有限合伙制设立的合伙制股权投资基金中,自然人有限合伙人和自然人普通合伙人,税率适用20%;合伙人是法人和其他组织的,按有关政策规定缴纳企业所得税; (3)自2006年1月1日起至2012年12月31日止,在天津市注册并经备案的基金管理机构和股权投资基金享受以下政策: ①基金管理机构自缴纳第一笔营业税之日起,前两年由纳税所在区县财政部门全额奖励营业税地方分享部分,后三年减半奖励营业税地方分享部分; ②基金管理机构自获利年度起,前两年由纳税所在区县财政部门全额奖励企业所得税地方分享部分,后三年减半奖励企业所得税地方分享部分; ③基金管理机构购建新的自用办公房产免征契税,并免征房产税三年; ④基金管理机构在本市区域内,新购建自用办公用房,按每平方米1000元的标准给予一次性补贴,最高补贴金额为500万元;租赁自用办公用房的,三年内每年按房屋租金的30%给予补贴。若实际租赁价格高于房屋租金市场指导价,则按市场指导价计算租房补贴,补贴面积不超过1000平方米,补贴总额不超过100万元; ⑤基金管理机构连续聘用两年以上的高级管理人员在本市区域内第一次购买商品房、汽车或参加专业培训的,由财政部门按其缴纳的个人所得税地方分享部分给予奖励,累计最高奖励限额为购买商品房、汽车或参加专业培训实际支付的金额,奖励期限不超过五年; ⑥股权投资基金投资于本市的企业或项目,由财政部门按项目退出或获得收益后形成的所得税地方分享部分的60%给予奖励。

（4）其他优惠政策

除上述的税收政策外，上海浦东新区和天津滨海新区还对股权投资企业的高管和骨干提供了一系列优惠措施，而北京则是通过各项优惠措施为私募股权企业打通产业链的上下游（见表3-6）。

表3-6 京沪津的其他优惠措施

城市	其他优惠政策
北京	(1)在金融街建设PE中心大厦,鼓励有条件的区县建设PE大厦,吸引和聚集本市股权基金及管理企业入驻发展,在购租房补贴上,参照金融企业给予支持; (2)支持在京注册的股权基金免费分享政府上市后备企业数据库信息,本市优秀上市后备企业优先推荐给在京注册的股权基金; (3)支持股权基金及其所投资的高科技企业在中关村代办股份转让系统挂牌; (4)对北京股权投资基金协会在办公场所等方面给予大力支持,做好政府服务,强化其行业自律职能。
上海	(1)上海浦东新区对于公司制股权投资企业高管,按照其当年个人所得税的40%给予补贴,担任投资经理或项目经理职位的骨干人员,也可按照其当年个人工作所得形成全部财力的20%给予补贴; (2)投资于浦东新区的鼓励投资产业目录下的企业或新区鼓励发展的其他新兴产业项目,所获投资收益形成的新区地方财力,按50%标准给予奖励。
天津	(1)企业若在天津市滨海新区注册,企业高级管理人员(含配偶及子女)优先办理天津市常住户口和天津市人才居住证; (2)对在滨海新区新设立的金融服务机构(企业)给予一次性资金补助,补助金额按注册资本(或营运资金)的3%计算,最高补助金额为500万元; (3)对金融企业在滨海新区规划的金融区或金融后台营运基地内,新购建的自用办公用房,按每平方米1000元的标准给予一次性补助;租赁的自用办公用房,自租赁日起三年内每年按房屋租金的30%给予资助。若实际租赁价格高于房屋租金市场指导价的,则按市场指导价计算租房资助。

（5）京沪津QFLP政策比较

自2011年1月上海市出台《关于本市开展外商投资股权投资企业试点工作的实施办法》以来，北京和天津也相继于同年2月和11月分别出台了《关于北京市开展股权投资基金及其管理企业做好利用外资工作试点的暂行办法》和《关于天津市开展外商投资股权投资企业及其管理机构试点工作的暂行办法》，三地都分别颁布了本地的QFLP政策。

在企业组织形式的规定上，北京和天津的规定相同，要求是公司制或有限合伙制，而上海则规定外商投资股权投资企业可以采用合伙制，外商投资股权投资管理企业可以采用公司制、合伙制等组织形式。并且上海还进一步对企业名称进行了规定，以股权投资为主要业务的外商投资企业，名称中要加注“股权投资基金”；以股权投资管理为主要业务的外商投资企业，在名称中要加注“股权投资基金管理”字样。

在对注册资本的要求上，北京只对基金规模提出要求，而没有规定股权投资管理机构的注册资本，即要求单只基金规模原则上不少于5亿元人民币（或等值外币）。而上海和天津不仅对基金规模提出要求，还规定了股权投资管理机构的注册资本。上海规定外商投资股权投资企业认缴出资应不低于1500万美元，出资方式限于货币形式；合伙人应当以自己名义出资，除普通合伙人外，其他每个有限合伙人的出资应不低于100万美元。外商投资股权投资管理企业注册资本（或认缴出资）应不低于200万美元，出资方式限于货币形式。注册资本（或认缴出资）应当在营业执照签发之日起三个月内到位20%以上，余额在两年内全部到位。天津则规定单只股权投资企业的规模原则上不少于5亿元人民币（等值外币）；股权投资管理机构实收（实缴）资本不少于1000万元人民币或等值外币。

对于注册资本的构成情况，北京和天津都进行了具体的规定，北京规定股权投资基金由境内募集人民币资金和境外募集外币资金构成，并对外资比例规定了上限，即外资认缴资金额原则上不得超过基金规模的50%。而天津规定股权投资企业可全部由境外募集的外币资金构成，也可由境外募集外币资金和境内募集人民币资金共同构

成。上海则没有对此进行特别规定。

三个城市都要求股权投资管理机构在股权投资企业中认缴一定比例的资金，但北京没有规定具体上限，而上海和天津要求不得超过所募集资金总额度的5%。

在境外投资者的申请条件上，北京的相关规定较之上海和天津更为宽松，并无自有资金或管理资金规模的明文要求，仅要求具有健全的治理结构和完善的内控制度，近两年未收到司法机关和相关监管机构的处罚以及具有相关的投资经历。上海和天津的要求相似，都要求①在其申请前的上一会计年度，具备自有资产规模不低于5亿美元或者管理资产规模不低于10亿美元；②具有健全的治理结构和完善的内控制度，近两年未受到境内外司法机关和相关监管机构的处罚；③应主要由境外主权基金、养老基金、捐赠基金、慈善基金、FOF、保险公司、银行、证券公司及其市备案办认可的其他境外机构投资者组成；④境外出资人或其关联实体应当具有5年以上相关的投资经历。天津还要求每个境外出资人至少在试点股权投资企业中出资1000万美元以上。

此外，上海和天津都要求股权投资管理机构至少有两名同时具备一定条件的高级管理人员，如①有5年以上从事股权投资或股权投资管理业务的经历；②有2年以上高级管理职务任职经历；③有从事与中国有关的股权投资经历或在中国的金融类机构从业经验；④在最近五年内没有违规记录或尚在处理的经济纠纷诉讼案件，且个人信用记录良好。天津还进一步规定股权投资管理机构有相当部分的高管人员是中国公民或持有中国护照的居民。而北京的规定相对宽松，仅要求基金管理企业的高级管理人员应在股权投资领域及股权投资管理行业具有良好的业绩。

在试点企业的投资方向上，北京要求参与试点的股权投资基金必须重点投资于节能环保、新一代信息技术、生物、高端设备制造、新能源、新材料和新能源汽车七大战略性新兴产业。而上海和天津则没有这样的要求。

总的来说，天津作为三个城市中最后一个出台 QFLP 政策的城市，借鉴了北京和上海的相关规定，完善了当中不明确的要求，使得该政策在落实过程中更具操作性。而上海的 QFLP 则率先取得了实质进展，首批获得上海 QFLP 试点资格的弘毅投资在上海宣布成立了跨境投资基金管理总部，同时成立了规模为 5 亿美元的弘毅上海基金，并与河北石家庄 PVC 检验手套供应商鸿锐集团签署了投资协议，率先在募资与投资两个环节实现突破。截至 2011 年底，上海市政府已批准了 14 家私募股权投资公司的 QFLP 资格，其 QFLP 试点的总额度约为 30 亿美元，将分三批发放，第一批共计 3 亿美元的额度批给 3 家公司，第二批 15 亿美元额度批给 15 家公司。北京 QFLP 试点总额度同样为 30 亿美元，目前已经对两家机构做了相关认定。其中，摩根大通已经获得 10 亿美元额度，由于其是和其他机构合作，规模较大，未来将会扩大其额度。[①] 目前，北京凯雷投资中心成为全国首家备案的外资股权投资企业。[②]

① 郭玉志：《北京拟拓宽 QFLP 助力实体经济》，2012 年 2 月 21 日《上海证券报》。

② 北京市金融工作局：《金融工作情况》，http：//www. bjjrj. gov. cn/jrsj/c23 - a607. html，2012 - 01 - 16。

安　全　篇

Security Report

B.4
中国私募股权产业生存安全评价

一　生存环境

总的来说，当前无论是中国宏观经济形势还是社会融资规模和居民财富增长状况都呈现出持续增长的态势，为中国私募股权产业的发展创造了良好的生存环境。

1. GDP 增长率

近年来，我国经济保持了平稳较快的增长势头。2000 年我国 GDP 为 99214.6 亿元，2011 年据初步测算，全年 GDP 达 471564 亿元，是 2000 年的 4.75 倍。从 GDP 增长率来看，中国经济长期保持了较快速的增长，远远高于同期发达国家的 GDP 增长率。2000 年中国 GDP 增长率为 8.4%，2001 年为 8.3%，2002 年为 9.1%，2003 年为 10.0%，2004 年为 10.1%，2005 年为 11.3%，2006 年为 12.7%，

2007年为14.2%，2008年为9.6%，2009年为9.2%，2010年为10.4%，2011年达到9.2%。纵观我国GDP近年的变化，2000～2011年的12年期间，GDP增长率年均达10.2%，尤其在2008年金融危机袭击全球经济之时，我国GDP仍然保持了9%以上的经济增长率。2011年我国经济形势发展稳态，据初步测算，全年国内生产总值471564亿元，按可比价格计算，比上年增长9.2%。分季度看，一季度同比增长9.7%，二季度增长9.5%，三季度增长9.1%，四季度增长8.9%。分产业看，第一产业增加值47712亿元，比上年增长4.5%；第二产业增加值220592亿元，增长10.6%；第三产业增加值203260亿元，增长8.9%。从环比看，四季度国内生产总值增长2.0%。[①]

据日本共同社2010年2月14日消息，日本内阁府当日发布的数据显示，2010年日本名义GDP为54742亿美元，低于中国公布的58786亿美元，日本已经正式交出了世界经济第二的位置。[②]

我国宏观经济形势的不断走好，为我国私募股权产业的蓬勃发展创造了良好的发展基础。

2. 社会融资规模

社会融资规模是全面反映金融与经济关系，以及金融对实体经济资金支持的总量指标。社会融资规模是指一定时期内（每月、每季或每年）实体经济从金融体系获得的全部资金总额。这里的金融体系为整体金融的概念，从机构看，包括银行、证券、保险等金融机构；从市场看，包括信贷市场、债券市场、股票市场、保险市场以及

---

① 《中国统计年鉴2010》（2－1“国内生产总值”），http：//www.stats.gov.cn/tjsj/ndsj/2010/indexch.htm；马建堂：《2011年国民经济继续保持平稳较快发展》，http：//www.stats.gov.cn/tjfx/jdfx/t20120117_402779443.htm，2012－04－28。

② 《日本公布2010年GDP数据被中国赶超　退居世界第三》，http：//www.cfi.net.cn/p20110214000373.html，2012－01－18。

中间业务市场等。社会融资规模是一个较新的概念，2010 年底中央经济工作会议首次提出“保持合理的社会融资规模”。其内涵主要体现在三个方面。一是金融机构通过资金运用对实体经济提供的全部资金支持，即金融机构资产的综合运用，主要包括人民币各项贷款、外币各项贷款、信托贷款、委托贷款、金融机构持有的企业债券、非金融企业股票、保险公司的赔偿和投资性房地产等。二是实体经济利用规范的金融工具、在正规金融市场通过金融机构服务所获得的直接融资，主要包括银行承兑汇票、非金融企业股票筹资及企业债的净发行等。三是其他融资，主要包括小额贷款公司贷款、贷款公司贷款、产业基金投资等。

统计数据显示，我国社会融资规模快速扩张，金融对经济的支持力度明显加大。如图 4－1 所示，从 2002～2010 年，我国社会融资总量由 2 万亿元扩大到 14.27 万亿元，年均增长 27.8%，比同期人民币各项贷款年均增速高 9.4 个百分点。2010 年社会融资总量与 GDP 之比为 35.9%，比 2002 年提高 19.2 个百分点，金融体系对实体经济的支持力度明显加大。社会融资总量快速增长的同时，金融结构也多元化发展，金融对资源配置的积极作用不断提高。

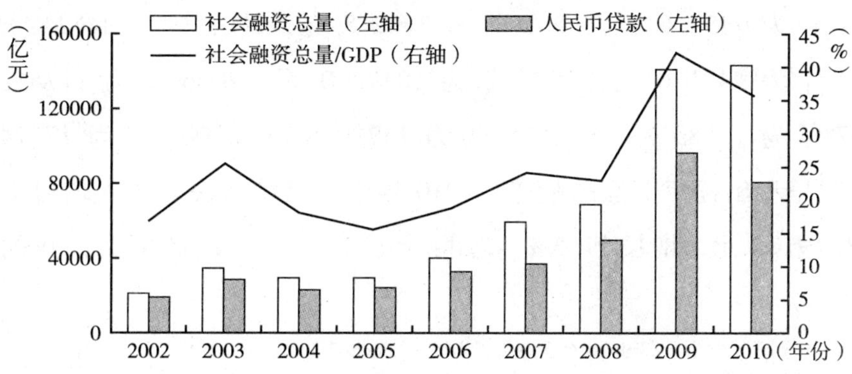

图 4－1　我国社会融资规模及与 GDP 的比率

资料来源：中国人民银行：《2011 年一季度金融统计数据报告》。

2011 年全年社会融资规模为 12.83 万亿元，比 2010 年同期少 1.11 万亿元。其中，人民币贷款增加 7.47 万亿元，同比少增 3901 亿元；外币贷款折合人民币增加 5712 亿元，同比多增 857 亿元；委托贷款增加 1.30 万亿元，同比多增 4205 亿元；信托贷款增加 2013 亿元，同比少增 1852 亿元；未贴现的银行承兑汇票增加 1.03 万亿元，同比少增 1.31 万亿元；企业债券净融资 1.37 万亿元，同比多增 2595 亿元；非金融企业境内股票融资 4377 亿元，同比少增 1409 亿元。从结构看，2011 年人民币贷款占社会融资规模的 58.3%，同比高 1.6 个百分点；外币贷款占比 4.5%，同比高 1.0 个百分点；委托贷款占比 10.1%，同比高 3.9 个百分点；信托贷款占比 1.6%，同比低 1.2 个百分点；未贴现的银行承兑汇票占比 8.0%，同比低 8.7 个百分点；企业债券占比 10.6%，同比高 2.7 个百分点；非金融企业境内股票融资占比 3.4%，同比低 0.7 个百分点。[①]

3. 居民财富增长率

近年我国居民财富也不断攀升，人民生活水平显著提高，进入新世纪后这一表现尤为明显。我国城镇居民可支配收入及城乡居民储蓄率均大幅提高。

根据国家统计年鉴显示，我国城镇居民家庭人均可支配收入 2001 年为 6859.6 元，2002 年为 7702.8 元，2003 年为 8472.2 元，2004 年为 9421.6 元，2005 年为 10493.0 元，2006 年为 11759.5，2007 年为 13785.8 元，2008 年为 15780.8 元，2009 年为 17174.7 元，[②] 呈现出逐年上涨的趋势。2010 年中国城镇居民全年人均可支配收入 19109 元，增长 11.3%，实际增长 7.8%。[③] 由此可见，我国城

---

① 中国人民银行：《2011 年社会融资规模统计数据报告》。

② 《中国统计年鉴 2010》（10－2 城乡居民家庭人均收入及恩格尔系数），http：//www.stats.gov.cn/tjsj/ndsj/2010/indexch.htm，2012－01－20。

③ 《2010 年中国居民收入稳定增长》，http：//news.xinhuanet.com/2011－02/03/c_121049631.htm，2012－01－20。

镇居民可支配收入一路攀升，由世纪初的6859.6元攀升到2010年的19109元，增长了1.79倍。与此同时，中国农村居民人均纯收入也不断增长，2001年中国农村居民家庭人均收入仅2366.4元，而到2010年中国农村居民人均纯收入已达5919元，比2009年增长14.9%，扣除价格因素实际增长10.9%。这是1998年以来农村居民收入实际增速第一次超过城镇。城乡居民收入比从2008年的3.33∶1缩小为3.23∶1。[①]

其次，我国城乡居民人民币储蓄存款也呈现出强劲势头，2001年为73762.4亿元，2002年为86910.7亿元，2003年为103617.7亿元，2004年为119555.4亿元，2005年为141051亿元，2006年为161587.3亿元，2007年为172534.2亿元，2008为217885.4亿元，2009年为260771.7亿元。[②] 如图4-2所示，2010年中国城乡居民人民币储蓄已突破30万亿大关，达到303302亿元，比2009年增长16.3%，是2001年储蓄额的4.11倍。

随着我国改革开放进程的不断深入，我国收入分配格局已经发生了翻天覆地的变化，家庭财富得到了巨大的积累，大量的家庭财富推动产生了对资产管理的迫切需求。根据国家统计年鉴数据显示，1978～2010年，我国居民人均可支配财产的绝对值由343.3元增长到了17174.3万元，增幅接近50倍。同时，人均储蓄存款余额从改革开放初年的461元增长到2009年的1.95万元，增长了41.29倍。逐渐积累的财富使居民对财富不再仅仅满足于流通的要求，同时产生了投资的愿望，居民在具有一定的风险承受能力后，开始寻找与风险相匹配的资产管理项目。

---

① 《2010年中国居民收入稳定增长》，http://news.xinhuanet.com/2011-02/03/c_121049631.htm，2012-01-20。

② 《中国统计年鉴2010》（10-3 城乡居民人民币储蓄存款），http://www.stats.gov.cn/tjsj/ndsj/2010/indexch.htm，2012-01-20。

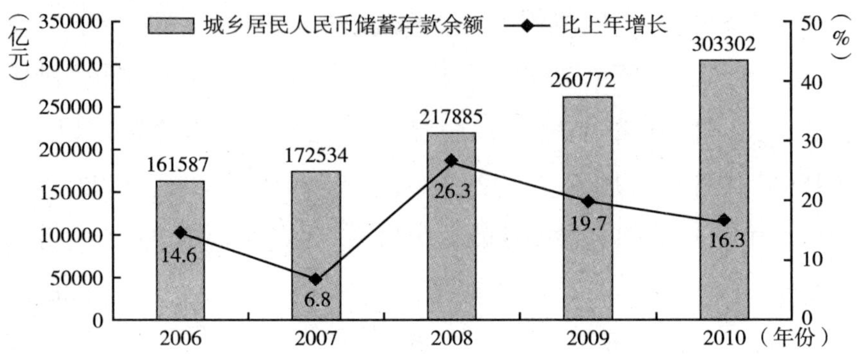

图4－2　2006～2010年中国城乡居民人民币储蓄存款余额及增长趋势图

资料来源：http：//www. askci. com/data/viewdata223363. html，2012－01－20。

如图4－3所示，2010年中国个人总体持有的可投资资产规模达到62万亿元人民币，较2009年末同比增长约19%。预计2011年中国个人总体持有的可投资资产规模将进一步上涨到72万亿元。其中，2008～2010年资本市场产品市值的年均复合增长率约55%，投资性不动产净值的年均复合增长率约40%。同时，以阳光私募、私募股权

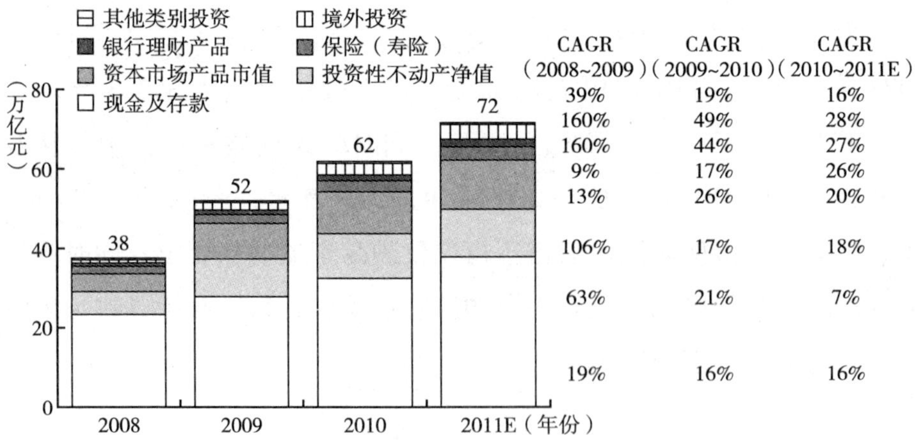

图4－3　中国2008～2011年全国个人可投资资产总体规模

资料来源：招商银行＆贝恩公司：《中国私人财富报告》，2011，第7页。

为代表的其他类别投资增速最快，2008～2010 年年均复合增长率约 100%，成为高净值人群的投资热点。此外，境外投资也成为高净值人群另一投资热点，2008～2010 年境外投资年均复合增长率约 100%，其中投资主要集中在香港。

中国高净值人群规模[①]正在逐年扩大。2010 年，中国的高净值人群数量达 50 万人；与 2009 年相比，增加了 9 万人，年增长率为 22%。其中，超高净值人群超过 2 万人，可投资资产在 5000 万以上人士超过 7 万人。就私人财富规模而言，2010 年中国高净值人群共持有达 15 万亿元人民币的可投资资产；人均持有可投资资产约 3000 万元人民币。其中，超高净值人群的个人财富总量达到 3.4 万亿元人民币，在高净值人群内部的个人财富占比由 2008 年的 16% 增加到 22%。值得注意的是，过去两年中，资产规模在 1000 万～5000 万元与 1 亿元以上的高净值人群的增速较资产规模在 5000 万～1 亿元的高净值人群的增速更快。此外，2008～2010 年，高净值人群拥有的财富占全国的比重略有上升，从 2008 年的 23% 上升到 2010 年的 24%，预计 2011 年这个比例将进一步提高到 25%。综合各项宏观因素对中国私人财富市场的影响，预计 2011 年中国私人财富市场将保持增长势头，全国个人可投资资产总体规模或将达到 72 万亿元人民币，同比增长 16%；中国高净值人群将达到 59 万人左右，同比增长 16%；高净值人群持有财富达 18 万亿人民币，同比增长 18%。中国私人财富市场蕴含着巨大的市场价值和可观的增长潜力。[②]

二　同业竞争

当前中国私募股权产业发展过程中的突出问题就是产业中的优

① 可投资资产超过 1000 万人民币的个人定义为高净值人士；可投资资产超过 1 亿元人民币的个人定义为超高净值人士。

② 招商银行 & 贝恩公司：《中国私人财富报告》，2011，第 6 页。

质企业比率较低，真正有影响力的私募股权投资机构较少，如果不能尽快提高大多数机构的专业化程度，将有可能威胁到整个私募股权产业的生存。不过随着私募股权产业在中国的逐渐发展，民营 PE 取得了快速发展，国有和民营企业的比率逐渐持平。与此同时，人民币基金也取得了迅速发展，美元和人民币基金之间形成有利的互补趋势，将对我国私募股权投资产业的生存与发展起到积极的推动作用。

1. 产业的优质企业比率

随着近年来我国私募股权产业的迅速发展，一些 PE 表现优异，在行业中脱颖而出。

2001 年，清科集团发起了首届中国创业投资排名，填补了国内创业投资机构专业测评的空缺。此后，在业界各创业投资机构的大力支持下，清科集团每年坚持进行中国创业投资年度排名，并于 2006 年开始增加了私募股权投资机构排名，为中国私募股权投资的发展提供较好的评价和参照体系。清科集团的“中国创业投资暨私募股权投资年度排名”主要从投资、管理、融资、退出等各方面对当前中国私募股权市场上的 PE 进行全面考察，选择管理资本量、新募集基金资本量、投资案例的个数、投资资本量、退出案例个数、退出金额和回报水平等作为重要的参考指标来确定排名体系，并根据实际发展状况，对排名指标进行年度调整，力求最大限度地反映现阶段中国私募股权投资发展的实际状况。根据 2011 年清科集团发布的年度排名，昆吾九鼎投资管理有限公司被评为 2011 年中国投资最活跃的私募股权投资机构，弘毅投资（北京）有限公司被评为 2011 年中国最佳募资私募股权投资机构，建银国际（控股）有限公司被评为 2011 年中国最佳退出私募股权机构。如表 4－1，在评出的 2011 年中国私募股权投资机构 10 强中，有 7 家是本土私募股权投资机构，说明中国本土私募股权投资机构正在快速崛起。

表 4－1　2011 年中国私募股权投资机构 10 强

排名	机构名称	排名	机构名称
1	昆吾九鼎投资管理有限公司	6	鼎晖投资
2	建银国际(控股)有限公司	7	金石投资有限公司
3	弘毅投资(北京)有限公司	8	复星资产管理集团
4	Kohlberg Kravis Roberts & Co.	9	摩根士丹利亚洲投资有限公司
5	新天域资本	10	平安财智投资管理有限公司

资料来源：清科研究中心：《2011 年度中国创业投资暨私募股权投资年度排名榜单》。

不过，总的来说，中国私募股权产业的优质企业比率是比较低的。据不完全统计，全国注册的私募股权投资机构超过 2500 家，“如果加上没有完全规范注册的，预计将有 8000 家到 10000 家左右”，行业内的激进人士认为，其中 80% 的机构将会消失。按照某业内人士的分析，中国绝大多数机构都是伪私募股权投资机构，“所做的事情并非真正意义上的 VC 或者 PE”，而是做集合理财，“只是 LP 把钱给他们，他们再以加价的方式帮你找项目”。①

另外，由于中国关于 PE 的相关法律规范并不完善，也造成了很多伪 PE 的出现。一些新出现的 PE 采用嵌套式合伙制形式来募资，目的是解决人数限制和降低投资金额标准。这种方式极不规范，主要是通过设立合伙企业（50 人以下）成为另一合伙企业或基金的 LP（投资人），最后通过合伙企业或基金进行连续嵌套。此外，披着“PE”外衣进行非法集资的事件也频频发生。国家发改委财政金融司金融处处长刘健钧在 2011 年底曾公开表示：“根据对股权投资集资的

① 杨杨：《PE 龙年观察：多数机构都是伪 VC/PE　80% 将消失》，http：//news. chinaventure. com. cn/2/20120204/75246. shtml，2012－03－21。

相关调研，目前全国有1059家合伙性基金较大面积地发生了非法集资问题。主要是因为没有针对股权投资基金特殊领域的特点，制定相应的配套性政策。”

案例4-1　伪PE非法集资案频发　天津天凯与活立木被查

跨越16个省市，天津天凯（天凯新盛）股权投资基金有限公司（下称“天凯”）涉嫌非法吸收公众存款案的证据收集工作正如火如荼进行。

2011年6月7日，天津市经侦支队工作人员告诉记者，天凯案件正在侦查阶段，而天凯案处置工作组人员确认，目前仍在进行集资者的登记核对工作。根据天凯案处置工作组致集资者的公开信，集资者较多的省（区、市）共16个，登记截止日期从2011年7月4日到7月16日不等。而根据河南《今日安报》的报道，仅安阳市落网的三名以天凯公司业务员身份集资的犯罪嫌疑人集资金额已超过千万元级别。天凯公司的投资人更是在网上爆料称，天凯的类似投资合同超过14000份。

除了天凯公司外，天津活立木股权投资基金管理合伙企业（下称“活立木”）也已被公安机关侦查。天津市发改委在网站公开的“主任信箱”中明确回复，天津已经成立了处置活立木基金涉嫌非法集资专案组，公安机关已依法立案侦查，现正在审查核实账目、追查资金走向、缉拿涉嫌人员。

这两家私募股权投资公司均注册在天津，且注册后不久案件即爆发，不知是偶然抑或有一定的代表性。

根据天津市工商总局的资料，活立木于2010年6月7日注册成立，为有限合伙企业，认缴出资额50亿元人民币，经营范围为“受托管理股权投资基金，从事投融资管理及相关咨询服务”。而天凯成立于2010年7月30日，注册资本1500万元，经营范围为

“从事对未上市企业的投资，对未上市公司非公开发行股票的投资以及相关咨询服务”。两家公司均涉嫌非法吸收公众存款，手段包括“全国各地通过网点、互联网”发布信息等，且涉案人员多、集资量大。

活立木基金自称，旗下“家堡一号”经天津市基金管理委员会批准的第一只股权基金产品，募集对象是一般企业法人和自然人。产品时间分别为3、7、12个月。公司向投资人支付一定的月息和红利，期终还本。投资人可以自由选择时间期限。网站上亦公开称委托理财投资分为三个级别：10万元以内的小额资金保姆式管理，100万元以内的资金管理和100万元以上的投资。

一名天凯投资QQ群中的网友则爆料，天凯的投资客户有投资6000元的、5000元的、8000元的。利息按照倒扣的方法，即每月利息先行扣除，到期返本付息，譬如投资人每缴纳8200元收到1万元的收据及委托理财合同。

两起案件的另一个共同点是，双方均以“天津市的优惠政策”吸引投资者。比如，天凯便对外称拥有天津静海县5800亩土地运营权，享有县政府特批的免税5年的优惠政策、办公楼支持、县政府推荐项目的优先选择权等。不过这一说法此后被静海县县政府澄清，称纯属捏造。

至今中国的私募股权基金尚无明确的监管部门，在发改委备案是规范的一种形式，但并非强求，而负责工商注册的工商部门并不负有监管责任。根据已有的私募股权法规，规范运作的基金管理机构向市备案办申请备案需符合四个基本条件，其中包括不得向投资者承诺固定回报；单个出资人出资金额必须超过100万和所募集资金必须由属地商业银行进行托管。活立木和天凯均不符合。

资料来源：范璟：《伪PE非法集资案频发　天津天凯与活立木被查》，http://www.21cbh.com/HTML/2011-6-8/5MMDAwMDI0Mjk5Mw.html，2012-03-21。

中国风险投资研究院院长陈工孟曾经这样描述未来的行业趋势："在未来十年内，行业内必然面临着一场大的洗牌，私募股权投资机构数量将大幅减少。仅仅提供资金的私募股权投资机构将被淘汰，而有能力扶持早期企业并帮助其做大做强的机构将脱颖而出。"中国私募股权投资界的顶级大佬，厚朴投资董事长方风雷也表示，在国内现存的私募股权投资机构当中，真正有影响力的私募股权投资机构可能只有15家，大多数机构的专业化程度有待提高。

2. 国有、民营资本比率

在中国私募股权产业最初的起步阶段，由于对私募股权投资的认识有限，民间资本参与私募股权投资的热情和动力不足。同时，由于当时中国富裕家庭和个人数量较少，且所拥有的财富相对有限，国家政策上又对机构投资者参与私募股权投资有诸多限制。因此，中国本土的私募股权产业最初就是在政府的大力推动下产生和发展起来的。如图4－4所示，2001年在本土创业投资机构的投资案例中，60%的投资案例都来自国有创业投资机构。

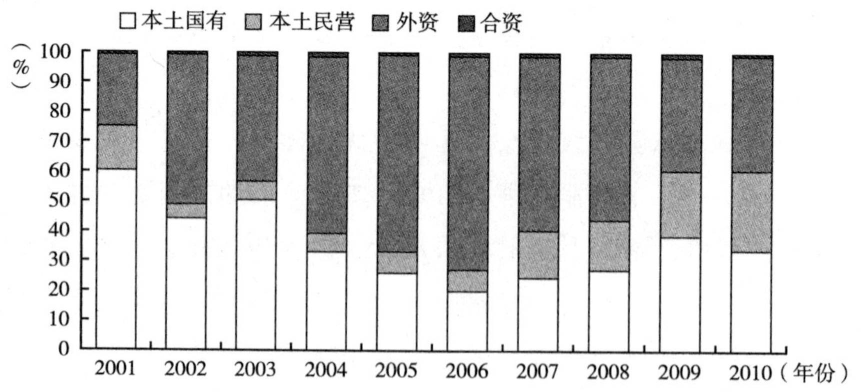

图4－4　2001～2010年本土国有创投机构投资案例数占比情况

资料来源：清科研究中心，2011.2。

近年来，越来越多的国有创投机构开始向民营化方向发展，一些老牌的国有创投机构，纷纷完成了“民营化”的改造。与此同时，本土民营私募股权投资机构也快速兴起，从私募股权产业未来的发展趋势看，充分市场化、民营化应该是大势所趋，将更有利于整个中国私募股权市场的发展。根据国家发改委发布的创投报告显示，从实收资本的角度看，2006 年国有资本在整个创投业所占比重为 81.95%，到 2009 年底这一比重下降至 68.48%，下降趋势明显。[①] 如图 4－4 所示，从 2007 年开始，本土民营创投机构的投资案例开始快速增长，到 2010 年本土国有和民营创投机构的投资案例已经基本持平。

案例 4－2　国有创投民营化助力科技创新创业

2010 年，我国本土创投机构深圳市创新投资集团有限公司的股东名单悄然发生变化，民营企业深圳市星河房地产开发有限公司、七匹狼集团等 3 家股东名列其中。此前，作为国有创投机构，深圳创新投的股东中，仅有翰华担保集团有限公司一家民营性质的股东，其股权比例为 2.68%。而在此次股东变更后，民营背景股东的总持股比例接近三成。事实上，从 2009 年增资扩股开始，深圳创新投就已在谋求引入民营背景股东。许多专业人士认为，引入民营资本是因为股权多元化对国有创投发展有好处。

不仅深圳创新投，上海联创投资管理有限公司、中科招商创业投资管理有限公司等国有创投机构也都已开始向民营化发展。不少国有创投机构对股东结构多元化充满期待。从 2004 年开始，中科招商的股权就开始“变身”。至 2010 年底，中科招商创立时的多个国有股东逐渐消失，仅剩下中国华录集团有限公司占有 2.2% 的股份，而该公司的其他所有股份都转让到了中科招商管理层手中。近年来，民营

① 国家发改委：《中国创业投资行业发展报告 2011》。

创投与国有创投的合作也日趋增多，政府引导基金与民营创投合作在各地已经成为一种潮流。

资料来源：左永刚：《国有创投民营化助力科技创新创业》，2011 年 3 月 27 日《中国高新技术产业导报》。

3. 本币基金、外币基金比率

从募资完成基金的币种来看，人民币基金无论从数量上还是完成规模上都领先于外币基金。根据 ChinaVenture 投中集团旗下金融数据产品 CVSource 统计，2011 年中国私募股权投资市场募集完成（含首轮完成）的人民币基金共有 463 只，募集规模达到 2204.48 亿元（约合 347.71 亿美元），分别占比 90.0% 和 70.4%；募集完成美元基金 38 只，完成规模 143.70 亿美元，分别占比 7.6% 和 29.1%。此外，其他币种基金 2 只，完成规模 2.66 亿美元。①

从人民币基金发展趋势来看，自 2007 年以来，人民币基金募资活跃度保持高速增长，募资完成基金数量年均增长 35%。如图 4－5 所示，从完成募资的人民币基金和美元基金来看，2007 年完成募资的人民币基金仅 140 只，占比为 74.07%，2008 年人民币基金为 185 只，所占比率增长到 79.40%，2009 年人民币基金进一步增长到 252 只，占比提升到 92.99%。2010 年完成募资的人民币基金增至 354 只，所占比例也进一步提升到 93.65%。2011 年完成募资人民币基金则再创纪录达到 463 只，占到总数的 92.42%。

从募资完成规模来看，2009 年人民币基金募资完成规模达到 136.30 亿美元，首次超过美元基金规模。其后，尽管美元基金募资规模有所反弹，但人民币基金已经成为市场主流，2010 年和 2011 年的募资规模都远超美元基金规模（如图 4－6）。

① ChinaVenture：《2011 年中国创业投资及私募股权投资市场统计分析报告》，第 7 页。

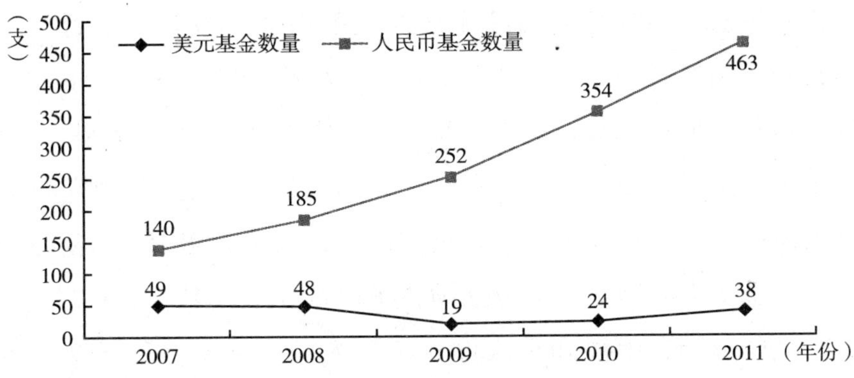

图 4－5　2007～2011 年中国私募股权投资市场募资完成不同币种基金数量比较

资料来源：ChinaVenture：《2011 年中国创业投资及私募股权投资市场统计分析报告》，第 8 页。

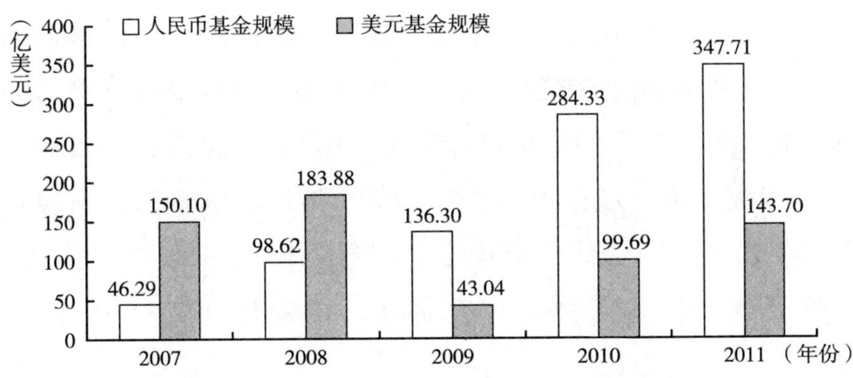

图 4－6　2007～2011 年中国私募股权投资市场募资完成不同币种基金规模比较

资料来源：ChinaVenture：《2011 年中国创业投资及私募股权投资市场统计分析报告》，第 9 页。

随着人民币基金市场的活跃，外资机构纷纷进入国内设立人民币基金，从 2007 年底，IDG 资本首度获得商务部批准成立人民币基金以来，创投机构如红杉资本、IDG 资本、软银赛富等，国际 PE 巨头如凯雷、黑石、TPG 等，均已成立人民币基金。2010 年 7 月，国际知名投资巨头黑石集团宣布旗下 50 亿元人民币基金——中华发展投资基金募集完成；同月，IDG 资本宣布完成 35 亿元人民币基金募集，其中全国社保基金出资 12 亿元人民币；8 月初，凯雷集团宣布完成旗下人民币基金首轮募集 24 亿元人民币，可马上开始投资。此外，里昂证券携手上海国盛集团成立国盛里昂产业投资基金，规模为 100 亿元；TPG 分别在上海和重庆设立两只人民币基金，目标规模均为 50 亿元，瑞银集团（UBS）也联合北京市政府筹备成立人民币基金。2011 年，QFLP 试点工作取得实质进展，将进一步促进外资人民币基金的兴起。

不过，由于国内政策对机构投资者的限制以及民间资本对外资机构的不信任，使得外资 PE 在募集人民币基金的过程中并不是一帆风顺。目前有多只外资人民币基金，其披露完成的金额与其最初设立的募集目标存在差异。以 2008 年披露的鼎晖和弘毅两家为例，其人民币基金的募集目标均为 50 亿元人民币，但最终分别完成 31.9 亿元和 35 亿元。此外，2009 年德同资本和普凯投资分别设立了北京德同优势投资中心、普凯人民币房地产基金，其最终募集完成金额为 5 亿元和 6 亿元，也未达到各自 10 亿元的目标。①

案例 4－3　人民币基金成为跨国 PE 的新焦点

美国知名私募股权基金 TPG Capital 2012 年 2 月 6 日表示，其两只人民币基金已成功完成首期募集，合计将形成约 40 亿元的总投资能力，完成募集目标总额的 40%；并已开始积极寻找投资

① 《外资上岸内资出海我国股权市场开始双向互动》，引自 http：//www.bpea.net.cn/article/yjdt/qtdt/201008/20100800021832.shtml，2012－03－21。

机会。

TPG中国区联席主席在新闻会上称，首期募集中90%的认购额度来自于私人投资者，而非政府相关机构。TPG的计划是在总额为100亿元人民币的基金中，向私人投资者募集超过50%。“从民间融资是最难的一步，接下来大型金融机构就顺理成章……保险，社保是我们下一步争取的投资人”，他指出。新成立的人民币基金，将投向TPG有成功投资业绩和经验的行业，例如零售、医疗卫生等；以及寻找能够提供运营管理增值服务的投资机会，例如参与国企改制。

TPG是国际知名私募股权投资企业中唯一同时发起成立两只人民币基金的公司，而且也是目前募资总额最大的之一。2010年8月，TPG计划在上海和重庆成立两只人民币基金，计划募集规模均为50亿元人民币（见表4-2）。此前，华尔街最大的金融机构之一摩根大通获批在北京成立人民币基金，10亿美元的募集规模使它成为迄今最大的外资人民币基金管理公司。

表4-2 2010年外资机构人民币基金募集重点案例

基金及管理公司	募集状态	目标规模(亿元)	已募集金额(亿元)
TPG 德太中国投资基金	开始募集	50	N/A
TPG 德太中国西部成长基金	开始募集	50	N/A
国盛里昂 国盛里昂产业投资基金	开始募集	100	N/A
凯雷集团 凯雷人民币基金	首轮募集	50	24
凯雷集团 凯雷复兴股权投资企业	募集完成	6.83	6.83

续表

基金及管理公司	募集状态	目标规模(亿元)	已募集金额(亿元)
黑石集团 中华发展投资基金	募集完成	50	50
IDG 资本 北京和谐成长投资基金	募集完成	50	35
凯鹏华盈 凯鹏华盈人民币基金	募集完成	6	6
DCM DCM 人民币基金	募集完成	2	2
红杉中国 红杉兴业股权投资基金	募集完成	7.71	7.71
红杉中国 红杉恒业股权投资基金	募集完成	7.98	7.98
红杉中国 珠海红杉股权投资中心	募集完成	1	1
启明创投 启明创科创业投资基金	募集完成	2.5	2.5

资料来源：ChinaVenture：《2010 年中国创业投资及私募股权投资市场统计分析报告》，第 12 页。

与国际金融危机后全球投资市场的低迷相反，近来，国内投资市场频频出现外资股权投资巨头高调设立人民币基金的身影，布局中国市场。继 PE 巨头高盛、百仕通、凯雷、TPG 等先后在北京、上海等地成立人民币基金后，摩根士丹利也于 2011 年上半年宣布，将首只人民币基金落户杭州。

人民币基金正在成为跨国 PE 的新焦点。

“中国虽然拥有一个巨大的 PE 市场，但目前仍处在一个发展的早期阶段，直接融资的比例远远落后于欧美发达国家的水平。”从香

港派往杭州筹备摩根士丹利第一个人民币基金的徐俊向记者如此解释外资 PE 为何不约而同齐聚中国，“特别是在大陆银行信贷更偏向于有抵押物的情况下，这种间接融资难以满足众多中小企业的需要，而现有的直接融资渠道还相对较窄”。

与此同时，中国境内企业的高成长性及市场高市盈率退出的回报，对外资形成了强大吸引力。但由于近几年外币基金在境内投资受到一些法规限制，在进入和退出方面也存在诸多不便，使人民币基金成为更优选择。

从外币 PE 独霸天下，到近年来人民币基金与之分庭抗礼，再到外资 PE 开始亦步亦趋设立人民币基金。不难发现，外资 PE 正在放下矜持，并推动国外 LP 与国内 LP 走向互融。

资料来源：

林琦：《TPG 宣布其人民币基金首期募集 40 亿元，开始寻找投资机会》，引自 http：//cn. reuters. com/article/privateEquityNews/idCNSB137118620120206，2012－03－21。

《摩根大通获批在北京成立人民币基金》，引自 http：//www. askci. com/news/201112/08/91944_ 02. shtml，2012－03－21。

在外资私募股权机构积极筹集人民币基金的同时，一些内资的本土私募股权投资机构也开始积极筹备外币基金、投资海外项目。2010 年 6 月 1 日，本土投资机构九鼎投资宣布募集首只美元基金，资金主要来自淡马锡控股全资子公司祥峰投资。而早在 2009 年上半年，本土投资机构达晨创投就宣布募集一期美元基金，总额在 5000 万至 1 亿美元之间，其投资者为来自美国、新加坡和香港的 FOF。

人民币基金的迅速发展，使得可投资的资本量得到大幅增加，为实体经济发展的融资问题提供了解决途径。同时，大量人民币流入实体经济，为实体产业的发展提供资本支持，可以拉动实体经济的发展，有利于形成实体产业与金融产业的有效结合。人民币基金的良性、有效配给，可以避免境外热钱对我国经济的冲击，防止经济泡沫的生成。此外，目前美元和人民币基金之间所形成的互补趋势，也将有利于我国私募股权投资市场和私募股权产业的健康发展。

三　安全控制

外资对中国 PE 产业控制力的强弱反映了本国资本产业控制力的大小，从而可以判断外资对 PE 产业安全的影响程度。中国 PE 投资市场上的中外资基金分别指：中资基金是出资人为中国内地的自然人或注册地为中国内地的金融机构、企业等。外资基金是出资人为中国大陆以外地区的自然人或注册地为中国大陆以外地区的金融机构、企业等，包括中国香港、中国澳门和台湾地区。目前中国在外资准入方面还有诸多限制，这一方面使得外资募资比率和外资投资比率都呈现出大幅下降趋势，中国私募股权产业从过去的外资占明显优势转变为中资优势逐渐明显，外资对产业的控制力逐渐降低；但另一方面也使得中国私募股权投资市场在吸引国外投资者以及学习国外优秀 PE 的发展经验方面有所欠缺。今后政策的导向还将进一步对中国私募股权产业的生存与发展产生重要影响。

1. 外资准入政策

从境外投资者进入中国私募股权产业的法律限制来看，目前我国与之相关的法律、法规主要有《外商投资创业投资企业管理规定》、《关于外商投资举办投资性公司的规定》、《中华人民共和国外资企业法》、《指导外商投资方向规定》、《外商投资产业指导目录》、《外国企业或者个人在中国境内设立合伙企业管理办法》及其他相关法律、法规、规章、行业专项规定等。

在中国目前的法律环境下，外资在境内发起设立 PE 主要有三种形式：第一种是依照原对外经贸部等五部门 2003 年 1 月联合制定的

《外商投资创业投资企业管理规定》设立外资创投企业；第二种是依据商务部2004年11月颁布的《关于外商投资举办投资性公司的规定》成立投资性公司；第三种是成立带有外资成分的合伙企业。

在前两种模式下，外资发起设立PE存在着诸多弊端：如对境外投资者都有较高的门槛要求，设立所需的审批流程烦琐、耗时较长，无法避免双重征税，投资方向所受限制较多，等等。

第三种模式外资设立合伙企业，其所依据的法律主要是2007年实行修订后的《合伙企业法》，规定“外国企业或者个人在中国境内设立合伙企业的管理办法由国务院规定”。2009年12月2日，国务院正式公布了《外国企业或者个人在中国境内设立合伙企业管理办法》，规定境外基金管理人在华设立有限合伙制外商投资股权基金管理企业必须符合现行的外商投资产业政策，其设立实行直接向企业登记机关登记的制度，不需经商务部主管部门批准。根据这一规定，很大程度上简便了审批环节，有利于外商投资企业更加高效地设立，但在外商投资企业作为合伙企业合伙人的资格、外资设立股权投资基金资本金外汇结汇等问题上仍然存在诸多限制。2010年1月29日国家工商总局又进一步发布了《外商投资合伙企业登记管理规定》，明确规定了外商投资合伙企业的“设立登记”、“变更登记”、“注销登记”、“分支机构登记”、“登记程序”、“年度检验及证照管理”等制度，使得设立有限合伙制外商投资股权基金管理企业已无明显法律障碍，但设立有限合伙制外商投资股权基金企业仍有待相关规定出台。

此外，近年来，国家也陆续出台了一些新的政策，对外资进入中国私募股权产业进行进一步规范。2009年3月5日商务部发布了《关于外商投资创业投资企业、创业投资管理企业审批事项的通知》，调整了外商投资创业投资企业和外商投资创业投资管理企业的审批制度，规定资本总额1亿美元以下的（含1亿美元）创投企业的设立和变更将由省级商务主管部门和国家级经济技术开发区审核管理，并要求相关部门在收到全部上报材料之日起30天内做出批准或不批准的书面决定。这一审批制度的调整，有利于降低外商投资创业投资企业的审批难度，减少审批等待时间和不确定性，为中外合资股权投资基金提供更大的操作便利，尤其有利于外资基金与地方政府或企业合资设立侧重当地项目的基金。

2010年4月国务院公布了《关于进一步做好利用外资工作的若干意见》，其中提出鼓励外商投资设立创业投资企业，积极利用PE，完善退出机制。为落实该意见，2010年6月10日，商务部下发了《关于下放外商投资审批权限有关问题的通知》，深化外商投资管理体制改革。根据《通知》，《外商投资产业指导目录》鼓励类、允许类总投资3亿美元和限制类总投资5000万美元以下的外商投资企业的设立及其变更事项，由地方审批机关负责审批和管理；注册资本3亿美元以下外商投资性公司和资本总额3亿美元以下外商投资创业投资企业、外商投资创业投资管理企业的设立及其变更事项，由地方审批机关负责审批和管理。这一规定有利于外商投资股权投资管理企业及外商投资股权投资企业在中国的设立，对私募股权产业的发展产生重要的积极影响。

2011年开始，上海、北京、重庆、天津四个直辖市率先制定了QFLP试点方案，但是，除了基金换汇层面的便利，境外投资者更加关心的“身份”问题并没有得到解决。如按照上海的QFLP政策，不仅美元基金换汇后依然被视作外资机构，即使是外资GP在境内募集的人民币基金，也仅在出资额不超过所募基金总额的5%时，才享受“国民待遇”。因此，业界曾存在的“境外大型机构投资者进入国内LP市场，充实人民币基金募资渠道”的预期基本落空。

2011年8月，商务部颁布了《商务部实施外国投资者并购境内企业安全审查制度的规定》，强调了对关系国家安全的重要行业的审查，并首次将协议控制（VIE）纳入法律的监管范围。这项规定的出

台，意味着我国对外资境内并购的管理正式走向法律层面。

2011 年 11 月，国务院批准新修订的《外商投资产业指导目录》将于 2012 年 1 月 30 日起施行，外资 PE 在投资时都要受到有关投资领域的限制，其直接影响就是使得外资基金在选择投资企业时要受到诸多限制，付出更多的时间成本。而间接影响则是导致外资 PE 在中国境内筹集人民币时处于劣势地位。总的来说，新版《目录》引导外资私募股权投资机构加大对新兴产业及服务业的投资力度，尤其是允许医疗服务机构引入外资，这将进一步推动外资进入方式的规范化和制度化，有利于促进外资机构入境投资及收购活动的活跃。

案例 4－4　凯雷欲控股徐工机械计划失败

2005 年 10 月 25 日，徐工科技公告称，徐工集团当日与凯雷徐工机械实业有限公司（下称“凯雷徐工”），签署《股权买卖及股本认购协议》和《合资合同》，其中，凯雷徐工是凯雷亚洲投资基金（Carlyle Asia Partners，L. P）在开曼群岛注册的全资子公司。

根据协议，凯雷徐工以相当于人民币 20.69 亿元的等额美元，购买徐工集团所持 82.11% 徐工机械的股权；同时，徐工机械在现有 12.53 亿元注册资本基础上增资人民币 24.16 亿元，增资部分全部由凯雷徐工认购；为此，凯雷徐工需要分两次各支付 6000 万美元，第二次支付的前提是，如果徐工集团 2006 年的经常性税息折旧及摊销前利润（EBITDA）达到约定目标。

上述股权转让和增资完成后，变身为中外合资经营企业的徐工机械投资总额为 42 亿元，注册资本约 14.95 亿元人民币，徐工凯雷将拥有徐工机械 85% 的股权，剩余部分由徐工集团持有。

一年之后，由于并购过程中遭遇重重阻力，凯雷徐工将持股比例从原先的 85% 下降至 50%，但凯雷的让步仍旧因为控股权的问题未能获得监管部门的认可。

2007 年 3 月 19 日，徐工科技发布公告，徐工集团和凯雷徐工再次修改《股权买卖及股本认购协议》和《合资合同》，凯雷徐工的持股比例被再次下降为 45%。在此后 1 年多，上述协议及合同仍没有获得监管部门的认可。截至 2008 年 7 月 22 日，双方努力了近 3 年的合资计划宣告失败。

资料来源：新浪财经：《凯雷欲控股徐工机械计划失败》，http：//finance. sina. com. cn/roll/20110120/17569286609. shtml，2012－03－21。

2. 外资募资比率

从目前中国市场外资基金出资人即境外 LP 的组成特点来看，如图 4－7 所示，外资企业占最高比例，达到 22%。其次是私募股权投资机构，占总数的 19%。此外，资产管理公司（包括投资银行）由

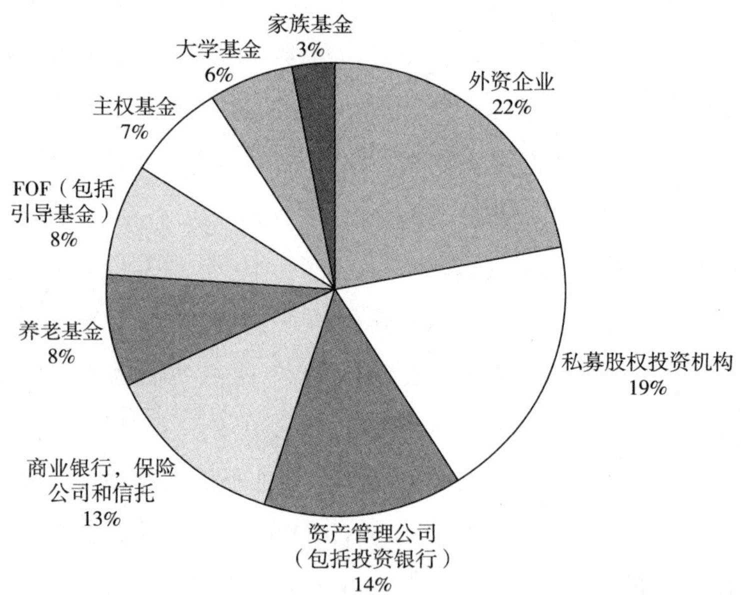

图 4－7　中国市场境外 LP 类型

资料来源：ChinaVenture：《2008 年中国创业投资及私募股权投资市场募资研究报告》，2009，第 48 页。

于拥有低流动性资产，可用于长期投资以获取较高投资回报率，因而也占据重要地位，达到14%。此外，境外养老基金及大学基金虽然数量相对较少但拥有大量资金，也成为中国市场外资基金主要的LP之一。这些境外LP都主要倾向于投资有限合伙制基金，并主要投向投资周期为3~4年之间的基金。

从募集完成以及开始募集的基金数量上来看，外资基金所占的比例一向较低，如表4-3所示，2008年外资基金完成募集37只，占募集完成基金总数32%，中外合资基金完成募集9只，占总数的8%，远远低于中资基金完成募集数量。2009年外资基金占完成募集基金总数的比例进一步下降到15%（19只），2010年仅占10%（24只）。而中外合资基金占完成募集基金总数的比例在2009年和2010年都为9%。由此可见，中资基金在成立数量上远远超过外资基金，并且这一趋势今后还将得以持续。

表4-3　2008~2010年中外资基金募集数量及规模比率

单位：%

		中资		外资		中外合资	
		数量	金额	数量	金额	数量	金额
2008年	募集完成	61	16	32	79	8	4
	开始募集	63	68	31	30	6	2
2009年	募集完成	76	58	15	31	9	11
	开始募集	47	58	30	21	23	21
2010年	募集完成	81	63	10	28	9	9
	开始募集	75	76	9	8	16	15

资料来源：根据ChinaVenture《2008~2010年中国创业投资及私募股权投资市场募资统计分析报告》数据计算整理得出。

从募集资金规模的角度分析，如表4-3所示，2008年外资基金完成募集规模达158.13亿美元，占募集完成规模的比率高达79%，但目标规模仅占30%。从2009年开始，外资基金无论在募集完成规

模上还是目标规模上都大幅下降，远远低于中资基金的规模，分别占比为31%和21%。2010年这两个比例进一步下降到28%和8%，当年完成募集外资基金规模仅8.52亿美元，目标规模仅3.36亿美元。而中外合资基金2010年的募集完成规模和目标规模占比分别也仅为9%和15%。因此，可以看到，从募集资金规模来看，中资基金也处于绝对的优势地位。

另外，根据清科研究中心的调查，如图4－8所示，目前全国共有股权投资机构3997家，其中，本土机构居多，共2939家，占比高达73.5%；外资股权投资机构共有955家，占23.9%；另有103家为中外合资机构。

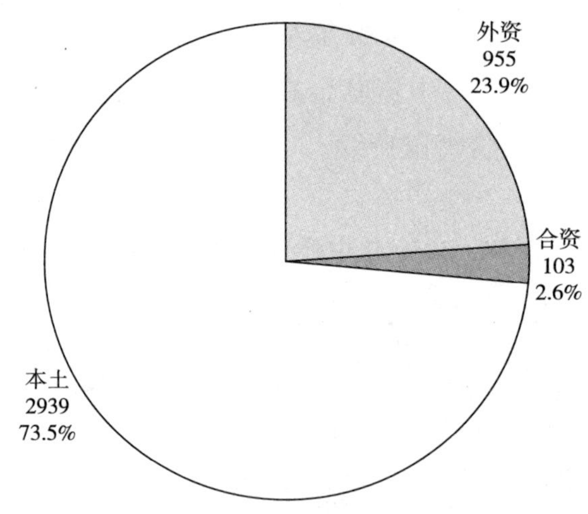

图4－8　不同类型股权投资机构分布

资料来源：倪正东：《中国创投暨私募股权投资市场2011年前11月数据回顾》，2011年12月。

此外，从排名前20强的创业投资基金和排名前10强的PE（不包括创业投资基金）来看，2008年以前，还主要是外资机构占据较多席位，2009年以来，中资机构开始奋起直追，到2010年，二者基本上平分天下（如图4－9）。

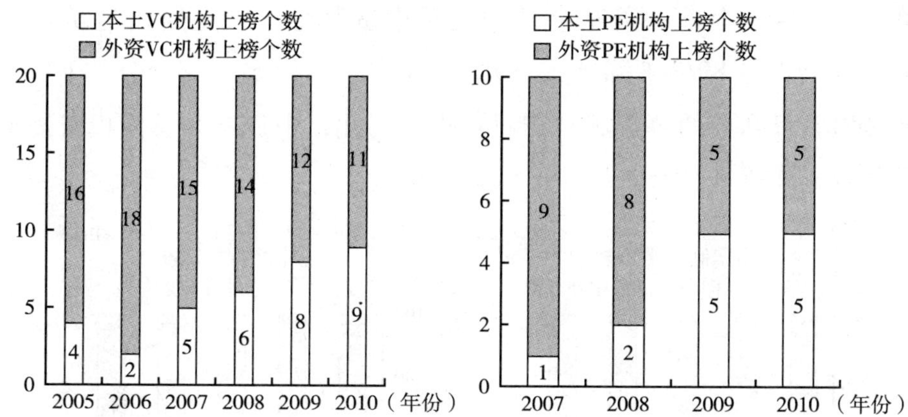

图4－9　排名前列的本土与外资机构比较

资料来源：倪正东：《中国创投暨私募股权投资市场2011年前11月数据回顾》，2011年12月。

3. 外资投资比率

尽管中国私募股权投资市场上，外资基金成立的数量和规模在近年来都落后于中资基金，但是外资基金的总体投资规模仍领先于中资基金，只是双方的差距在逐渐缩小。

截至2011年清科数据库中收录的LP从数量方面来看，本土LP共3905家，外资LP共994家，占比分别为79.2%和20.2%。但是在可投资本量方面，本土LP可投资本量为1420.48亿美元，外资LP可投资本量为6130.40亿美元，本土LP可投资本量不足外资LP的三成，可见外资LP可投资本量远超本土LP。①

从中国创投市场的投资情况来看，如图4－10所示，外资基金的投资案例数量和投资规模均呈现减少的趋势，尤其是2009年和2010年，外资基金投资案例数量出现了较大幅度的降低，从2006年占总投资案例数的79%下降到2010年的34%，低于中资基金投资案例数

① 清科研究中心：《2011年中国私募股权投资市场LP年度研究报告》，2012。

量。投资规模上，外资基金仍领先于中资基金，但是所占比例也从2007年曾高达89%下降到2010年仅占58%。相比外资基金，中资基金平均单只基金的募资规模相对较小，因此，中资基金总体投资规模仍落后于外资基金。

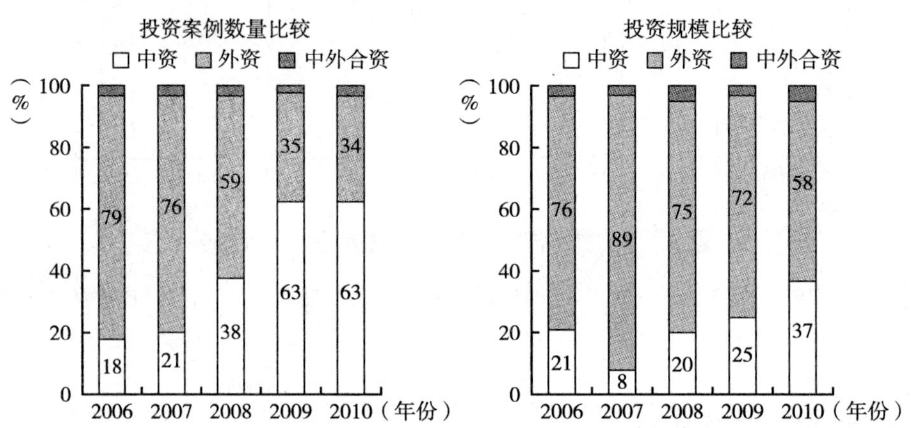

图4－10　2006～2010年中国创投市场中外资投资比例比较

资料来源：ChinaVenture：《2010年中国创业投资及私募股权投资市场统计分析报告》，2011，第31页。

以2010年创业投资的资金来源分析，外资基金投资案例为275起，投资金额达到32.67亿美元，分别占比为34%和58%。中外合资基金投资案例为22起，投资金额2.64亿美元，分别占比为3%和5%。从平均单笔投资金额来看，外资和中外资基金的平均单笔投资金额较高，分别达到1189万美元和1207万美元，而中资基金的平均单笔投资金额仅421万美元。①

从不包括创投基金在内的私募股权投资市场的投资情况来看，中外资基金所占比例的发展趋势与创投市场一致。如图4－11所示，投资案例数量上2009年以来，外资基金已经落后于中资基金，其所占

① ChinaVenture：《2010年中国创业投资及私募股权投资市场统计分析报告》，2011，第30页。

比例从2006年的82%大幅下跌到2010年的33%。投资规模上外资投资规模仍占据半数以上，但以近几年的发展态势来看，其所占比例已从2006年的89%下降到2010年的55%，中资基金投资规模超越外资基金已成为必然趋势。

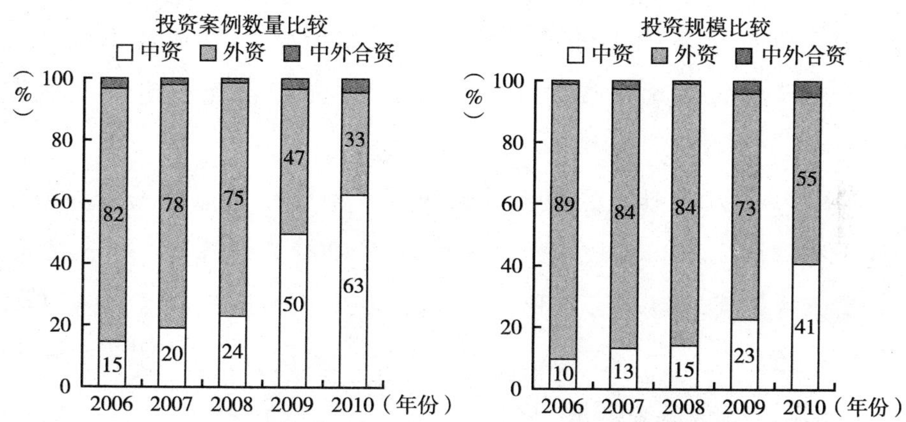

图4-11　2006~2010年中国私募股权投资中外资投资比例比较

资料来源：ChinaVenture：《2010年中国创业投资及私募股权投资市场统计分析报告》，2011，第45页。

以2010年私募股权投资的资金来源分析，外资基金投资案例为124起，投资金额达到106.51亿美元，分别占比为33%和55%。中外合资基金投资案例为14起，投资金额9.1亿美元，分别占比为4%和5%。从平均单笔投资金额来看，外资和中外资基金的平均单笔投资金额较高，分别达到8583万美元和6676万美元，而中资基金的平均单笔投资金额仅3393万美元。①

由于中国经济的持续平稳快速发展，中国市场还是深受外资基金的青睐。如黑石亚太区主管Michael Chae在路透2012投资展望峰会上就宣称，该基金2012年在亚洲投资的首选地是中国和东

① ChinaVenture：《2010年中国创业投资及私募股权投资市场统计分析报告》，2011，第45页。

南亚。他还表示，对中国和亚洲新兴市场的投资来说，消费是主要领域。

案例4-5 淡马锡“曲线”入股海澜之家 6年回报或超200倍

尽管A股低迷，但并不妨碍海外机构青睐，新加坡主权投资基金——淡马锡对于中国拟上市公司的投资在悄无声息中衔枚疾进。

2012年3月8日，证监会网站披露了海澜之家服饰股份有限公司（下称海澜之家）招股书，本次拟发行4900万股募资10.63亿元，同时也暴露了淡马锡、哥伦比亚大学等海外机构曲线投资中国A股市场的路径。

“借道”合伙基金入股

海澜之家招股书显示，2007年2月5日，江阴海澜之家服饰有限公司（下称海澜服饰，即海澜之家前身）召开第一届董事会第十次会议，决议增加新股东国星集团有限公司（下称国星集团）、荣基国际（香港）有限公司（下称荣基国际）、海澜国际贸易有限公司（下称海澜国贸）、上海挚东投资管理有限公司（下称挚东投资）。海澜服饰的控股股东海澜集团有限公司将其持有的公司4%、1%、5%的股权分别转让给国星集团、挚东投资、海澜国贸，分别作价人民币440万元、110万元、550万元；另外，原股东成亨投资分别将其持有的公司5%、35%的股权，转让给国星集团、荣基国际，分别作价港币550万元、港币3850万元。转让完成后，国星集团持有了海澜服饰9%的股权，而国星集团背后正是淡马锡、哥伦比亚大学等机构在实际控制。

同年6月21日，海澜服饰变更为海澜之家服饰股份有限公司，国星集团变更为持有其900万股，持股比例依旧为9%。

2009年11月5日，海澜之家以2009年9月30日的税后未分配利润中3.4亿元转增股本，国星集团持股达到3960万股，持股比例不变。招股书显示，国星集团是依据英属维尔京群岛相关法律、依法设立的有限公司，其实际控制人为Trustbridge Partner I，LP。

Trustbridge Partner I，LP是设立在开曼群岛的有限合伙制基金，The Trustees of Columbia University in the City of New York（哥伦比亚大学）和Dunearn Investments（Mauritius）Pte Ltd（新加坡淡马锡投资基金）分别持有25%。

对于引入淡马锡等合伙制基金，海澜之家并没有披露具体原因。一位从事多年PE工作的私募人士认为，对海澜之家来说，淡马锡这种国家主权基金的介入既是对其公司的看好，亦可以利用淡马锡在全球影响力来提高企业的国际知名度，“让出部分股权，能换来全球知名度，这比打广告划算多了”。

“掘金中国”提速

按国星集团当时投入的900万元计算，其目前持有海澜之家3960万股，每股成本仅约0.23元，而截至2011年末，海澜之家每股净资产已经达到了2.71元，相对于当时投入的资本，国星集团已增资了逾10倍。

上海一位券商保荐人给记者算了一笔账，按海澜之家2011年每股收益1.59元，以及中小板平均发行市盈率30倍推算，其每股发行价在47元左右，“这对于淡马锡来说，至少是200倍的回报”。

招股书显示，国星集团退出时间是在上市12个月之后，假设海澜之家今年上半年能够完成上市，那么其2013年上半年就可以退出。

“对于淡马锡来说，其等于是通过合伙制基金控制着国星集团25%的收益，也就等于间接持有海澜之家990万股的股权。”上述券商保荐人告诉记者，如果海澜之家真的能发到47元以上，对于淡马锡来说，至少赚了4个多亿。

这并非淡马锡曲线投资中国PE市场的个案，其此前也曾出现在3月2日过会的无锡华东重型机械股份有限公司（下称华东重机）中。华东重机招股书显示，2010年10月1日，外方股东迈尔斯通将持有的28.295%股权以1419万美元价格转让给Jiuding Mars；将其持有的2.125%股权以107万美元价格转让给Vertex China。而Vertex China是淡马锡间接100%控制的公司，另外，淡马锡还是Jiuding Mars的有限合伙人和资金提供者之一。

对于引入淡马锡等海外机构，华东重机表示，公司未来几年将重点扩展至东南亚等海外市场，引入新加坡主权投资基金淡马锡控股旗下Vertex China以及Jiuding Mars将有助于发行人在东南亚等海外地区扩大影响。

和淡马锡一样，哥伦比亚大学在此前亦曲线入股了锦富新材。Trustbridge Partner I，LP的管理者是上海挚信投资咨询有限公司，该公司为挚信资本有限公司（下称挚信资本）100%控股。其不仅为淡马锡、哥伦比亚大学等海外机构的合伙基金找到了海澜之家，亦为哥伦比亚大学找到了锦富新材。锦富新材招股书显示，挚信资本管理的Trustbridge Partners I，LP亦是在开曼群岛注册的合伙制基金，该基金当年通过控制迪贝高分子有限公司持有其2212.50万股，而哥伦比亚大学在该基金中的出资占比为24%。

上述私募人士坦言，A股市场IPO的“造富神话”，加速了淡马锡等国家主权基金在中国的投资速度，“它对中国的投资仅次于其在新加坡的投资。据我了解，淡马锡今年一月募集了一只19亿美元的新基金，主要投资中国私营企业及中小型企业，对于中国本土PE来说，竞争将更为激烈”。

资料来源：韩迅：《淡马锡“曲线”入股海澜之家　6年回报或超200倍》，http://news.chinaventure.com.cn/2/20120313/78650.shtml，2012-03-21。

四　信用环境

中国私募股权产业所处的信用环境极差，一方面 PE 自身的信用缺失，有可能对中国私募股权产业安全形成极大的负面影响；另一方面 PE 所投资的企业也常因商业欺诈、弄虚作假、合同违约、偷税漏税、虚假广告等问题出现信用危机，进而影响到整个产业的安全。

1. PE 信用状况

目前，中国并没有建立社会信用体系，因此也就从客观上制约了现代信用经济的发展，尤其不利于信托业、基金业的成长。从国际上来看，对于依托信用关系建立起来的 PE 而言，良好的信用关系才是其良性发展的根本保障。美国等西方国家已经形成了“信用”、“诚实”为基础的信用运行机制，有利于私募股权产业的健康发展。而在中国则缺乏完善的信用制度，特别是缺乏对不良信用行为的惩戒机制和相关的立法保障，这无疑加大了基金投资人的投资成本和风险，也阻碍了 PE 的进一步发展。根据国家工商总局的统计，中国企业因为信用缺失而导致的直接和间接经济损失占到全国 GDP 的 10% ~ 20%。因此，信用管理机制的缺失可谓是当前中国私募股权产业安全的一大隐患。

中国国内近年来新出现了“PE 腐败”等现象也可以说是在信用缺失情况下的产物。“PE 腐败”指的是私募股权投资中出现的腐败现象，通常有突击入股、突击转让股权和代人持股等表现形式。尤其是 2010 年以来，上市企业持续爆出突击入股的内幕，如东富龙、安居宝数码、天顺风能等，在企业 IPO 前夜突击入股，解禁期后快速获得数十倍的投资回报，都引起了舆论的热议。突击入股的可以是看似和拟 IPO 公司不相干的 PE、公司法人、自然人，也可以是保荐机构的直投公司，还可以是拟 IPO 公司的高管们。这些机构或个人能够通过突击入股从中牟取暴利，主要是由于创业板开板以来，其潜在的利益诱惑驱使着投资者突击入股以牟取暴利，使得创业板越来越远离投资者的信任。而这一现象的存在对中国证券市场和私募股权产业的发展都将产生极大的负面影响，有可能毁掉整个中国证券市场的信用，并制约中国私募股权产业的良性发展。

案例4－6　高盛PE丑闻

中国国内券商PE直投试点直到2009年5月才真正大规模放开。然而高盛早在三四年前、甚至更早时间就已经在国内畅通无阻。

2007年7月12日，被誉为中国矿业明珠和资源之王的西部矿业隆重上市，这是高盛首例A股上市公司PE股权投资案例。仅仅一年前的2006年7月20日，高盛以每股3元的价格从西部矿业前股东东风实业公司受让3205万股。2007年4月8日，西部矿业召开2006年年度股东大会，决议以2006年12月31日该公司股份总数32050万股为基数，以资本公积金按每10股转增12股，以法定公积金按每10股转增3股，以未分配利润按每10股送红股35股等方式大比例向全体股东送股。转增和送红股后，高盛持有西部矿业的股权，从3250万股猛增至19230万股。

2009年3月5日，西部矿业发布公告，称2008年8月7日至2009年3月3日，Goldman Sachs Strategic Investments（Delaware）L. L. C.（下称Goldman Delaware）通过上海证券交易所集中交易系统出售所持西部矿业公司119150000股股份，所减持股份占公司总股本的5%。该次减持后，高盛仍持有公司股票73150000股，占总股本的3.0697%。若按减持期间市场均价8.67元计算，高盛累计套现10.3亿元。

高盛大规模减持之时，恰逢全球金融危机爆发、A股市场雪崩，西部矿业股价亦从历史最高价68.5元最低跌至5.30元，许多人认为

高盛是在割肉大甩卖。实则不然，高盛持股西部矿业1.923亿股的全部投资成本只有9610万元，以减持市值和持股成本计算，单单西部矿业5%股权减持就已全部回收投资，且取得了投资回报高达974.3%的惊人暴利，而此时中国股市的投资者却是伤痕累累、哀鸿遍野。

有业内人士测算，在享受西部矿业现金支付股利和超大比例送转增股后，高盛每股投资成本仅为0.34元。

西部矿业上市前超大比例赠股分红大有将公司榨干吃净之嫌，不仅如此，高盛在突击参股西部矿业的过程中还存在明显的蹊跷之处。

《西部矿业股份有限公司首次公开发行上市招股说明书》公开披露信息显示：2006年7月20日，东风实业公司（下称东风实业）与Goldman Delaware签订了《股权转让协议》，东风实业公司同意将其持有的本公司的10%股份共计3205万股转让给Goldman Delaware。

但高盛集团有限公司全资子公司Goldman Delaware直到2006年7月24日才根据美国特拉华州法律注册成立，一家公司尚未合法存续便在中国境内大举收购A股上市公司股权。儿子比父亲更早面世，此举着实令人侧目，人们不禁要感慨高盛的手眼通天。

高盛在受让西部矿业股权方面还存在明显的利益输送。

东风实业为2003年西部矿业首次定向增发时的9家投资者之一，该公司以每股3元的价格认购了3250万股。然而到了2006年7月，东风实业居然在西部矿业上市前夜按原价一分钱不赚地悉数转给高盛。

在西部矿业上市前，除了高盛从东风实业受让股权外，还有多起股权转让事件发生，高盛受让股权价格明显低于其他股东受让价格。

2006年7月5日，维维集团股份有限公司将全部股权转让给上海尚安实业有限公司，每股转让价为7.9元；2006年7月7日，湖北鸿俊投资有限公司将股权转让给北京安瑞盛科技有限公司，每股转让价为9.06元；2006年8月31日，公司设立发起股东之一鑫达金银开发中心将股权转让给北京安康桥投资有限公司，转让价格是每股10.5元；2006年9月1日，华宝信托将其全部股权（实际受益人为公司第一大股东西矿集团3303名内部员工，2004年6月11日以每股3元价格从西矿集团收购西部矿业10%共计3205万股股权）转让给西矿集团的价格是8.69元。

东风实业为一家在中国香港注册的公司，西部矿业在招股说明书中并未披露背后的实际控制人是谁，该控制人与西部矿业、高盛之间是否存在关联关系外界也一概不得而知。

业内人士对此分析结论为，东风实业和高盛之间的交易显示出双方存在非同一般的利益关系，存在两种可能：一是东风实业公司本身就是高盛集团完全控制的影子公司，需要在公开上市前翻牌；二是东风实业公司和高盛集团之间存在特殊利益约定，如果前者不受后者控制，那么交易双方的动机将十分明确，就是高盛为东风实业公司偷逃增值税、所得税提供便利。

然而，这还不是高盛参股西部矿业最严重的问题，更为严重的是，高盛从东风实业手中受让的股权涉嫌不当获利，东风实业于2003年参与西部矿业定向增发涉嫌违规增发、国有资产贱卖。

2003年，西部矿业与东风实业等9家境内外投资者签署《西部矿业股份有限公司定向增资扩股合同书》，由其认购西矿定向增发的共计19000万股新股，认购价格为每股3元。

西部矿业定向增发聘请的资产评估中介机构为北京中科华会计师事务所有限公司（下称中科华），资产评估基准日为2003年6月30日，2003年11月28日中科华向西部矿业出具的《资产评估报告书》（中科华环评报字［2003］052号）。

然而，耐人寻味的是，中科华的评估报告直至2006年9月29日

才被青海省国资委以青国统［2006］194号文及所附《国有资产评估项目备案表》追认评估行为有效，增资扩股完成在先，国资主管部门追认在后，其中有什么猫腻呢?

原来是西部矿业定向增发根本没有严格履行《国有资产评估管理办法》，办法明确规定：国有资产评估按照申请立项、资产清查、评定估算、验证确认程序进行；国有资产管理行政主管部门应当自收到占有单位报送的资产评估结果报告书之日起四十五日内组织审核、验证、协商，确认资产评估结果，并下达确认通知书。

而资产评估报告的有效使用期限仅为一年，青海省国资委事后追认的评估结果早于2004年11月29日失效，有谁保证如此履行国有资产评估有关规定，不会令国有资产不被低估贱卖呢。

让人震惊的是，不仅西部矿业定向增发没有完全履行国有资产评估管理规定，连其聘请的资产评估中介机构中科华也存在着很大的问题，不但没有矿权评估资格，甚至对西部矿业国有资产评估存在重大遗漏。

2003年西部矿业运作定向增发时，中科华负责整体资产、负债和净资产的价值评估，其对西部矿业无形资产价值评估的具体方式如下：截至2003年6月30日止，西部矿业无形资产账面价值为8004.9万元，调整后账面价值8004.9万元，评估值8004.9万元。

记者当时调查发现，截至2007年7月23日，国土资源部和中国矿业评估协会网站公布的《矿业权评估机构78家》及《中国矿业权评估师协会执业会员单位名录》中，都没有中科华。

《探矿权采矿权评估管理暂行办法》及《矿业权出让转让管理暂行规定》：转让国家出资形成的探矿权、采矿权，必须依法进行评估，并由国务院地质矿产主管部门对其评估结果依法确认；探矿权、采矿权出让是指探矿权、采矿权登记管理机关向申请探矿权、采矿权的民事主体授予探矿权、采矿权的行为；各级地质矿产主管部门按照法定管辖权限出让国家出资勘察并已经探明矿产地的矿业权时，应委托具有国务院地质矿产主管部门认定的有矿业权评估资格的评估机构进行矿业权评估。

记者还曾就将无形资产账面价值作为评估值是否合理向国土资源部法律、法规专线咨询，有关专家对此答复是，“评估机构在对矿权进行评估时不能简单将账面价值转成评估值，这样做不属于合理评估”。

改制上市明显存在硬伤的西部矿业竟然能顺利通过证券发审委、中国证监会审核，这是不是与高盛特殊身份有关呢？

高盛私募股权投资丑闻还不止涉及西部矿业这一家，近期被中国证监会立案调查的双汇发展亦与高盛有染，战略投资者高盛早在2007年就曾大幅减持股份，双汇发展直至2009年12月14日才对外发布澄清公告。

高盛参股双汇发展以后，从2003年到2008年，双汇发展的营业收入和净利润增长率分别是262.28%和160.46%，但同期其总资产和股权权益仅分别为43.50%和38.47%。自2004年起已经连续四年分红超过利润的60%，其中以2006年与2007年最甚，分红方案均为每10股派8元，其中2006年现金分红41084.4万元，2007年现金分红48479.59万元，分别占当年合并报表净利润88%和86%。2008年比例有所回落，每10股派6元，但仍占净利润52%。

双汇发展的分红方式与西部矿业上市前股份疯狂扩张的做法如出一辙，不管在什么情况下，高盛总能以各种方式令其在华投资利益膨胀到极致。

入主双汇发展前，高盛已拥有双汇在肉制品领域的最大竞争者雨润食品集团的13%股权，如若收购双汇发展成功，将意味着高盛同时拥有中国两大肉制品集团股份，当时业内人士一致担心，收购双汇之后，高盛更将进一步“独霸”中国肉类加工业，商务部原条法司

副司长郭京毅则变相力挺高盛，“不是每个行业都涉及经济安全，一家火腿肠生产企业的并购，与经济安全的关系不大”。

高盛收购双汇会否独霸中国肉类加工业已经不再重要，重要的是，高盛收购双汇这一潜在威胁垄断中国肉类加工业的举动得以被商务部顺利审批，其中原因耐人寻味。

资料来源：朱益民：《高盛中国二十年“魅影”追踪》，《21世纪经济报道》，2010年4月30日。

案例4-7　国信证券曝PE腐败案

2010年5月26日，国信证券内部发出通报，原投行四部总经理李绍武在执业过程中违反法律法规、中国证监会相关监管规定及公司规章制度，严重违反了公司劳动纪律，对其予以开除处理，并解除劳动合同。李绍武沉船的原因是通过隐蔽方式持股保荐项目，即PE腐败。而就在通报的两个月前，原国信证券投行副总裁、跳槽至中信证券担任投行部执行总经理的谢风华，因为涉嫌内幕交易东窗事发，以休假之名潜逃香港后，一去不复返。导致谢案发的是其在负责ST兴业重组项目期间，涉嫌内幕交易（利用内幕信息让其亲戚朋友买卖ST兴业股票，并且还在自己的电脑上通过其堂弟的股票账户交易ST兴业股票）。国信证券投行负责人表示，国信证券将坚决杜绝类似事件的再次发生。此外，该公司已对保荐项目是否存在违规参股情况进行了核查。

国信证券投行部门员工李绍武的配偶持有国信证券保荐的相关公司股份，这有悖于作为证券从业人员应有的诚实守信的职业操守。国信证券在得知这一情况后，第一时间对李绍武予以停职，即刻进行全面调查，并同时将情况上报监管部门。

据介绍，李绍武原为国信证券投资银行事业部下属的一个业务部门总经理，在国信证券2007年保荐上市的一个项目中，其配偶持有项目公司5万股股份。作为证券从业人员，李绍武未对此情况予以披露和报告，违反了公司纪律和管理规定。2009年底至2010年初，国信证券投资银行事业部对下属业务部门进行绩效评估和考核，发现李绍武所在部门业绩下滑，拟对其职务进行调整，在对其部门承做项目的风险情况进行全面核查过程中，根据员工反映，及时发现了上述问题。此后国信证券立即对李绍武作了停职处理，并对此事进行了全面调查，同时及时向监管部门作了专门汇报。

在事实调查清楚后，国信证券即对李绍武作出了开除并解除劳动合同处理决定。国信证券投行负责人对记者表示，国信投行是一支水平高、素质好、能征善战的队伍，该公司之所以对此事件第一时间即作出严肃处理，就是为坚决杜绝类似事件的再次发生。

据记者了解，国信证券在作出上述处理后，针对投行工作的实际情况，采取了一系列管理措施：切实控制风险，包括建立了投行业务人员及其亲属信息库，以进行利益冲突核查；同时由风险监管、合规管理等部门共同组成专项核查小组，对公司保荐项目是否存在违规参股情况进行了核查；此外，投资银行事业部加强了对内部员工的教育培训，增强员工合规、诚信意识，以杜绝类似问题再次发生。

上海某从事投行业务的大型律所合伙人向《时代周报》直言，“PE腐败现象在行业内是比较普遍的”。该人士介绍，谢、李二人所使用的方式是业内典型操作模式：一是利用承接IPO项目的便利性，在项目上市前通过关联人入股，上市后套现；二是利用担任重组上市公司财务顾问的角色，自身或关联人在二级市场提前买入股票，高位套现。

“投行人士”这个券商所有业务中核心而神秘的人群，因为业务的专业和信披要求，一直很神秘，难被外界所了解。而一个保荐项目“跟完”，给券商带来数千万元承销费用、为上市公司带来数十亿元募集资金、给自己带来百万元的业绩奖金，等等，都暗示这个“金

领”职业背后，还存在着更大的利益诱惑和取得这些诱惑的便利条件：隐秘、高度专业化、自律监管等，都是滋生腐败的最佳温床条件。而谢风华、李绍武案件的曝光，或将引发监管层面随之而来的更为严厉的整肃风暴。

资料来源：东方财富网：《国信证券曝 PE 腐败案》，http：//topic. eastmoney. com/guosen/，2012 - 03 - 22。

案例 4 - 8　环球印务涉嫌 PE 腐败关联企业位列第一大客户

证监会的公告表明，证监会主板发审委定于 2012 年 1 月 6 日审核西安环球印务股份有限公司（以下简称环球印务）首发申请。环球印务本次拟发行 2500 万股，发行后的总股本不超过 1 亿股，拟于深交所上市。环球印务是一家医药纸盒包装产品独立供应商。主营业务为医药纸盒包装产品的设计、生产及销售，并兼营酒类、食品彩盒和瓦楞纸箱业务，其中以供制药企业高速自动包装线使用的高品质药品包装折叠纸盒为主要产品。

21 世纪网发现，环球印务的保荐人为第一创业摩根大通证券，公司并列第三大股东北京晶创合创业投资有限公司（以下简称晶创合）的实际控制人为 2011 年 1 月离职的第一创业证券董事丁志钢。而作为环球印务第一大股东陕西药业持股比例为 65%，且近几年来，陕西医药旗下多家企业一直与环球印务进行关联交易，占环球印务营收比约 7% ~9% 之间。

涉嫌 PE 腐败

环球印务招股书显示，晶创合拥有公司 10% 股权，仅低于陕药集团与香港原石，与比特投资持有的股权数持平。

对于晶创合的背景，环球印务的招股书给予了详细的介绍。晶创合持有环球印务 750 万股股份，占公司总股本的 10%，公司法定代表人为丁志钢。股东构成为水晶投资有限公司持股 55%；步森集团有限公司持股16%；查力强持股12%；寿彩凤持股9%；徐林元持股8%。水晶投资有限公司为晶创合的控股股东。

据悉，水晶投资有限公司的大股东为中嘉信达投资有限公司，持有77.5%的股权。丁志钢持有中嘉信达投资有限公司64%的股权。因此，晶创合的实际控制人为丁志钢。

丁志钢的简历介绍如下：2008年10月至2011年1月任第一创业证券有限责任公司董事；2003年12月至今任中嘉信达投资有限公司董事长、总经理；2006年1月至今任水晶投资有限公司董事长、总经理；2006年6月至今任北京世纪创元投资有限公司董事长、总经理；2009年5月至今任晶创合董事长、总经理。正是在丁志钢任职于第一创业证券时期，晶创合成功入股环球印务，且价格极为便宜。

资料显示，2010年2月28日，香港原石分别与比特投资、晶创合签订《股权转让合同》，约定香港原石向比特投资、晶创合各转让750万股股份，转让价款均为1500万元，每股价格仅为2元，与其相对的是2010年，环球印务的每股收益为0.43元，市盈率不到5倍。

目前A股同类公司中，合兴包装市盈率为29倍，陕西金叶39倍，盛通股份38倍。若环球印务成功上市，晶创合投资收益有望超过6倍。

对此，大连国创投资管理有限公司投资总监岳阳表示，第一创业摩根大通证券是环球印务的保荐人，晶创合入股环球包装时丁志钢为第一创业证券的董事。由此看来，环球印务保荐机构独立性有待商榷，不排除有PE腐败之嫌。

关联交易频现

陕药集团不仅是环球印务的第一大股东，也是其大客户之一。虽然在招股书中环球印务不断强调其业务具有独立性，但是21世纪网

发现，近年来，环球印务与其大股东下属企业的关联交易不断。招股书显示，陕药集团下属的西安杨森一直是环球印务的大客户。

2008 年，环球印务与西安杨森交易额为 1969 万元，占营业收入 8.6%，2009 年交易额为 1981 万元，占营业收入 7.67%。2010 年，环球印务与西安杨森的交易额为 2260 万元，占营业收入 7.28%。2008 年、2009 年和 2010 年，西安杨森均为环球印务第二大客户。2011 年 1~6 月，交易额达 1480 万元，占营业收入比例为 8.58%，成功跃居环球印务第一大客户。

除西安杨森外，陕药集团旗下的其他医药企业也与环球印务发生了不少的关联交易。2010 年，海欣制药与环球印务交易额达 35 万元，2011 年上半年为 34.9 万元；正大制药 2010 年与环球印务交易额为 58 万元，2011 年 1~6 月为 22 万元，陕西天宁制药 2010 年与环球印务关联交易额为 54 万元，到 2011 年上半年交易额是 37 万元。

招股书显示，2010 年环球印务与上述四家企业关联交易额为 2409 万元，占营业收入比为 7.76%。而到了 2011 年上半年，关联交易额占比继续增加，达到了 9.13%。

岳阳表示，目前证监会对于关联交易的态度是规范并减少持续性关联交易，偶发性的关联交易只要程序合法、定价公允，问题不大。反观环球印务与陕药集团却与此趋势相背，双方关联交易持续数年，且占比较大，对环球印务业绩具有一定的影响。

资料来源：陆晓辉：《环球印务涉嫌 PE 腐败关联企业位列第一大客户》，http://www.21cbh.com/HTML/2012-1-4/5NMzA4XzM5MzI5NA.html，2012-03-22。

2. 被投资企业信用状况

在中国企业整体信用缺失的状况下，PE 在选择企业投资后如何不因为企业偷税漏税等信用危机而影响自身发展，成为了当前有可能影响中国私募股权产业安全的因素。

目前，中国市场上企业的信用缺失主要表现在商业欺诈、弄虚作假、合同违约、偷税漏税、虚假广告等问题上。此外，一些 PE 通过投资虚假企业或与企业合谋，故意产生投资失败，从中牟取利益。这也意味着，一旦被投资企业因丑闻曝光而深陷信用危机之中，投资该企业的 PE 也会在企业管理乃至未来退出中面临难题，甚至影响到整个私募股权产业的健康有序发展。

例如，由于中国食品安全事件频发，造成人们对食品行业的信心丧失，进而产生了整个食品行业的诚信危机。面对大量的食品类负面新闻，大大增加了食品类行业的投资风险性，也使得投资资本对食品市场的信心严重受损。根据清科研究中心的调查显示，2005 ~2011 年上半年，已经披露的中国食品行业的投资事件为 159 起，其中已经披露投资金额的投资案例为 127 起，披露的投资金额总额为 47. 20 亿美元，平均投资金额为 3716. 45 万美元。由于中国食品行业企业诚信缺失，食品安全问题时间频频被曝光，导致 2011 年上半年，中国食品饮料行业的投资事件锐减（如图 4 -12）。

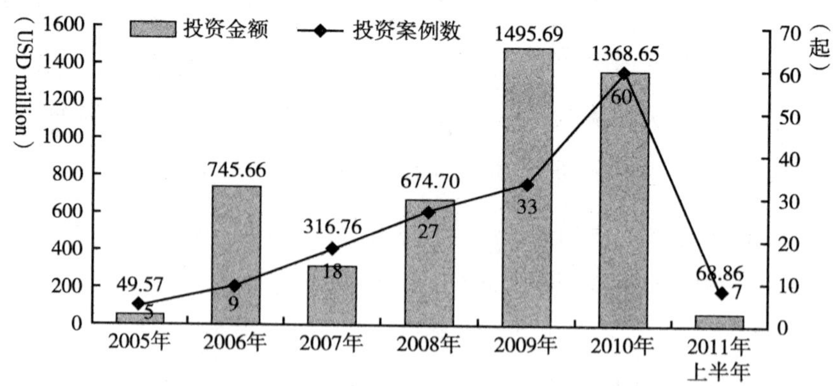

图 4 -12　2005 ~2011 年上半年中国食品饮料行业投资情况

资料来源：清科数据库，2011 年 7 月。

案例4－9　亚洲互动传媒上市一年就退市

——创投资本处境尴尬

由于大股东挪用资金，在日本东京证券交易所上市仅一年有余的亚洲互动传媒被追究刑事责任，并被勒令摘牌退市。依靠红杉资本的力量，亚洲传媒成为登陆东交所的“中国第一股”；而由于公司治理的恶化，在戴上短暂的光环后不久，亚洲传媒无奈地与资本市场作别。

2008年8月19日，东京证券交易所在结束了一天的交易之后，发表声明，让名义上设在百慕大群岛的亚洲互动传媒公司最晚在9月20日退市。原因是该公司总裁崔建平挪用了公司资金。

2008年6月3日，亚洲互动传媒在其日文网站上发布信息称，第一大股东兼CEO崔建平在未得到公司董事会同意的情况下，将亚洲互动传媒全资子公司北京宽视网络技术有限公司1.069亿元人民币的定期存款设定为对海豚科技债务的担保，而海豚科技共从银行贷款了1.03亿元人民币，全部被用来偿还崔建平的个人债务。6月23日，崔建平辞去CEO职务，亚洲互动传媒任命其驻日本代表马克和为CEO。2008年8月4日，亚洲互动传媒有限公司发布公告：前任CEO崔建平正在新的经营团队的监督下，全面协助必要业务迅速且顺利地交接。

日本媒体曾有评论称，崔建平擅自挪用上市公司资金，说明在个别中国企业家中，只是把公司上市当做是个人发财的机会，同时根本不知道公司上市意味着什么。

创投资本处境尴尬

亚洲互动传媒能够在东交所上市，红杉资本“功不可没”。2002年，崔建平创办了北京宽视网络公司，开始从事TVPG业务。2004年7月，亚洲互动传媒在英属百慕大群岛设立，股权受让后，宽视网络成为亚洲互动传媒的子公司。

2005年10月，红杉资本进入亚洲传媒。此后，日本不少大公司也相继向其投资，包括日本最大的广告公司电通、日本最大的卫星通信公司JSAT、伊藤忠商事、NTT移动通讯公司以及JCD公司。

事实上，亚洲传媒是张帆与沈南鹏成立红杉资本中国基金之后主导投资的第一个项目。2007年4月，亚洲传媒在东京证券交易所上市，给张帆带来了近7倍的投资回报。

到上市前，红杉占亚洲互动传媒总股本的11.56%，张帆亦任亚洲互动传媒的董事。2008年5月红杉套现1.34%股份，目前仍持有亚洲传媒9.19%的股份，为其第二大股东。第一大股东是创办人崔建平，持有36.65%的股份。

上市之后，亚洲互动传媒的股价由发行价640日元迅速上涨，在最初6个交易日就实现股价翻番。5月8日，亚洲传媒收盘价达1238日元，7月中旬甚至一度摸高至2055日元。

曾有PE界人士表示："投资人不像其他领域一样可以有一个量化的指标。况且人是会变的，在你投时或许是诚信可靠的，但这并不能保证他长久如此。"

亚洲传媒姗姗来迟的2007年财务报告显示，由于发生了挪用事件，因此将公司的债务担保金计提1416.4万美元。而考虑到CEO辞职产生的后续影响，公司又对资产进行了重估，对TVPG业务的呆账计提693.2万美元，最终亚洲传媒在2007年度亏损2930.3万美元。

事后张帆在接受记者采访时说，作为投资人，所投下的资金当然是有风险的，但以往的失败将使我们更加清晰地认识到，在推动知名企业快速成长和发展的过程中，投资人需要格外小心谨慎。

就风险投资来说，概念上，上市意味着最终修成正果，而就亚洲互动传媒来说，故事似乎才刚刚开始。如果一个商业模式证明是可行的，但是经理人出了问题，那么投资经理人在接下来将如何维护基金

持有人的利益和基金在资本市场的说服力呢?

资料来源:陆洲:《亚洲互动传媒上市一年就退市——创投资本处境尴尬》,《上海证券报》,2008年9月1日。

案例4-10 全球最大PE凯雷再触雷:江苏圣奥陷税务丑闻

2011年7月,全球最大的PE凯雷持有40%股份的江苏圣奥爆出税务丑闻,涉嫌漏逃所得税。当地国税部门证实,江苏圣奥子公司浙江兰溪钱塘合成新材料有限公司涉嫌获利转移。江苏圣奥是凯雷在国内唯一居于大股东地位的投资企业,因此,奉行占小份额股权进行财务性投资的凯雷不得不面临一家大型化工企业的管理难题。而江苏圣奥的漏税问题已经是凯雷2011年来在中国踩爆的第3颗“雷”。

此前,在2011年1月26日,凯雷持有11%股份的港交所上市公司中国森林2010年亏损27.12亿元,宣布停牌。其首席执行官李寒春因涉嫌挪用460万美元公款被捕,公司会计和财务团队的几名成员则无法取得联络。

2011年3月14日,凯雷持有22%股权的肥料生产商艾瑞泰克因向投资者发布虚假信息被纳斯达克交易所紧急停牌。

但凯雷与圣奥的纠葛,与这两家公司不同。因为凯雷作为这家大型化工企业的股东,要承担管理责任。凯雷竞购圣奥股权时曾提出,帮助圣奥3年内上市,提供过桥资金帮助圣奥收购竞争对手美国Flexsys公司以及保留原有管理层。但凯雷2008年入主后不到1年,江苏圣奥前CEO王农跃、营销管理副总裁杜子斌、生产副总裁闻国强、总工程师冯晓根等高管都被免职。

目前江苏圣奥中的中高层管理者,包括兰溪公司原CEO顾勇在内也不过寥寥几人。一名不愿具名的圣奥高管向记者表示,凯雷进入江苏圣奥伊始,他认为凯雷只会关注公司的财务行为,做一个财务投资者，但其后公司高管的相继离开让事情变得复杂。更有前圣奥高管表示，凯雷彻底清理前管理者，是一次经济“斩首行动”选择产业龙头企业，通过并购获得其控制权，进而控制该产业某个地区的生产。目前江苏圣奥的管理层中，除了一名子公司CEO外，没有一名股东，这家市场占有率全球第一的民营公司已成为职业经理人的管理舞台。

多名江苏圣奥内部管理人员告诉记者，业绩最好的一年，是凯雷刚收购圣奥股份，且爆发金融危机的2008年。其后江苏圣奥便不再对外公布市场数据，只是仍以国内老大自居。但内部人士估计，江苏圣奥国内市场占有率已从60%下降到40%左右。江苏圣奥竞争对手也如雨后春笋般出现。

资料来源：王峰：《全球最大PE再触雷：江苏圣奥陷税务丑闻》，http：//www.21cbh.com/HTML/2011-7-14/3NMDY5XzM1MDQ3Nw.html，2012-03-22。

B.5

中国私募股权产业发展安全评价

一　发展环境

中国私募股权产业所处的发展环境日益改善。从中央层面看，相关监管部门先后出台一系列规范私募股权产业的法律、法规，加强对PE产业发展的指导和指引。而从地方层面来看，以京津沪为首的很多地方政府分别制定了各具特色的地方性法规和吸引PE落户的优惠政策，私募股权产业的政策环境与监管体系日趋完善。除了出台相关政策法规外，国家还逐渐放开社保基金、保险公司、证券公司投资PE基金的限制，推动中国PE产业筹资渠道多元化的发展。与此同时，中国多层次资本市场在经历了长期的探索后，取得了一定的建设成效。在上海和深圳的主板股票交易市场之外，先后成立了中小企业板和创业板市场，为PE基金提供了正规且合法的退出途径。同时，场外交易市场的建设也取得了初步发展。

但与此同时，必须看到，中国私募股权产业有关的法律、法规普遍缺少配套措施支持，操作性不强。而酝酿已久的《股权投资基金管理办法》至今仍未出台，使得PE在运作和管理过程中都缺乏法律依据和规范，制约了中国私募股权产业的进一步发展。机构投资者对PE的投资也还受到颇多限制，退出途径也比较单一，场外交易市场的建设有待进一步推进。并且，中国私募股权产业的区域分布极不平衡，东西部地区存在明显的地域性差异。这些问题都有可能对中国私募股权产业的进一步发展形成制约，甚至危及其发展安全。

1. 法律政策完备性

1999 年发布的《关于建立风险投资机制的若干意见》中明确说明“国家按照‘制定政策、创造环境、加强监管、控制风险’的原则，推进风险投资体系的建设”，这也为政府在中国私募股权产业发展中所扮演的角色进行了准确定位。从中央层面来看，相关监管部门先后出台了一系列的政策法规，对私募股权产业的发展起到了重要的指引作用。而从地方层面来看，以京津沪为首的很多地方政府，针对地方经济和社会环境的特点，制定了各具特色的地方性法规和吸引股权投资基金落户的优惠政策，大力推动本地区私募股权产业的发展。

如图 5－1 所示，1999 年以来，我国相继出台了一系列有关 PE 设立及税收优惠制度、外商投资的法律法规，如《合伙企业法》（修订）、《外商投资创业投资企业管理规定》、《创业投资企业管理暂行办法》、《关于促进股权投资企业规范发展的通知》等，表明中国已经具备了发展私募股权产业的基本政策框架，这些政策的出台也为中国私募股权产业的快速发展奠定了良好基础。

2011 年以来，从中央到地方都出台了一系列进一步规范私募股权产业的政策法规，在完善相关政策方面又迈进了一步。尤其是 2011 年 12 月 8 日，国家发改委发布了《关于促进股权投资企业规范发展的通知》，对在中国境内设立的从事非公开交易企业股权投资业务的股权投资企业（含以股权投资企业为投资对象的股权投资母基金）的运作和备案管理做出了规定。这是目前我国首个全国性股权投资企业管理规则，对股权投资企业设立、资本募集、投资领域、风险控制、信息披露、行业自律以及备案登记等方面都提出了规范要求。发改委发布的新规显示了加强监管和行业自律是未来中国私募股权产业发展的趋势。根据新规定，2011 年 1 月重启的 PE 备案试点工作（试点地区为北京、上海、天津、浙江、江苏和湖北）将扩大到全国范围，覆盖私募股权投资的全行业。在备案部门上，采用两级备

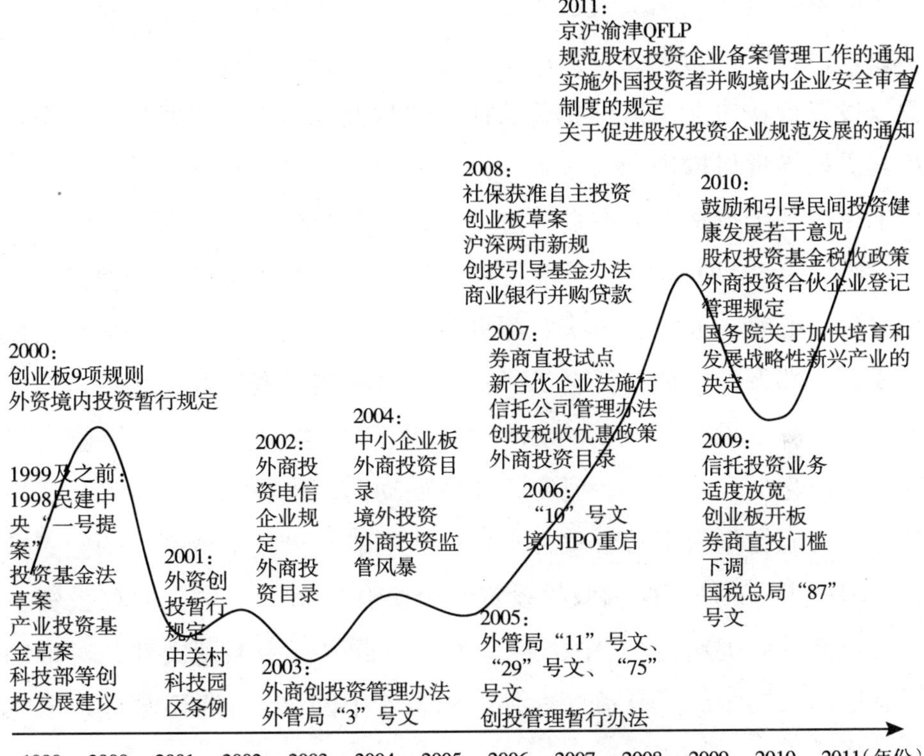

图 5－1　十三年政策环境引领市场发展

资料来源：根据倪正东《中国创投暨私募股权投资市场2011年前11月数据回顾》修改制成。

案制的方式，即股权投资企业的规模在5亿元以上的要在国家层面备案，资本规模在5亿元以下的在省级层面备案，向国家层级备案时地方部门还要协助进行初审。并要求除两种例外情况外，所有股权投资企业均应当在完成工商登记后的1个月内，申请到相应管理部门备案。此外，新规首次明确了股权投资企业的投资者人数，采取切实措施堵塞非法集资漏洞。《通知》规定股权投资企业的投资者人数应当符合《中华人民共和国公司法》和《中华人民共和国合伙企业法》的规定。投资者为集合资金信托、合伙企业等非法人机构的，应打通核查最终的自然人和法人机构是否为合格投资者，并打通计算投资者总数，但投资者为股权投资母基金的除外。新规还提出应组建全国性股权投资行业协会，依据相关法律、法规及本通知，对股权投资企业及其受托管理机构进行自律管理。由此可见，发改委新规的出台，有利于保护基金投资者的权益，进一步促进 PE 的规范发展。

2010 年 10 月 9 日，中国股权投资基金协会经过两年多的筹备，在北京、上海、天津、重庆、深圳、苏州六个地方政府支持下正式发起成立，邵秉仁担任首任会长。作为私募股权投资行业全国性自律组织，中国股权投资基金协会以促进行业环境建设、建立自律监管机制，维护会员合法权益、研究行业发展动向，培养相关专业人员、组织内外交流合作为宗旨，致力于促进我国股权投资基金产业的健康发展。2011 年 11 月，中国股权投资基金协会发布了《中国股权投资基金行业指导原则》，这是中国第一个行业自律行为准则文件，对推动行业自律发展做出了有益探索，也标志着中国 PE 行业逐渐进入成熟的发展阶段。

2. 筹资渠道多元化状况

近年来，在中国富有家族及个人投资者积极参与私募股权投资的同时，国家逐渐放开社保基金、保险公司、证券公司投资 PE 的限制，推动了机构投资者参与私募股权投资的发展，使得中国私募股权产业筹资渠道呈现出多元化的发展趋势。

根据清科研究中心发布的数据显示，截至 2011 年中国私募股权市场 LP 数量冲高至 4930 家，可投资于 PE 的资本总量达到了 7576. 31 亿美元。其中富有家族及个人投资者数量高达 2272 位，占比为 46. 1%，近乎占据 LP 市场半壁江山。从图 5 - 2 可以看出，目前中国私募股权产业呈现出筹资渠道越来越多元化的趋势，在富有家族和个人投资者之外，越来越多的机构参与到 PE 的投资中。其中，企业、私募股权投资机构、投资公司等规模中等的投资人活跃度较

高，分别有 960 个、345 个和 231 个，分别占 LP 总数的 19.5%、7.0%和4.7%。此外，政府引导基金、银行/信托机构、资产管理公司、上市公司、政府机构、公共养老基金、FOF、大学及基金会、保险机构、家庭基金、企业年金、主权财富基金等机构都参与到 PE 的投资中。

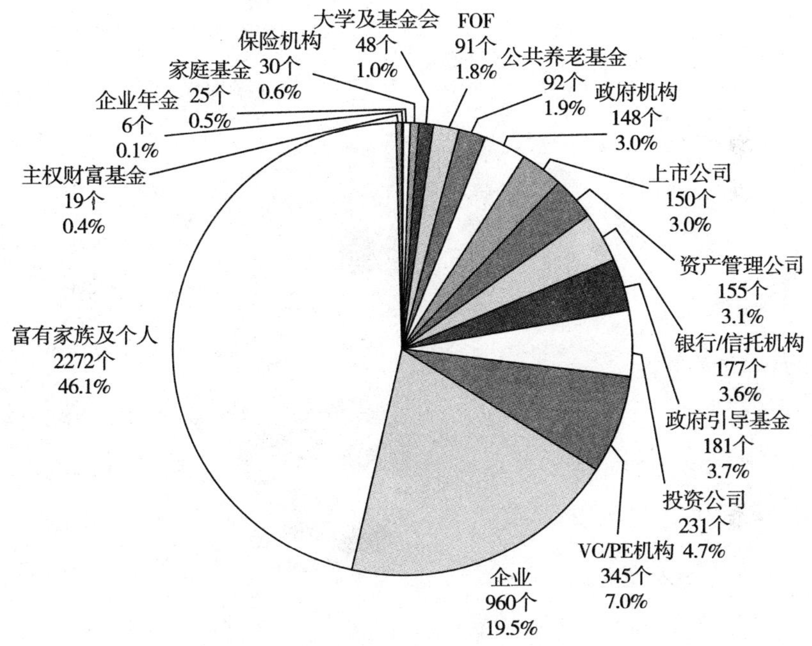

图 5－2　2011 年中国私募股权市场投资者类别比较

资料来源：清科研究中心：《2011 年中国私募股权投资市场 LP 年度研究报告》，2012。

根据清科研究中心统计的 LP 可投资本量方面，如图 5－3 所示，上市公司可投资本量突破 2000 亿美元，共计 2171.33 亿美元，占总量的 28.7%，居各类 LP 之首。除此之外，公共养老金以及主权财富基金的可投资本量也突破千亿美元，分别为 1544.48 亿美元和 1440.03 亿美元，各占可投资本总量的 20.4% 以及 19.0%。此外，作

为活跃的机构投资人，FOF 可投资本量共 444.43 亿美元，占 LP 可投资本总量的 5.9%。因此，尽管目前中国私募股权市场上，一些大型机构 LP 的参与度还比较有限，但是随着政策的不断放开，可以预见不久的将来，越来越多的机构投资者有可能参与到私募股权产业之中。

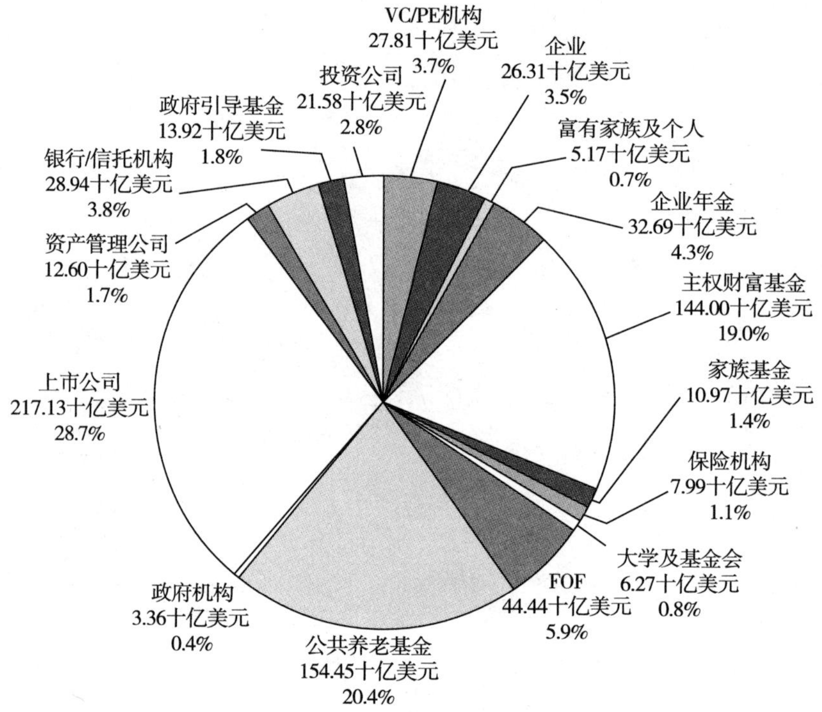

图 5-3　2011 年中国私募股权市场投资者类别比较（可投资本量）

资料来源：清科研究中心：《2011 年中国私募股权投资市场 LP 年度研究报告》，2012。

从近年来机构投资者对私募股权产业的参与情况来看，全国社保基金正在稳步扩大对 PE 的投资。全国社保基金经国务院有关部门批准从 2004 年开始展开对 PE 的投资，2004 年投资了中国—比利时直接股权投资基金；2006 年投资渤海产业投资基金。2008 年 4 月，经

国务院批准，财政部、人力资源和社会保障部正式明确了全国社保基金开展股权基金投资的相关政策，规定全国社保基金可以投资经发改委批准的产业基金和在发改委备案的市场化股权投资基金，总体投资比例不超过全国社保基金总资产（按成本计）的10%。按照上述投资政策，全国社保基金于2008年投资了弘毅投资产业基金和鼎晖股权投资基金。2011年全国社保基金加快了PE的投资，全年投资了5家大型的PE，总投资规模达70亿元人民币。其中新投资了3家PE，包括金浦产业、中信资本和宽带资本，并分别增资了联想投资和鼎晖二期的人民币基金。[①] 根据最新数字显示，目前全国社保基金规模已经达到9000亿元，可投资PE的资金规模约900亿元。而2004~2011年，社保基金共投资了13只基金（见表5-1），承诺投资金额达到195亿元人民币，占这些项目资金规模的31%。由此可见，全国社保基金对PE的投资距离可投资上限还有很大差距。

表5-1　全国社保基金股权基金投资组合基本情况

基金名称	投资时间	管理机构
中国—比利时直接股权投资基金	2004年	海富产业投资基金管理有限公司
渤海产业投资基金	2006年	渤海产业投资基金管理有限公司
天津弘毅投资产业一期基金	2008年	弘毅投资管理（天津）（有限合伙）
天津鼎晖股权投资一期基金	2008年	鼎晖股权投资管理（天津）有限公司
绵阳科技城产业投资基金	2009年	中信产业投资基金管理有限公司
北京君联睿智创业投资中心	2009年	联想投资顾问有限公司
北京和谐成长投资中心	2010年	和谐爱奇投资管理（北京）有限公司
北京弘毅贰零壹零股权投资中心	2010年	弘毅投资管理（天津）有限合伙
天津鼎晖嘉尚股权投资合伙企业（有限合伙）	2011年	鼎晖股权投资管理（天津）有限公司
天津诚柏股权投资合伙企业（有限合伙）	2011年	诚柏（天津）投资管理有限公司

① 卓建安：《社保70亿投资5家PE》，《香港文汇报》2012年2月9日，B3版。

续表

基金名称	投资时间	管理机构
君睿祺股权投资合伙企业(有限合伙)	2011 年	天津君联盛投资管理有限公司
中信(资本)天津股权投资合伙企业(有限合伙)	2011 年	中信资本(天津)投资管理合伙企业(有限合伙)
上海金融发展投资基金(有限合伙)	2011 年	金浦产业投资基金管理有限公司

资料来源：全国社会保障基金理事会，http：//www. ssf. gov. cn/tzyy/sytzdt/201202/t20120203_ 3578. html，2012 - 03 - 23。

早在 2006 年，中国保监会就已允许保险公司以股权投资方式参与基础设施建设以及参股商业银行。2010 年 9 月，保监会又发布了《保险资金投资股权暂行办法》，对保险公司参与股权投资的方式及资金规模做出详细规定，正式放开保险资金参与私募股权投资。2011 年 6 月，中国人寿保险股份有限公司通过了保监会投资能力现场检查验收，在保险业内率先完成了股权投资能力备案，成为国内首家拥有私募股权投资牌照的保险公司。这意味着保险资金投资 PE 进入了正式操作阶段，也意味着保险资金将继社保基金之后成为私募股权市场的生力军，进一步拓宽私募股权产业的成熟机构投资人渠道。

案例 5 - 1　保险资金私募股权投资开闸 2500 亿元整装待发

投中集团（ChinaVenture）按照 2010 年底保险行业资产总额计算，预计未来将有 2500 亿元可用于股权投资。其中，中国人寿集团可投资 PE 资金规模达到 888 亿元，居各保险公司之首，其次是平安保险集团和太平洋保险集团，可投资 PE 资金规模分别达到 586 亿元和 238 亿元。

按照《保险资金投资股权暂行办法》规定，保险资金可以直接投资企业股权或者间接投资企业股权，直接投资股权是指保险公司以

出资人名义投资并持有企业股权的行为；间接投资股权是指保险公司投资股权投资管理机构发起设立的股权投资基金等相关金融产品。此前，在国务院及保监会试点政策引导下，保险公司在这两种股权投资方式上也已有所探索。

2006年，中国人寿入股广发银行，平安集团于2006、2007年相继入股深圳商业银行、民生银行，其后，人保集团、太保集团、中再集团也相继对未上市商业银行进行股权投资。基础设施方面，2008年6月平安集团旗下平安资产管理公司牵头其他三家保险资产管理公司，发起了“京沪高铁股权投资计划”，这4家公司的母公司作为委托人，将募得的160亿元投资入股京沪高速铁路股份有限公司。

对于间接股权投资即投资PE，目前仅披露中国人寿集团及平安集团投资过PE，其中中国人寿投资了渤海产业基金，平安集团则分别投资西部能源股权投资基金及长江产业投资基金。可以看出，目前保险公司所投基金均为具有政府背景的产业基金，目前仍未有纯市场化的PE获得保险公司注资（见表5-2）。

表5-2　中国保险公司股权投资平台及重点案例

保险公司	投资平台	重点投资案例
中国人寿集团	国寿投资控股/人寿资产管理	广发银行、杭州银行、渤海产业基金
平安保险集团	平安创新资本/平安资产管理	民生银行、京沪高铁西部能源基金、长江产业投资基金
太平洋保险集团	太平洋资产管理	杭州银行、上海农商行
中国人保集团	人保资本/人保资产管理	中国银联、大唐移动
新华人寿保险	新华资产管理	N/A
泰康人寿保险	泰康资产管理	中国银联
太平保险集团	太平资产管理	N/A
中国再保险集团	中再资产管理	光大银行
安邦财产保险	安邦资产管理	N/A
华泰保险控股	华泰资产管理	N/A

资料来源：ChinaVenture研究部，2011年8月。

目前，平安集团依托其“保险、银行、投资”的金融全业务战略，在股权投资方面走的最远，平安信托旗下子公司平安创新资本投资有限公司是目前平安集团主要的股权投资平台，目前平安创新资本与资产管理公司拥有同一支股权投资团队，团队规模在50人以上。中国人寿集团也在其资产管理公司之外另设了投资平台——国寿投资控股有限公司，公开信息显示，该公司是中国人寿集团旗下的专业另类投资公司，业务范围涵盖股权投资、不动产投资、养老养生投资及资产管理等领域。人保集团则成立了人保资本投资管理有限公司，作为旗下专门对系统内外的保险及非保险资金开展直接股权投资、债权投资等非交易业务的专业化运作平台。

其他保险公司目前则均以旗下资产管理公司作为股权投资平台，多数已设立股权投资团队。如太平洋资产管理公司设有一支超过10人规模的股权投资团队；泰康资产管理有限公司设有非上市股权投资部，其业务包括收购兼并、战略投资、成长性和财务性投资等多个方面；太平洋资产管理公司的项目投资业务设有“股权投资计划”，是以发起股权投资计划或直接投资等方式投资未上市企业股权。

此外，中再资产、新华资产、华泰资产等公司也均设有股权投资业务，但目前并未设置独立的股权投资部门，而是作为创新业务部或者综合投资部的一部分。对于团队搭建，在资产管理公司之外，保险公司内部还设有股权投资团队，在分工方面，保险公司团队进行项目挖掘并做投资决策，而资产管理公司团队则提供技术支持。

面对直接投资与间接投资两种不同的投资方式，各保险公司也有不同的选择。对于平安集团、中国人寿集团、中国人保集团等具有丰富投资经验以及完备投资团队的公司而言，直接投资是其首要选择，尤其是平安集团在“全金融”体系下，可灵活应对保险资金投资的政策限制，目前直接投资活动十分活跃，每年投资案例在10起

以上。

对于直接投资的投资策略，各保险公司的选择基本上趋于一致，即倾向于消费品、基础设施建设、能源、制造业、医疗等行业的成熟企业，其投资方式多是上市前投资或者并购整合相关投资。不过，《暂行办法》对保险公司投资策略有明确的规定："产业处于成长期、成熟期，或者是战略新型产业，或者具有明确的上市意向及较高的并购价值"，"不得投资高污染、高耗能、未达到国家节能和环保标准、技术附加值较低等企业股权"，"直接投资股权仅限于保险类企业、非保险类金融企业和与保险业务相关的养老、医疗、汽车服务等企业的股权"。因此，采取间接投资方式将是摆脱行业限制的有效手段。另外，资产规模相对较少的保险公司出于风险控制的考虑，也更倾向于间接投资。中再资产管理公司人士即表示，考虑到再保险资金特点，其投资主要考虑风控，因此更倾向于间接投资；对所投资基金的选择，也将主要倾向于成熟基金，其中母基金会是相对理想的选择，但目前国内可选择的基金数量有限。

此外，一些受访保险公司内部人士也表示，保监会层面也较为鼓励间接投资方式，因此，对于多数保险公司而言，预计未来间接投资将是其参与 PE 市场的主流方式。

ChinaVenture 的调研显示，开闸一年后保险资金私募股权投资进展仍相对缓慢。由于保监会对参与私募股权投资的保险公司资产规模、偿付能力充足率等有严格要求，并且保险公司的股权投资均须通过"一事一议"方式，逐一报送保监会审批备案，导致投资效率受到极大影响。而中国人寿通过保监会的资格审核后，则可在监管规定的额度内进行自主评估和自主选择。不过，对于一些资产管理公司关心的 GP 身份问题，此次 PE 牌照并未涉及，因此目前保险公司仍限于直接投资或作为 LP 投资基金。

对于保险资金股权投资开闸对 PE 市场的影响，ChinaVenture 分析认为，尽管保险资金可投资于PE的资金总额高达2500亿元，但由于其直接投资与间接投资仍有行业、规模等诸多限制，因此对国内PE行业竞争格局暂无实质性影响。不过，参考近年券商参与私募股权投资的政策监管走向，保险资金参与PE的步伐也在逐渐加快，并有可能在未来2~3年内放行保险公司从事PE募集。规模庞大的保险资本未来能否在国内PE行业占据一席之地，将取决于决策机制、投资效率、风控水平与团队激励等市场化因素。

资料来源：冯坡：《保险私募股权投资开闸一年巨资背后鲜有实质进展》，http://www.chinaventure group.com.cn/research/DetailFree.aspx?id=407，2012-02-11。

2006年2月，国务院颁布《关于实施〈国家中长期科学和技术发展规划纲要（2006~2020年）〉若干配套政策的通知》，允许证券公司在符合法律、法规和有关监管规定的前提下，开展创业风险投资业务。2007年9月，中国证监会批准中信证券股份有限公司、中国国际金融有限公司开展直接投资业务试点。随后，有关部门也相继出台多项政策，对券商直投业务做出相关规定。2008年中信证券组建中信产业投资基金管理有限公司，成为券商参股产业基金管理公司的典型案例。2011年7月，中国证监会公布《证券公司直接投资业务监管指引》，正式将券商直投业务纳入常规监管。根据《监管指引》相关规定，直投公司设立直投基金、直投基金管理机构应采取有限责任公司或有限合伙企业形式。

根据ChinaVenture的统计，如图5-4所示，截至2010年底共成立了31家券商直投公司，整体注册资本达到225.1亿元，平均注册资本为7.26亿元。其中，成立于2010年的券商直投公司31家，总注册资本达到36.5亿元，整体来看，国内券商直投公司2010年新增资金规模为81.5亿元。2010年共有25家券商直投公司展开投资，共披露投资案例147起，投资总额达64.98亿元。相比2009年，

2010 年券商直投投资规模出现爆发式增长，投资案例数量及投资金额分别增长 308.33% 和 505.03%。

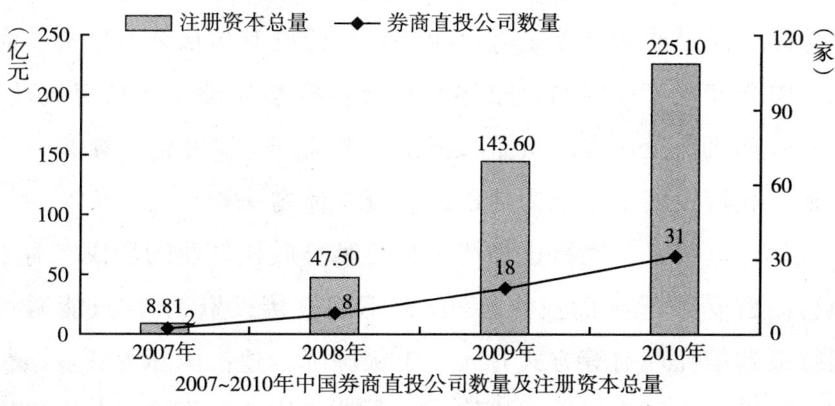

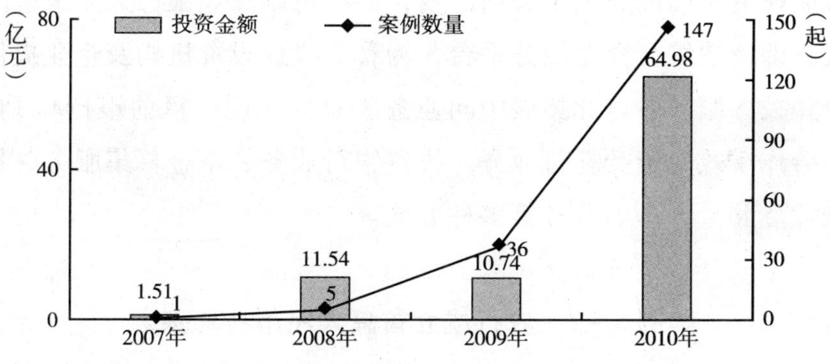

图 5-4 中国券商直投业务开展情况

资料来源：冯坡：《2010 年中国券商直接投资业务统计分析报告》，http://report.chinaventure.com.cn/r/f/369.aspx，2012-03-22。

2011 年券商直投系基金正式加入中国私募股权投资市场，此前，中金直投公司中金佳成成为证监会首个募集基金试点，已成立 50 亿元人民币基金——中金佳泰产业整合基金，并于 2011 年 6 月完成募资。2011 年，海通证券、中信证券、中金公司、国元证券等都成立了新的 PE。中信证券旗下金石投资、中信建投也在筹备设立基金，据称金石投资筹备基金的规模将超过100亿元。[①] 根据最新统计显示，截至2012年2月24日，已获批设立直投子公司的券商共计36家，直投子公司注册资本合计达243.1亿元。其中，沪深两市18家上市券商已涉足或即将涉足直投业务。目前已有包括金石投资、海通开元、中金佳成等在内的6家券商直投机构参与设立9只直投基金，筹集并管理机构投资者的资金，开展直投业务。[②] 可见，券商直投已成为私募股权投资市场最为活跃的投资主体之一。

此外，近年来，银行也加快了涉足私募股权产业的步伐。对于商业银行而言受限于《商业银行法》，不能直接投资PE，只能通过私人银行或者信托理财等方式介入。中银国际、建银国际等商业银行通过在境外设立下属直接投资机构，再由该机构在国内设立分支机构的方式，投资于国内非上市公司股权；而股份制商业银行大多采取间接方式，即搭建综合金融服务平台，为私募股权投资机构及企业提供投融资相关的服务，以此拓展中间业务。总的来说，目前银行与PE的主要合作模式有资金托管业务、投资银行业务、基金募集服务、投资顾问业务和个人理财业务等多种方式。

案例5-2 农行成立首只人民币私募基金总规模达150亿元

中国农业银行和江苏省无锡市政府共同发起设立的农银无锡股权投资基金2011年11月18日成立。这一农行的首只人民币私募基金将以股权投资形式服务于无锡及全国的优质企业和项目。

据介绍，农银国际和无锡国联集团具体负责农银无锡股权投资基金的设立工作。基金总规模150亿元，首期规模50亿元，由双方共

① ChinaVenture：《2011年中国创业投资及私募股权投资市场统计分析报告》，2012，第15页。

② 伍泽琳：《36家券商豪掷243亿猛攻直投业务》，《证券时报》2012年2月28日，A7版。

同设立的农银国联投资管理有限公司负责管理。

农银无锡股权投资基金立足于无锡，植根长三角区域，辐射全国，重点关注支柱性产业、战略性新兴产业相关领域的高成长企业，以及在消费和产业升级过程中的高成长潜力企业。此外，这只基金还将参与企业并购重组，促进无锡及江苏地区的产业升级与城市转型。

农行表示，作为农行首只人民币私募基金，无锡股权投资基金的设立标志着农行正式进入人民币私募股权资本市场，对于农行增强综合化经营能力，提高核心竞争力具有重要的意义。

农银国际有关负责人表示，无锡股权投资基金具有良好的出资人背景、丰富的区位资源、专业的管理团队和优惠的配套政策，基于无锡、江苏乃至长三角地区领先的区域经济和良好的信用环境，依托农行庞大的客户基础和网络优势，为投资者提供专业的资金管理服务，为投资企业提供全方位的金融支持。

据介绍，农银无锡股权投资基金已经与雨润集团、熔盛重工、红豆集团等多家企业签订了加入基金的有关协议。

资料来源：《农行成立首只人民币私募基金总规模达 150 亿元》，http：//finance. people. com. cn/GB/70846/16303247. html，2012－03－22。

3. 退出途径多元化状况

PE 的退出途径总的来说就是上市、转让、回购和清算。从国际 PE 的发展经验来看，要实现成功的退出离不开多层次资本市场的构建。

中国多层次资本市场在经历了长期的探索后，取得了一定的建设成效。从证券市场来看，1990 年 10 月和 12 月，在中国人民银行的批准下，上海和深圳分别成立了股票交易市场。2004 年 5 月，深圳证券交易所在主板市场内设立了中小企业板块，把符合主板市场条件的中小企业集中于该板块发行上市。此举被认为是分步推进创业板市

场建设的第一步，为我国建设多层次资本市场做出了有益的探索。2009 年 3 月 31 日，证监会发布《首次公开发行股票并在创业板上市管理暂行办法》，于同年 5 月 1 日正式开启筹备十余年的创业板。2009 年 10 月，中国创业板正式在深圳证券交易所举行开板仪式，首批上市的 28 家创业板公司中，有 23 家曾获得 PE 的投资，占总数的 82.14%。可以说，创业板市场的推出，标志着中国多层次二级市场的不断完善。创业板市场为许多高技术的中小公司提供了在资本市场融资的突进，也为 PE 提供了正规且合法的退出途径。

从场外交易市场来看，我国目前已形成了由代办股份转让系统（包括三板和新三板）、各地产权交易市场、股权交易所等构成的场外交易主体。2012 年 1 月，在全国证券期货监管工作会议上，中国证监会主席郭树清明确把“要以柜台交易为基础，加快建立统一监管的场外交易市场，为非上市股份公司提供阳光化、规范化的股份转让平台”作为五大工作部署的首条内容，这将为 PE 的退出提供更多渠道。

2001 年 6 月 29 日，中国证券业协会开办了证券公司代办股份转让系统，是除上海、深圳证券交易所之外唯一可以办理股份转让的柜台交易系统，被称为“三板”市场。2006 年 1 月 16 日，经国务院批准，中关村科技园区非上市股份有限公司股份进入证券公司代办股份转让系统进行股份转让试点，代办系统的功能得到扩展。由于中关村科技园区非上市股份有限公司属于高科技企业而被称为“新三板”市场。股份报价转让系统的搭建，为投资“新三板”挂牌公司的 PE 提供了一种资本退出的新方式，挂牌企业也因此成为了私募股权基金的另一投资热点。

此外，中国的产权交易市场也取得了一定的发展，1988 年 5 月，武汉市成立了第一家企业产权转让机构，此后国内陆续成立了各类产权交易市场。2004 年 2 月，国资委指定上海联合产权交易所、天津

产权交易中心和北京产权交易所三家产权交易市场作为中央企业国有资产转让的试点单位，推动了这三家交易市场的发展。目前国内已基本形成“中央企业国有产权交易市场、地方国有产权交易市场和其他产权交易市场”的三层架构。

2008 年 9 月，天津股权交易所在天津滨海新区注册营业，为建设具有中国特色的多层次资本市场体系做出了富有成效的探索和贡献。2012 年 2 月 15 日，继天津、重庆、安徽开设股权交易所后，上海股权托管交易中心在张江高新技术产业开发区正式成立，并推出创新举措，引入个人投资者参与股份交易，希望借此带来更多的新鲜血液以活跃市场，进一步推动场外交易的建设。

不过尽管中国场外交易市场建设取得了一定的发展，但交易并不活跃，还有待于政策的进一步松绑来推动其建设。

总的来说，目前，IPO 依然是私募股权投资退出的最主要渠道。其中，2009 年 10 月开启的创业板市场已成为投资机构 IPO 退出的第一选择。2011 年中国私募股权投资机构通过 IPO 方式退出共 393 起，其中境内实现退出 316 起，分别是深交所创业板 147 起、深交所中小板 134 起、上交所 35 起。另有 77 起境外退出案例，分布是纽交所 28 起、纳斯达克 28 起、港交所主板 19 起、港交所创业板 2 起。在深交所创业板实现的退出案例数量占总数的 37.4%，位居第一（如图 5－5）。

4. 产业区域结构分布

目前中国私募股权产业的区域分布极不平衡，东西部地区存在明显的地域性差异。从 PE 的落户情况来看，由于东部地区创业氛围浓厚，创业企业数量大，并且当地政府出台了众多优惠政策，有利于吸引 PE 的落户。而中西部地区创业企业数量少，较难吸引 PE 落户。目前，由于北京、上海、天津等城市在政策上提供了诸多优惠，所以吸引了很多 PE 的关注。如根据北京市金融工作局提供的

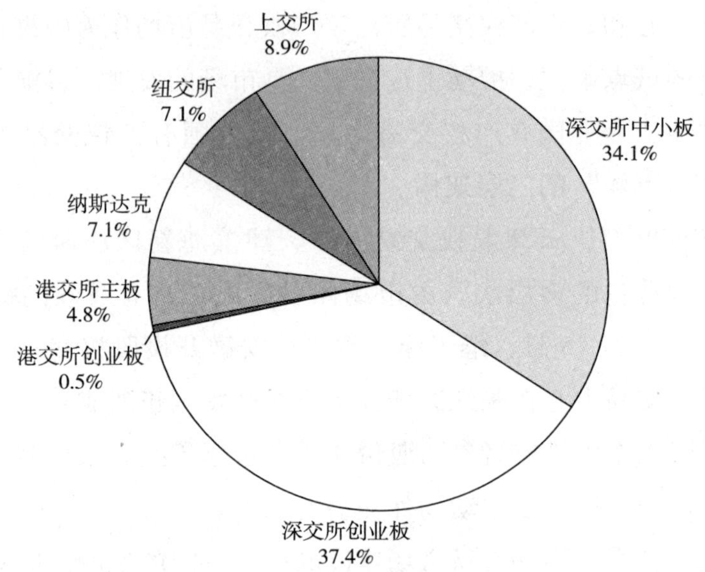

图5－5　2011年私募股权投资机构IPO退出案例数量交易所分布

资料来源：ChinaVenture：《2011年中国创业投资及私募股权投资市场统计分析报告》，2012，第53页。

最新数据显示，2011年，北京的股权投资基金达到711家，管理的资金超过人民币1万亿元。① 而据天津股权投资基金协会的数据显示，截止到2011年底，落户基金中心的各类股权投资基金及管理公司已有366家，认缴资金450多亿元，管理资金达1600多亿元；40余家基金成功募集，涉及总金额120多亿元。② 此外，浙江也成为继北京、上海之后国内PE最活跃的地区。根据浙江省金融办的统计，全省登记注册的各类股权投资企业已超过200家，注册资本金达700多亿元。③

从获得私募股权投资的企业所在地区分布来看，投资环境较好

① 郭玉志：《北京拟拓宽QFLP助力实体经济》，《上海证券报》2012年2月21日。

② 天津股权投资基金中心：http：//www. tianjinfund. com/aboutus. asp，2012－03－15。

③ 《浙江省股权投资协会成立登记注册企业超200家》，《浙江日报》2010年5月19日。

的几个重要城市始终是 PE 最为关注的地区。根据清科研究中心的数据库统计显示，截止到 2011 年 12 月 21 日，北京、上海在投资案例数量和金额方面均稳居前两名，遥遥领先于其他省市。其中北京市获得 PE 累计投资 1953 起，共计 525.82 亿美元，分布占全国投资总量的 26.40% 和 36.04%；累计投资退出数量为 444 起，占全国退出数量的 21.94%，从各项数据来看都高居第一（见表 5-3）。上海、广东、江苏、浙江四个省市则位居北京之后，在获得 PE 累计投资数量方面分列 2~5 位。而仅上述五个地区发生的 PE 累计投资数量、累计投资金额以及 PE 累计退出数量就分别占到全国总量的 68.75%、69.14%、68.77%。

表 5-3　中国私募股权投资地区分布

地　区	累计投资数量		累计投资金额		累计退出数量	
	个数	占比(%)	百万美元	占比(%)	个数	占比(%)
北京市	1953	26.40	52581.52	36.04	444	21.94
上海市	1066	14.41	17641.05	12.09	248	12.25
广东省	1017	13.75	10550.27	7.23	370	18.28
江苏省	626	8.46	11696.23	8.02	220	10.87
浙江省	424	5.73	8401.77	5.76	110	5.43
山东省	285	3.85	4831.27	3.31	86	4.25
湖北省	198	2.68	2095.55	1.44	39	1.93
四川省	198	2.68	2780.08	1.91	32	1.58
福建省	189	2.55	3037.47	2.08	90	4.45
湖南省	183	2.47	2608.94	1.79	58	2.87
香　港	141	1.91	6677.53	4.58	44	2.17
安徽省	119	1.61	2298.41	1.58	44	2.17
河南省	103	1.39	1867.3	1.28	48	2.37
重庆市	102	1.38	1002.08	0.69	14	0.69
辽宁省	94	1.27	1554.87	1.07	26	1.28
天津市	91	1.23	1332.6	0.91	21	1.04
陕西省	88	1.19	722.46	0.50	14	0.69
河北省	74	1.00	1604.76	1.10	23	1.14

续表

地　区	累计投资数量		累计投资金额		累计退出数量	
	个数	占比(%)	百万美元	占比(%)	个数	占比(%)
江西省	56	0.76	742.49	0.51	26	1.28
黑龙江省	50	0.68	1604.33	1.10	16	0.79
台　湾	45	0.61	2284.26	1.57	2	0.10
新　疆	44	0.59	1155.89	0.79	6	0.30
广　西	37	0.50	454.28	0.31	7	0.35
海南省	36	0.49	1722.68	1.18	13	0.64
吉林省	33	0.45	493.37	0.34	1	0.05
内蒙古	32	0.43	1196.79	0.82	5	0.25
云南省	30	0.41	371.93	0.25	6	0.30
陕西省	28	0.38	1590.47	1.09	2	0.10
青海省	15	0.20	500.37	0.34	3	0.15
宁　夏	15	0.20	311.62	0.21	1	0.05
贵州省	15	0.20	136.99	0.09	2	0.10
甘肃省	10	0.14	48.89	0.03	3	0.15
西　藏	1	0.01	4.46	0.00	0	0.00

注：数据统计截止到2011年12月21日。

资料来源：根据清科数据库资料整理、计算得出。

根据北京市金融工作局的数据显示，2011年北京地区共发生私募股权投资473起，投资金额共计约690亿元人民币，分别占全国总投资总量的21.5%和27.1%。其中，北京地区创业投资市场共发生案例379起，投资金额264.74亿元人民币，股权投资市场共发生投资案例94起，投资金额425.3亿元人民币。[①] 而根据ChinaVenture的统计显示，2011年中国私募股权投资市场获得投资案例数的前五个地区依次是北京、上海、广东、江苏和浙江，这五个地区获得的投资个数占到全国总量的63.26%。[②] 由

① 郭玉志：《北京拟拓宽QFLP助力实体经济》，《上海证券报》2012年2月21日。

② 根据ChinaVenture：《2011年中国创业投资及私募股权投资市场统计分析报告》的有关数据计算得出。

此可见，中国私募股权产业的区域结构分布极不平衡，少数几个城市获得了绝大多数的资源，并且这样的现象短期内并不会发生改变。

二　运行环境

从当前中国私募股权产业的运行状况来看，基本上保持良好的发展势头，但是目前各项指标的增速都已呈现出放缓的态势，如果这样的态势持续下去，则有可能危及整个产业的安全。

1. 基金募资数量和规模增长率

2006 年以来，中国私募股权投资市场的基金募集活动一直保持活跃态势，披露募资（含首轮募资完成）基金和新成立（开始募集）基金的数量都保持了持续增长态势，并于 2011 年创下历史最高纪录，分别达到 503 只和 185 只。从披露募集完成规模和开始募资规模来看，虽然期间有所波动，但基本保持增长态势，2011 年分别达到 494. 06 亿美元和 470. 69 亿美元，是 2007 年募集完成规模的 2. 52 倍和开始募资规模的 3. 66 倍（如图 5 －6）。

不过，从中国私募股权投资市场基金募资数量和规模增长率来看，如表 5 －4 所示，2011 年下半年开始，基金募资已经呈现出降温态势。2011 年基金募资完成数量的增长率仅 10. 55%，是 2007 年以来增长率最低的一年。同时，2011 年募资完成规模的增长幅度仅 28. 65%，明显低于 2010 年超过 100% 的增速，也是近年来除 2009 年外增长率最低的一年。这一增长放缓的趋势在新成立基金方面表现得更为明显，尽管开始募资基金数量依然出现增长，但其规模已有所下降，2011 年达到近年来最低，出现 5% 的负增长，显示出基金管理者对未来市场状况的谨慎态势。

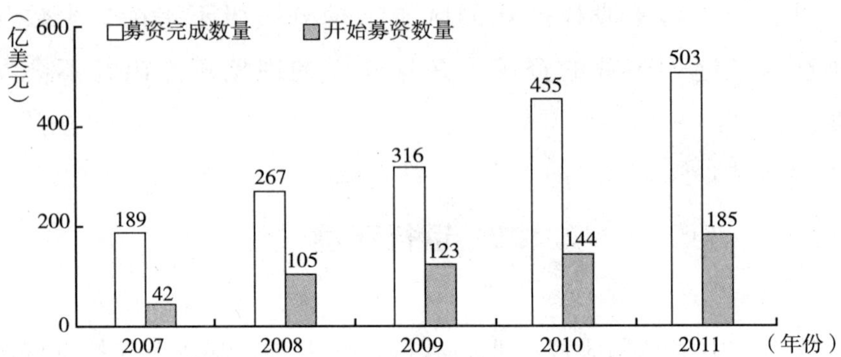

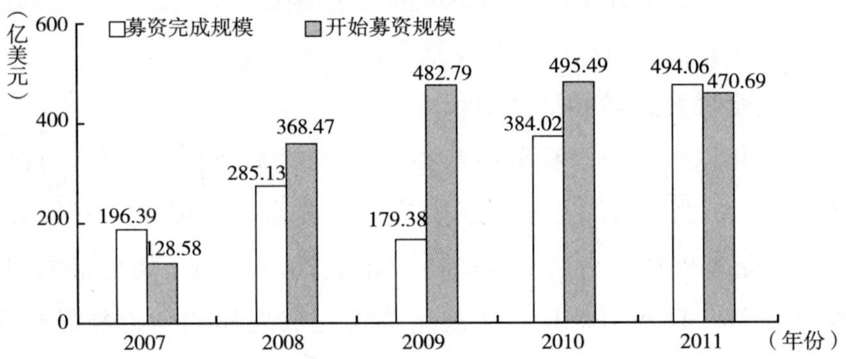

图 5－6　2007～2011 年中国私募股权投资市场募资基金数量及规模

资料来源：ChinaVenture：《2011 年中国创业投资及私募股权投资市场统计分析报告》，2012，第 6～7 页。

表 5－4　2007～2011 年中国私募股权投资市场基金募资数量和规模增长率

单位：%

	2007 年	2008 年	2009 年	2010 年	2011 年
募资完成数量增长率	139.24	41.27	18.35	43.99	10.55
开始募资数量增长率	40	150	17.14	17.07	28.47
募资完成规模增长率	83.71	45.19	－37.09	114.08	28.65
开始募资规模增长率	164.02	186.57	31.03	2.63	－5

资料来源：根据 ChinaVenture《中国创业投资及私募股权投资市场统计分析报告》历年版数据计算得出。

另外，从中国私募股权市场募资完成基金规模分布的角度分析，近年来，随着中国市场“全民 PE”热潮的兴起，小型本土 PE 大量涌现，因此基金规模分布极不均匀，如图 5－7 所示，2000 万美元规模以下基金占有极高比例，数量也不断增长。2008 年 2000 万美元规模以下的基金为 127 只，占比 47.74%，2011 年则上升到 223 只，占比达到 46.95%；而 5 亿美元以上规模基金 2011 年仅募集完成 20 只，占比 4.21%。

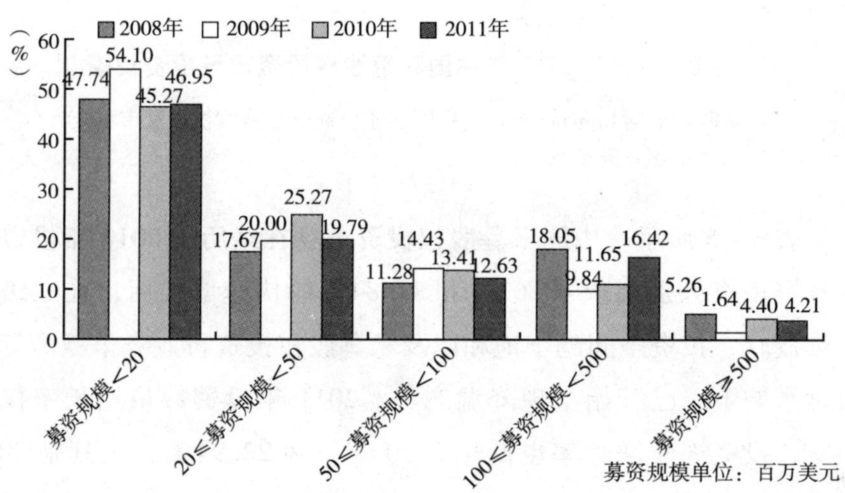

图 5－7　2008～2011 年中国私募股权投资市场募资完成基金规模比较

资料来源：根据 ChinaVenture《2011 年中国创业投资及私募股权投资市场统计分析报告》计算得出。

2. 基金投资数量和规模增长率

如图 5－8 所示，中国私募股权投资市场上的投资案例数量在 2008 年和 2009 年因全球金融危机影响而出现下滑后，2010 年以来连续两年呈现出活跃的发展态势，而投资规模则自 2009 年以来连续三年持续增长。2011 年中国私募股权投资市场的披露投资案例数量和投资规模均达到新的历史高峰，全年共有 1380 个投资案例，投资规模达到 379.62 亿美元。

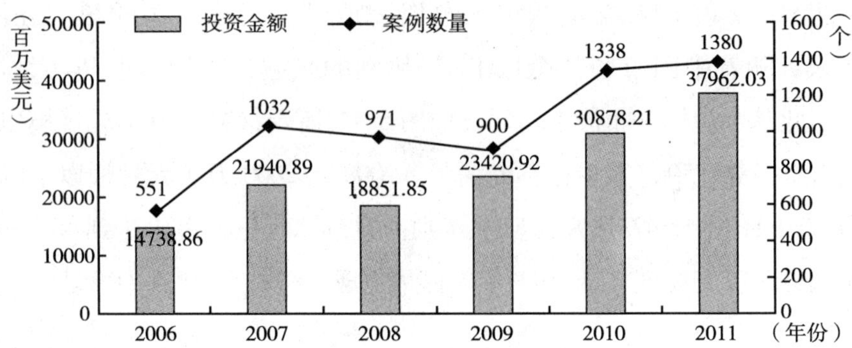

图 5-8 2006~2011 年中国私募股权投资市场投资规模

资料来源：根据 ChinaVenture《中国创业投资及私募股权投资市场统计分析报告》历年数据计算制成。

如表 5-5 所示，中国私募股权投资市场在经历了 2010 年投资数量和投资规模分别实现 48.67% 和 31.84% 的快速增长后，在二级市场持续疲软、投资空间趋于饱和以及私募股权投资行业竞争激烈等诸多因素影响下，已开始呈现降温态势。2011 年投资数量增长率仅有 3.14%，投资规模增长率也低于 2010 年，为 22.94%。尤其是 2011 年第二季度到第四季度，私募股权投资规模持续下降，第四季度披露案例 245 起，投资总额 69.14 亿美元，达到全年季度投资规模的最低水平。①

表 5-5 2007~2011 年中国私募股权投资市场投资数量和规模增长率

单位：%

	2007 年	2008 年	2009 年	2010 年	2011 年
投资数量增长率	87.30	-5.91	-7.31	48.67	3.14
投资规模增长率	48.86	-14.08	24.24	31.84	22.94

资料来源：根据 ChinaVenture《中国创业投资及私募股权投资市场统计分析报告》历年数据计算制成。

① 根据 ChinaVenture《2011 年中国创业投资及私募股权投资市场统计分析报告》数据计算得出。

3. 基金退出数量增长率

如前所述，在中国私募股权投资市场上，PE 的退出仍以 IPO 方式为主。从 2006～2011 年 PE 的 IPO 退出情况来看，发展较为不稳定，存在很大的波动。如图 5－9 所示，中国私募股权市场上的 PE 在 2007 年 IPO 退出数量实现了 158.62% 的高增长后，2008 年受金融危机影响，又出现了 72.44% 的负增长。自 2008 年以来，由于创业板的推出，2009 年和 2010 年连续两年 PE 的 IPO 退出数量出现了 162.90% 和 195.09% 的高速增长，2010 年 IPO 退出案例数量创下历史新高，达到 481 起。2011 年尽管 PE 的退出案例数量再次出现 18.30% 的负增长，不过当年的退出案例数量仍达到了 393 起，为历年来较高的水平。

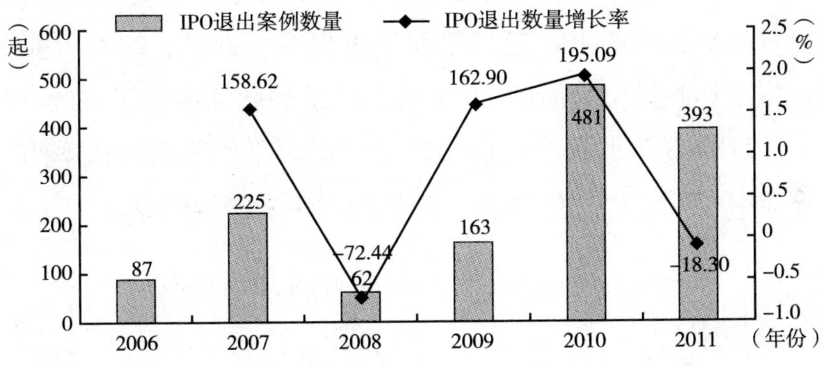

图 5－9　2006～2011 年 PEIPO 退出情况

资料来源：根据 ChinaVenture《2011 年中国创业投资及私募股权投资市场统计分析报告》数据计算制成。

从并购退出方式来看，有 PE 背景的中国企业并购案例数量在 2008 年和 2009 年各有 16 起，2010 年为 26 起，2011 年为 28 起，远远低于 IPO 的案例数。[①] 2010 年和 2011 年各涉及 PE 的 43 笔退出和

① 根据 ChinaVenture《中国创业投资及私募股权投资市场统计分析报告》历年版数据统计。

53 笔退出，尽管 2011 年比 2010 年并购退出的基金数量增长了 23.26%，但也仅占总退出案例数的 11.88%。这一点正好和美国 PE 退出方式占比相反，在美国通过 IPO 方式退出的比例不足 10%，其余则是并购及二次收购退出。

4. 基金投资回报率

目前中国私募股权投资市场上的私募股权投资机构主要通过 IPO 方式实现退出，因此我们也主要通过这些机构的 IPO 退出账面回报来评估私募股权投资机构的投资回报率。如图 5－10 所示，2006 年私募股权机构的 IPO 退出账面回报达到 2025.5 亿元，平均账面回报率为 9.32 倍。此后出现了连续两年的下降，尤其是 2008 年的 IPO 退出账面回报仅 128.4 亿元，只为 2006 年回报的 6.34%，平均账面回报率仅 4.11 倍，比 2006 年下降了 500 多个百分点。尽管 2009 年以来私募股权投资机构的 IPO 退出账面回报出现了回升，2009 年的平均账面回报率达到历史最高的 11.4 倍。但是此后又出现了连续两年的下降，2011 年私募股权投资机构的 IPO 退出平均账面回报率为 7.22 倍，比 2010 年下滑了 10.20%，为最近三年来的最低点。

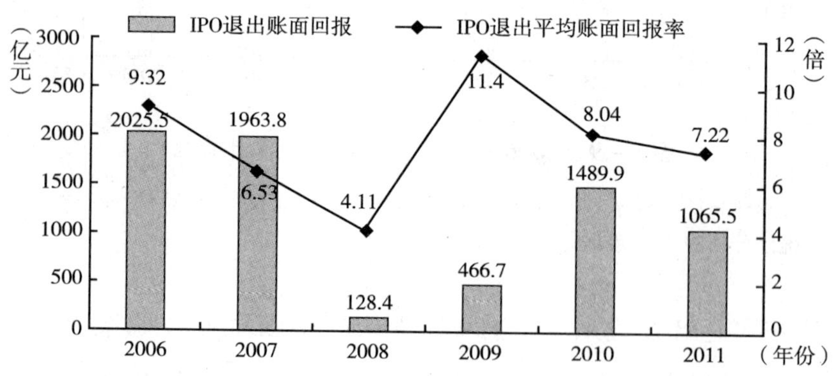

图 5－10　2006～2011 年 PE 的 IPO 退出账面回报情况

资料来源：ChinaVenture：《2011 年中国创业投资及私募股权投资市场统计分析报告》，2012，第 52 页。

根据 ChinaVenture 的统计显示，2011 年私募股权投资机构在中国境内共实现 316 起 IPO 退出案例，合计获得账面回报 649.9 亿元，平均账面回报率达到 7.6 倍。其中上海证券交易所为投资机构带来 10.89 倍的平均账面回报率，为各交易所最高。同时，2011 年私募股权投资机构实现了 77 起境外退出案例，合计获得账面回报 415.5 亿元，平均账面回报率为 5.66 倍，比境内少了近 200 个百分点。其中，纽交所为投资机构带来了 249.6 亿元的账面回报，位居各交易所之首，其平均账面回报率达到 8.32 倍。[①]

从行业上看，如表 5-6 所示，凭借人人、奇虎 360 等互联网企业在纽交所的良好的 IPO 融资表现，互联网行业在 2011 年共为私募股权投资机构带来 278.3 亿元的账面回报，居各行业之首，其 9.90 倍的平均账面回报率也排名所有行业中的第三位，其中淡马锡从土豆网 IPO 退出获得的账面回报率最高达 71.09 倍。而由于私募股权投资机构在华锐风电以及亚玛顿等企业的低投资高回报，使得能源及矿业成为 2011 年平均账面回报率最高的行业，高达 11.96 倍。其中新天域资本从华锐风电 IPO 退出中获得的账面回报率高达 184.50 倍，也是 2011 年账面回报率最高的投资案例。凭借高盟新材、龙力生物等企业的 IPO 退出，化学工业成为平均账面回报率第二的行业，其中诚信创投从高盟新材 IPO 退出中获得了 63.04 倍的投资回报率。此外，制造业、医疗健康业则在行业账面回报率排名中分列第四、第五位。

另外，在并购退出方面，2010 年仅有 22 笔退出案例完整披露其最初投资金额及最终退出回报金额，该 22 笔退出的平均投资回报率仅为 1.30 倍。[②] 而 2011 年仅有 15 笔退出案例完整披露其最初投资金

① ChinaVenture：《2011 年中国创业投资及私募股权投资市场统计分析报告》，2012，第 52 页。

② ChinaVenture：《2010 年中国创业投资及私募股权投资市场统计分析报告》，2011，第 53 页。

表 5－6　2011 年私募股权投资机构 IPO 退出各行业账面回报情况

行业分类	IPO 退出案例数量	IPO 退出账面回报(亿元)	平均单笔 IPO 退出账面回报(亿元)	IPO 退出平均账面回报率(倍)
能源及矿业	45	175. 1	3. 9	11. 96
化学工业	22	53. 2	2. 4	10. 25
互联网	36	278. 3	7. 7	9. 90
制造业	114	214. 6	1. 9	7. 07
医疗健康	19	34. 0	1. 8	6. 48
建筑建材	25	44. 1	1. 8	5. 96
交通运输	1	0. 8	0. 8	5. 41
IT	62	77. 9	1. 3	5. 39
电信及增值	13	20. 6	1. 6	5. 29
农林牧渔	8	16. 6	2. 1	5. 18
金融	12	100. 7	8. 4	4. 71
综合	2	3. 2	1. 6	4. 58
旅游业	4	3. 6	0. 9	4. 48
汽车行业	19	14. 7	0. 8	3. 68
食品饮料	9	13. 9	1. 5	3. 55
文化传媒	2	14. 1	7. 1	1. 26

资料来源：根据 ChinaVenture《2011 年中国创业投资及私募股权投资市场统计分析报告》制成。

额及最终退出回报金额，该 15 笔退出的平均投资回报率仅为 1. 52 倍。[①] 以此来看，相比 IPO 退出，并购方式退出回报水平仍不理想，因此也难以成为投资机构退出的主流选择。

三　社会认知

目前，中国私募股权产业的社会认知度较高，而且日益受到社会

① ChinaVenture：《2011 年中国创业投资及私募股权投资市场统计分析报告》，2012，第 57 页。

各界的重视。随着中国私募股权产业社会认知度的不断提高，将有利于 PE 筹集资金，也有利于企业从 PE 处获得融资，因此无疑将对中国私募股权产业安全带来积极的影响。

1. 机构、个人对私募股权资产配置的需求

投资者持有风险资产的目的就是为了获得高于无风险收益率的投资收益，而不同的大类资产在风险和回报率上有着截然不同的特性，资产配置无论对于机构还是个人投资者而言都极为重要。

从国内机构投资者资产配置的现状来看，主要的资产类别为股票、债权、货币和房地产等。而近年来，各大金融机构资产配置中私募股权投资的比重呈现出快速增长的态势。由于中国二级市场波动幅度较大，对于大型金融资产管理机构而言，难以实现超额收益。因此各大金融机构都在探索通过私募股权投资来寻求新的突破口，力求提升资产总体收益率。再加上中国政府正采取切实措施，大力推动实体经济、支持新兴战略产业发展，并不断完善私募股权产业政策，因此，目前，全国社保基金、保险资金、证券公司以及商业银行等大型机构都纷纷涌入私募股权投资领域，力争实现更大收益。

案例 5-3　社保基金再扩私募股权投资版图：占其整体资产配置 2%

临近年尾，中信资本和金浦终于收到了社保基金的大礼包，分别获得社保基金 15 亿元和 10 亿元的投资额度，这使得社保基金投资 PE 占其整体资产配置约 2%。

社保基金 PE 的资产配置上限为 10%，尽管目前的配置比例距此甚远，但由于国家发改委备案制的调整，社保基金投资被视为必选项，这将增加社保基金选秀的难度系数，蜂拥而至的 PE 仍在多方探索。

中信与金浦“接单”

中信资本、上海金融产业基金（下称“金浦”）已在社保基金“挂号”多时。

早在2008年，中信资本已进入社保投资PE备选区。三年准备，一年尽职调查，已足够漫长。中信资本最终获得社保基金15亿元的大单。

如果说中信资本的等待是熬人的，则金浦的等待是波澜曲折的。

在2009年金浦成立仪式上，社保基金就明确表示过投资意向，这与金浦的深厚背景不无关系。作为创始管理人中金公司与上海国际牵手，使金浦成为中国唯一一个投资于金融行业的产业基金，被看做中国产业基金最完美的结合。

当年年底，金浦总经理贝多广戏剧般突然离职，继任者吕厚军于2010年1月迅速上任。

吕厚军此前担任海通证券参与管理的“中国—比利时直接股权投资基金”管理合伙人。该基金被称为跨国合作的成功范例，也是社保基金最早参与的基金。在掌舵中比基金5年间，他主导投资的云海金、中元华电、辰州矿业与金风科技均已上市，分别获近5倍、10倍、17倍与70倍的投资回报。

数月后，2010年6月，以吕厚军牵头的新团队完成了首期基金110亿元的募集，成为募资规模最大的产业投资基金。经记者确认，当时社保基金在按部就班地进行尽职调查，并不急于赶首期出资。

而作为中金公司代表的董事总经理李弘在募资庆功会上低调现身，表明中金公司并未有实际出资。

分手的端倪已隐现，随后中金和上海国际正式分道扬镳，中金以退股收场，同时资金募集也有所拖累。社保基金投资一事暂缓，“社保基金选择PE时，对基金投资管理团队结构的稳定性相当看重”。

社保基金相关人士称。

延至2011年3月，金浦调整募资策略，将金融投资比重降至50%，化被动为主动，边募资边投资项目。在确认团队稳定以及金浦前期投资项目的半年后，社保基金给予了10亿元的投资额度。

这也再度打破了社保基金的投资规律。熟悉社保基金投资风格的人士称："以往社保投资的PE，往往都是在行业里已积累了多个完整项目及基金成熟退出经验的，社保基金还从未尝试投资过一只新基金。这对于社保以及整个行业来说，给予行业新机会都是一种鼓舞，毕竟每一单社保投资，都被业界认为具有标杆意义。"不过该人士还是很谨慎地表示，"实则金浦的团队成员已有过多年与社保合作的经验，但其组合是新的，仍需市场检验其凝聚力及组合投资能力，与成熟基金相比，这类投资仍风险较大"。

二次出资鼎晖

除了投资新基金，2011年社保基金完成了对鼎晖二期基金30亿元的出资，占其总募资额近30%。至此，社保基金投资鼎晖达到50亿元的承诺出资。这是社保基金继弘毅投资之后，第二次增资同一家机构。

鼎晖在2011年实现了首个社保基金投资PE项目的退出——恒逸石化借壳重组世纪光华。不到两年时间，投资回报率约6倍。"社保基金对其两年的投资收益是满意的。"接近社保基金人士表示，社保基金并不急于要求被投基金投资步伐过快，而是相对保持稳健，从长期角度看希望达到较高的回报。

10月18日，美的集团旗下两家上市公司美的电器、小天鹅发布公告称，美的集团大股东美的控股拟将其所持有的美的集团3.12%股权转让给鼎晖。公告未披露交易价格，以公允价值计算，3.12%的股权价值不少于6.5亿元。

广发证券首席分析师袁浩然认为，美的集团在筹划将美的地产剥

离，为未来“退家族化”整体上市扫清障碍，这需要大量资金投入。

“该投资似乎又看到了恒逸石化参与上市公司重组的影子，可能是成功案例的复制。”一位行业观察者表示，“正是相关投资，取得了社保基金的信任票”。

接近社保基金人士表示，鼎晖获得二次投资，胜在投资收益及风险控制上。

选秀新路线

随着国有股陆续转持，社保基金管理的资金规模还将不断提高，这势必加大社保基金的投资压力。截至目前，社保基金距离其资产配置中PE占10%的上限较远。

因此，社保基金承担了来自各方敦促其加快投资进程、提高收益的压力。存在悖论的是，社保基金投资的巨大额度，且出资额不超过其30%，决定了其选择是大体量的基金。

除积极寻求社保募资外，与社保基金动辄数十亿出资而并列成为潜在出资人的，是通过第三方募资机构“母信托”集结起来的产品，该产品的发售对象门槛仅为100万元。

和投资规模相应的是被放大的投资风险，非专业投资人加入高风险、投资周期长达至少7年的PE领域，和社保基金并肩承担风险，会引发什么后果？

“一旦失控，其后果注定将是波及面极广的公众利益受损，甚至是非法集资案件。”一位了解情况人士表示，即便募资过程不产生风险，因其募集触及信托（产品发行对象不超过200个人）、上市监管（合伙制企业股东不超过50人）等跨部委监管，使风险后置，将放大后期项目退出的风险。

在此背景下，发改委紧急下发了全国推行强制备案的要求，外资机构、券商PE、产业基金、母基金同时纳入备案范畴，还有第三方募资及服务机构。

在严控风险上，发改委的备案新政也开启了另一扇门，凯雷、黑石等以外资管理人身份的人民币基金备案成功，以及券商 PE 的进入，也成为获得社保基金投资的有力竞争者。

这是否意味着社保选秀将有新的路线图？经记者确认，上述新的成功备案机构都在为引入社保基金而努力。

除社保外，还有多少具备大规模出资实力的机构？哪有储备无数具有增长潜力的好项目？但行业的规律难以逾越，即资产规模上升以后，收益下降是必然的。市场上广泛认同的母基金模式可能更适合社保基金投资。“这样可以避免大的机构诸如社保基金、保险公司等投资主体的行政化。”厚朴基金董事长方风雷曾表示。

尽管未完成备案，券商 PE 金石基金正有此打算。金石除了招募海归人士组建母基金团队外，还积极接触了 PE 翘楚鼎晖、弘毅、黑石、中信产业基金等，但筹备中的方案仍不成熟。

据了解，社保基金对该方案的回应并不强烈，主因是与社保基金现在投资的基金重合率较高，其已与这些基金达成了默契的合作。

“打动社保基金，除非母基金有某些特别的优势：比如其与某些基金有战略合作关系，或者某些 LP 原来不是基金的合格投资对象，而通过 FOF 就能够参与基金的投资，并给市场上新晋的、规模可能较小的优质基金带来提高收益的机会。”记者综合了多位业内人士的看法：“FOF 要能提供增值服务，帮助出资人成为合格 LP 和筛选 GP。如果没有这个特长，只是把资金聚集在一起，形成很大的规模，对 LP 来说是没有吸引力的。”

尝试和突破，逐渐流露出社保基金 PE 配置的思路，由此留给业界更多创新的空间。

仍在筹划阶段的中国首个国家级股权投资复合基金国创母基金，或许适合社保基金的胃口。这只由国开行全资子公司国开金融有限责任公司（下称“国开金融”）与苏州工业园区下属的苏州创业投资集团有限公司联袂发起设立的超级母基金，总规模达到600亿元，首期规模150亿元。倘若投资成功，也是社保基金和国开行多年PE合作的缘分延续。早在2005年，社保基金和国开行相继共同投资了中比基金和本土首个大型产业基金渤海产业基金，以及中国本土优质PE弘毅投资，共同形成了国内两大LP阵营。

目前社保基金等出资人等待的是，以中国人寿、中国再保险集团为代表的保险大军出资。早在2010年9月底，保监会已开闸险资投资PE，但至今仍无实际案例。

据了解，中国人寿与中国再保险集团出资仍在保监会“审批”环节。相关人士透露，悬而未决的不仅仅是出资额大小，由于《保险资金投资股权暂行办法》仍需细化投资细则，将在近期出台相关政策，该项政策如果成型将不会延期太久。

资料来源：闫蓓：《社保基金再扩私募股权投资版图》，《证券市场周刊》，2011年11月24日。

中国私人财富市场近年来发展快速，高净值人群数量和资产规模迅速增长，他们对于资产配置和服务的需求也随之呈现出多元化的趋势。在风险偏好日趋成熟、财富目标日益多元化的驱使下，高净值人群需要通过更加综合多样的资产配置来实现他们对财富的管理。如图5－11所示，2009年初，以现金与存款、股票、房地产和基金为代表的传统投资类别占比高达80%左右，至2011年，四类资产占比下降至70%左右。与此同时，近年来，以阳光私募、私募股权投资为代表的其他类别投资逐渐成为高净值人士的投资热点，在高净值人群的资产组合中占比上升了5个百分点。这主要是由于私募股权投资是众多资产类别中风险最高，但平均收益也相对最高的产品，能够作为高净值人士多元化资产配置中高风险产品的重要组成部分。

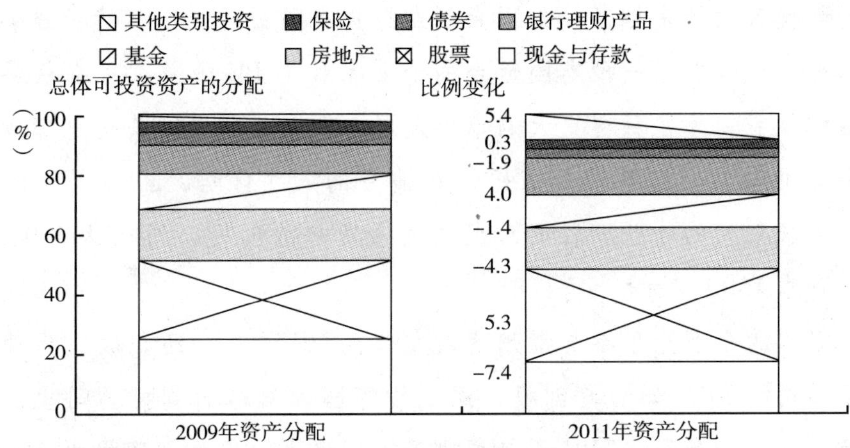

图 5-11　中国高净值人群资产配置呈现出多元化趋势

注："其他类别投资"包含个人持有的信托、私募股权、阳光私募、黄金、期货。

资料来源：招商银行 & 贝恩公司：《中国私人财富报告》，2011，第 18 页。

案例 5-4　6000 亿温州民资寻出路　专家建议组建私募股权

超 6000 亿的民间资本何去何从？在第二届中国（温州）民间资本发展高峰会上，中国社会科学院金融研究所研究员易宪容建议温州企业家和温州资本要联合起来，组建更多的产业基金、私募基金以及投资公司，来推动中国经济的进一步发展。"温州的民间资本需要一个正规的平台。"

2007 年下半年开始，创业投资在温州兴起。一方面，温州民间资本在寻找出路，希望投资增值；另一方面，温州 30 多万家中小企业需要转型发展，调整产业结构，这些都必须有民间资本的支持，这就为创投发展提供了广阔的天地。2007 年，由温州企业家合伙组建的东海创投成为我国第一家合伙制投资机构，后因管理合伙人与有限合伙人之间的矛盾而解体。随后，环亚创业投资中心成立。东海创投和环亚创投引领了温州投资的新方向。现在，由温州商人或企业家发起的创投公司越来越多，如温商创业投资有限公司、巴菲特投资公司等，都各自吸引了一批志同道合的企业家参与PE领域，且都获得了不错的收益。为了获得更大的市场发展，不少公司还把公司总部或研究中心设到了上海等地，依托这些地方的人才优势，汇聚温州的资金，谋求更大的收益。目前，温州商人发起的创投公司已达300家，涉及资本1500亿元。

温州的企业除了参与温州商人发起的PE之外，还积极成为外地创投公司的LP。如浙商创投、深创投等国内知名的创投公司里，都有温州资本的身影。“PE不仅解决了民间资本的出路，还将成为企业在本业之外获取利润的最佳方式。”环亚创投执行合伙人及合伙人联席会议主席胡旭苍说。

资料来源：《6000亿温州民资寻出路　专家建议组建私募股权》，《钱江晚报》，2011年5月28日。

《私募股权投资热潮正在兴起》，《温州商报》，2011年2月10日。

2. 企业融资需求

根据中国国家工商行政管理总局的统计显示，截至2011年上半年，全国实有企业1191.16万户，内资企业实有1146.57万户，其中私营企业903.49万户，个体工商户实有3601.13万户。[①]远远超过美国的公司数量，据统计美国截止到2009年共有公司576.73万户。[②]而根据WFE统计，截至2010年底我国上证和深证上市企业仅有2063家，还不及美国纳斯达克市场中的上市企业数（见表5－7）。这也就意味着众多的企业没有进场资质，无法通过股票市场进行直接融资。因此，近年来，在传统的银行贷款、

① 中国国家工商行政管理总局：《2011年上半年全国市场主体发展总体情况》。

② U. S. Census Bureau：http：//www. census. gov/econ/susb/，2012－03－05。

上市融资外，私募股权融资逐渐成为企业外源融资的一个重要渠道。

表 5 -7　2010 年世界各地及中国证券市场上市公司数量

单位：个

交易所	上市公司		
	合计	国内公司	国外公司
美洲	10281	9049	1232
美国纳斯达克	2778	2480	298
纽约泛欧证券交易所	2238	1787	451
亚太地区	21398	20905	493
东京证券交易所	2293	2281	12
香港交易所	1413	1396	17
欧洲、非洲、中东地区	13829	12489	1340
伦敦证券交易所	2966	2362	604
WFE 合计	45508	42443	3065
中国上市公司			
上海证券交易所	894	894	0
深圳证券交易所	1169	1169	0
合　计	2063	2063	0

资料来源：WFE：*Annual Statistics Report 2010*。

从国际经验来看，企业进行私募股权融资可以引入战略资本、扩大企业规模，有效改善财务状况，同时可以引进先进技术和管理经验，有效促进企业发展。根据中国人民银行营业管理部对北京市 80 家企业的问卷调查显示，随着 PE 在中国的快速发展，企业普遍存在着较强的私募股权融资需求。目前，企业私募股权融资需求主要有以下几个特点：一是认知程度较高。有 73.8% 的企业表示了解 PE，16.3% 的企业表示正在与 PE 洽谈，1.2% 的企业表示已经获得 PE 的投资。二是行业融资目标不同。房地产业主要用于扩大生产，金融业主要用于扩大生产、并购、再投资和增大资本金等，高科技企业主要用于产品研发和推广等。三是国内 PE 成为企业首选。四是不同时期企业对 PE 的选择不尽相同。处于种子期的企业有 67% 选择创业投资基金，其次才是直接投资基金；处于创立期的企业有 40% 选择直接投资基金，有 30% 选择创业投资基金和过桥基金；处于成长期的企业有 32% 选择创业投资基金，48% 选择直接投资基金；处于扩张期的企业近七成选择直接投资基金；处于成熟期的企业有一半选择并购重组基金；处于上市前过渡期企业优先选择并购重组基金或过桥基金。五是企业越发展私募股权融资需求规模越大。六是普通股成为企业私募股权投资的首选形式。53% 的企业希望 PE 以普通股来投资，16% 的企业希望 PE 以可转换债务的形式来投资，14% 的企业希望 PE 以优先股来投资，10% 的企业希望 PE 以可转换优先股来投资，7% 的企业希望以债务的形式来投资。①

四　人力资源

当前中国私募股权产业的从业人员工资水平在全国范围属于较高的层次，而 PE 薪资水平较高，并且是当前非常受关注的行业之一，因此也吸引着大批高层次人才的加盟。总体来说，产业吸纳劳动力的能力较强。

1. 从业人员工资水平

根据国家统计局 2011 年 5 月 3 日公布的数据表明，2010 年我国城镇私营单位就业人员和非私营单位在岗职工年平均工资分别为 20759 元和 37147 元。分行业门类看，2010 年金融业在城镇私营单位就业人员年平均工资排名中位居第二，为 30513 元，是全国平均水平的 1.47 倍；而城镇非私营单位在岗职工年平均工资最高是金融业，

① 中国人民银行：《2007 年中国区域金融运行报告》，2008，第 5 ~6 页。

为 80772 元，是全国平均水平的 2.17 倍。①

如图 5－12 所示，中国私募股权投资机构从业人员的薪酬结构大致分为基本薪资与浮动薪资两部分。基本薪资部分主要反映员工的知识、技能与经验；浮动薪资则与员工的业绩挂钩，其中包括年度奖金、项目奖金、项目退出收益分成、项目跟投收益及员工福利等。根据清科研究中心的市场调研及访谈，本土国资背景的私募股权投资机构与民营投资机构员工在薪酬构成方面有较大差别。民营机构市场化程度更高，多采取“低基本工资、高绩效工资”的激励制度，相反，国资背景的投资机构通常会给予较高的基本工资，但是员工收入与投资绩效相关度较低，基本薪酬占到工资收入的 60% 左右。而外资机构的员工收入则与投资绩效相关度最高，其基本薪酬只占工资收入的 40% 左右。

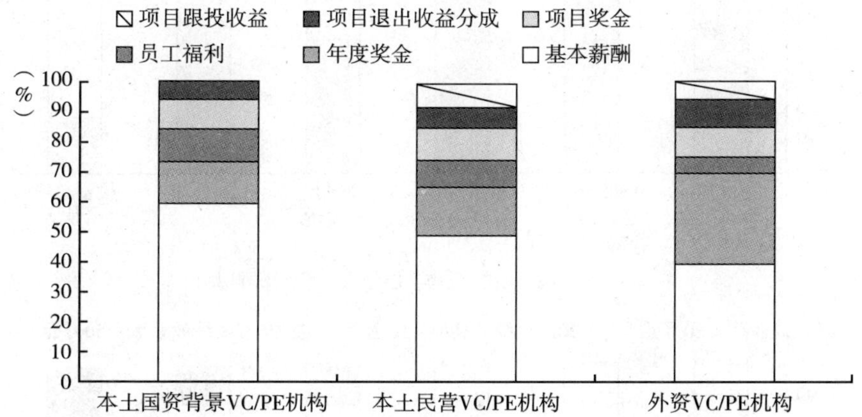

图 5－12　本土外资私募股权投资机构人员薪酬构成

资料来源：清科研究中心：《中国 VC/PE 机构管理机制及薪酬体系专题研究报告》，2011，第 16 页。

① 中国国家统计局：《2010 年城镇非私营单位在岗职工年平均工资主要情况》、《2010 年城镇私营单位就业人员年平均工资主要情况》，http://www.stats.gov.cn/，2012－05－03。

如图5－13所示，从2010年私募股权投资机构各层级员工的薪酬水平来看，中高层基本薪酬呈现出随职位上升而逐步递增的趋势。清科研究中心的调研结果显示，外资私募股权投资机构员工的整体薪酬水平明显高于本土机构。这直观的反映出外资与本土机构之间的不同的薪酬制度传统、人力资源安排及人才投入意识。相对本土私募股权投资机构，不难看出外资私募股权投资机构员工的薪酬体系更为成熟，基本薪酬随职位增长逐渐增加。外资机构从业人员绩效薪酬高于本土机构，其中以中高层员工最为明显。

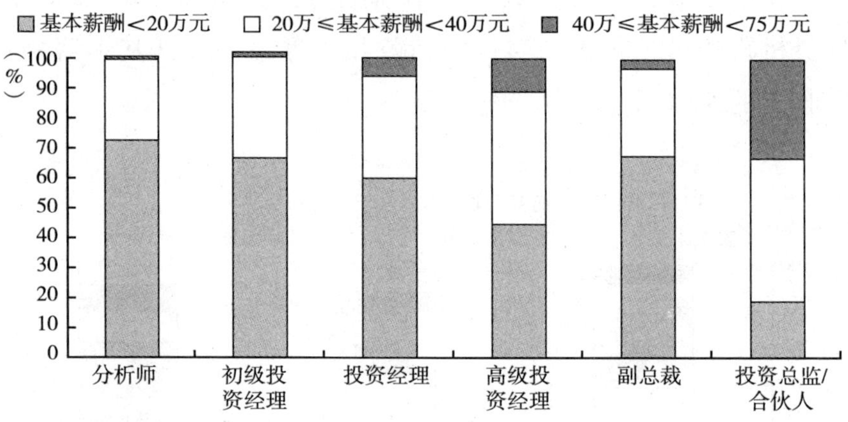

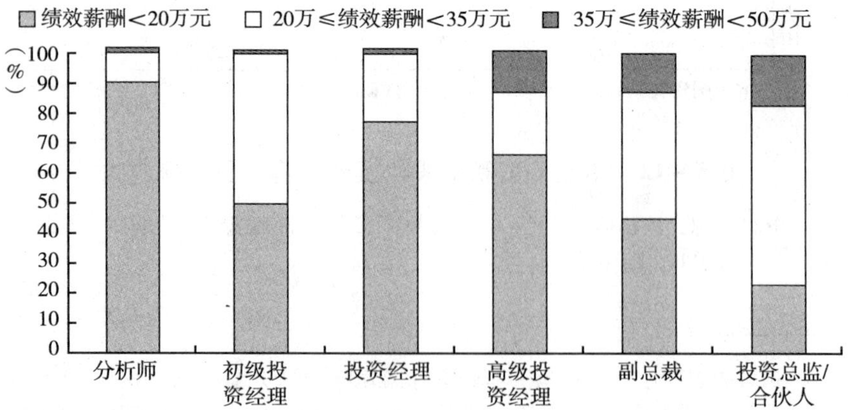

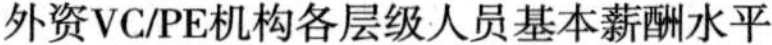

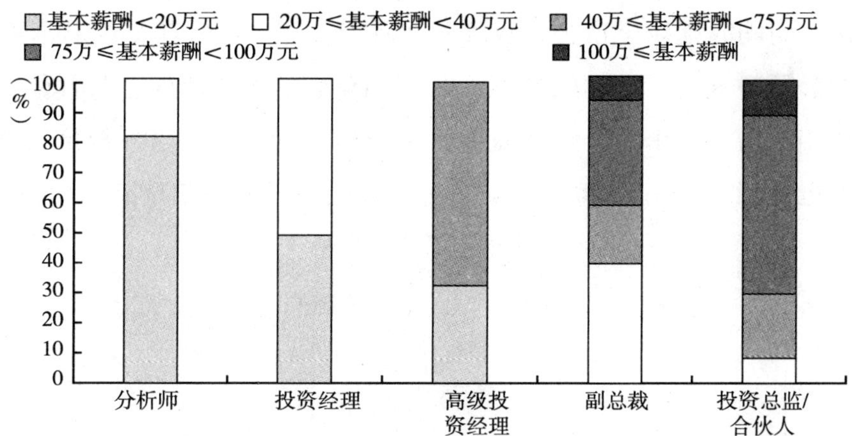

外资VC/PE机构各层级人员绩效薪酬水平

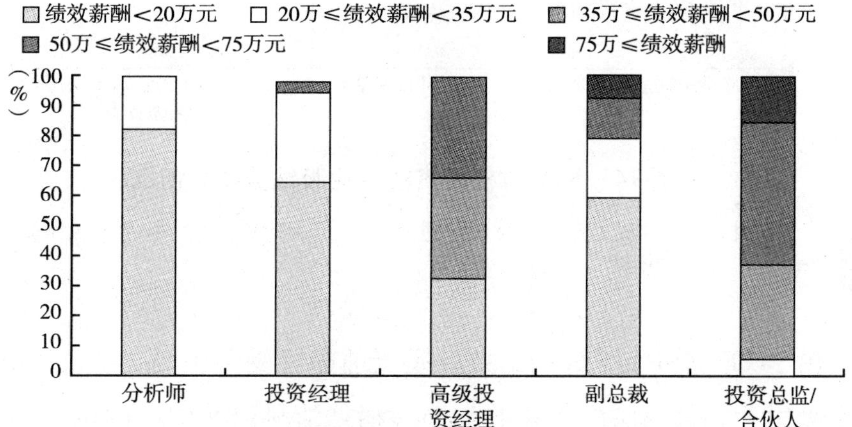

图 5－13　本土外资私募股权投资机构各层级人员薪酬水平

资料来源：清科研究中心：《中国 VC/PE 机构管理机制及薪酬体系专题研究报告》，2011，第 24、27、31、33 页。

2. 产业吸纳劳动力的能力

私募股权产业在吸纳劳动力方面发挥了越来越大的作用。根据中国欧盟商会和贝恩公司联合进行的一项调研显示，私募股权基金投资的公司通过创造更多的全职就业机会、提高薪资水平、雇佣教育程度更高的员工，对中国经济和社会产生了极其巨大影响。如图 5－14 所示，在调查期内，接受私募股权投资的公司的全职雇员总数增长了16%，而同时期内上市公司仅增长了8%。并且这些获得私募股权投资的公司还支付了更高的薪酬，其薪酬总额的增长速度，与其他上市公司相比高出七个百分点。雇佣大专及以上学历毕业生的数量的增长速度也比同类公司高50%，从而进一步提高了就业质量。

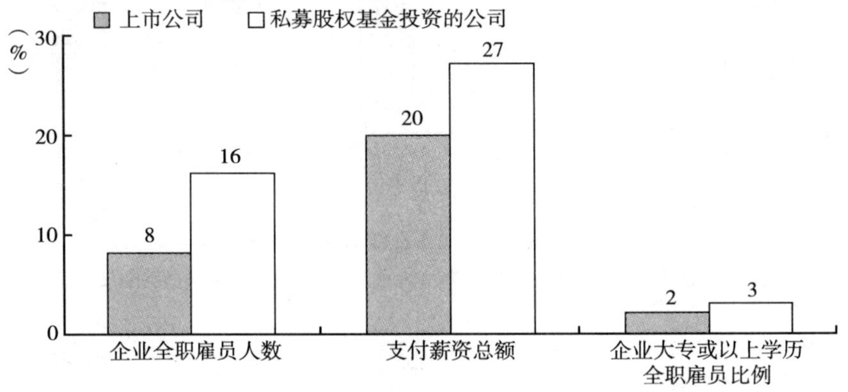

图5-14　私募股权投资的企业吸纳劳动力情况

资料来源：中国欧盟商会 & 贝恩公司：《私募股权基金对中国经济社会的影响》，2009年12月，第10页。

由于PE薪资水平较高，并且是当前非常受关注的行业之一，因此也吸引着大批高层次人才的加盟。根据清科研究中心的调研显示，如图5-15，在本土私募股权投资机构中，有30.8%的受访者认为薪酬不合理是导致员工离职的最主要原因，其次是因为未来职业发展受到限制。由于公司平台搭建不足和对企业文化不认同而离职的人员占比相对较低。而与本土机构员工不同，外资私募股权投资机构受访员工则大多认为人员离职是出于个人职业理想因素，认为员工由于未来职业发展受限而离职占比达37.5%，因为对企业文化不认同而离职的占比31.3%，而由于薪酬不合理和公司平台搭建不足而选择离职的均不足两成。

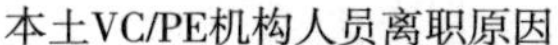

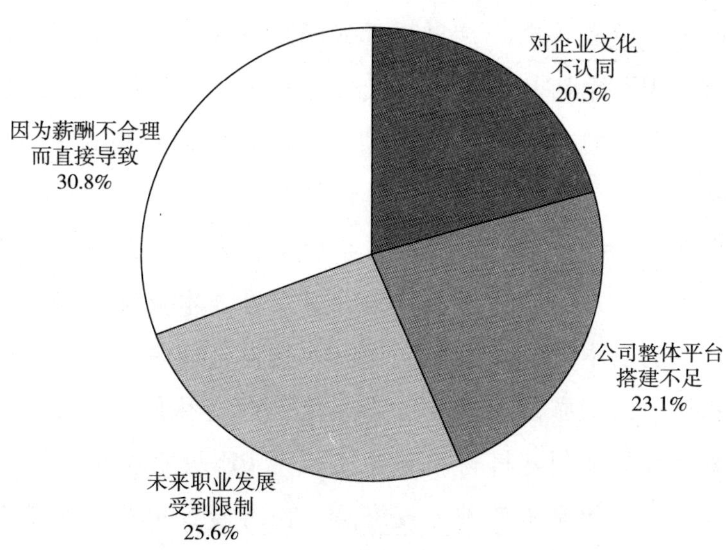

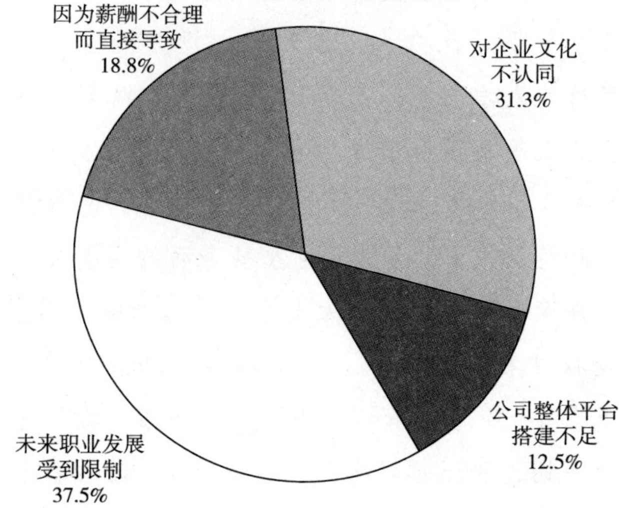

图 5－15　本土与外资私募股权投资机构人员离职原因

资料来源：清科研究中心：《中国 VC/PE 机构管理机制及薪酬体系专题研究报告》，2011，第 29、34 页。

案例5－5　2011年中国私募股权投资行业人事变动盘点

2011年，在私募股权投资市场格局重构的过程中，投资机构的团队稳定性开始遭遇挑战，出现了频繁的人事变动。ChinaVenture对2011年国内PE行业市场运行及从业人员流动状况的监测，总结盘点出对行业发展影响重大的人事变动事件，以期揭示国内PE行业发展现状及规律，并为未来行业发展提供借鉴。

纵览2011年中国PE行业的人事变动，大致可分为三种情况，一是机构之间投资人的自然流动，比如原贝恩资本董事总经理黄晶生转投TPG、原凯鹏华盈合伙人李立伟加入青云创投等；二是投资人独立组建新基金，比如原凯鹏华盈主管合伙人钟晓林创建江南资本、TPG中国区高管马雪征创建博裕投资等；三是PE从业者在上下游领域之间的跨界流动，如原华商基金投资总监庄涛转投中信产业基金、原国开行评审三局创业投资处处长胡斌任英飞尼迪董事总经理、红杉资本副总裁余根灵任合众集团直投业务董事总经理等。

市场激烈竞争下对优秀人才的渴望、投资机构的业务调整及扩张，都加剧了行业人才流动；而在PE行业固有的封闭式基金管理模式下，高层投资人等重要决策成员的变动也将对基金管理团队和投资人带来连锁影响。ChinaVenture投中集团分析认为，薪酬待遇、团队合作与发展空间是国内PE行业出现人事变动的主要原因，而机构业绩的分化与投资策略的调整，也为人事变动起到助推作用。

(1) 王功权“私奔”

2011年5月16日，鼎晖创投合伙人及创始人之一王功权通过微博宣布“放弃一切，和王琴私奔”，成为轰动一时的社会热点。除却其中的娱乐色彩，LP如何判断与处理GP团队的稳定性风险，也引发了业界的热烈讨论。

6月2日，鼎晖投资召开鼎晖创投人民币基金LP会议，董事长吴尚志在会上宣读了给全体基金投资人的一封信，同意王功权由于个

人原因辞去其在鼎晖创投的现任职务，自2012年1月1日起正式离职。与此同时，为保证现有LP利益，鼎晖创投创始合伙人之一黄炎即日起接替王功权，全面负责鼎晖创投的运作与日常管理工作，陈文江晋升为高级合伙人并进入投资委员会，鼎晖创投还将在2012年底前补充至少一名高级合伙人或合伙人。

（2）凯鹏华盈人事调整

2011年，凯鹏华盈中国基金经历多次人事调整：1月，原汇丰直投董事兼中国区首席代表梁英杰宣布加盟并担任合伙人；2月，主管合伙人钟晓林通过微博宣布离职，并与其他合伙人共同创立江南资本，并已完成首期规模25亿元的人民币基金募集；同样在2月，合伙人李立伟宣布离职加入青云创投；6月，原维梧创投管理合伙人黄瑞晋宣布加盟并出任合伙人。

11月，媒体爆出凯鹏华盈中国基金创始人及主管合伙人汝林琪离职的消息。凯鹏华盈随后正式对外澄清，汝林琪并未离任，仍将继续担任凯鹏华盈中国一期美元基金、人民币基金和TDF中国基金的创始主管合伙人。汝林琪则表示，她个人决定不参与凯鹏华盈二期基金的管理，但会以资深顾问的身份参与投资。

（3）马雪征独立募资

2011年3月，TPG资本中国区高管马雪征辞职，与同期卸任的平安集团总经理张子欣共同成立私募股权基金——博裕投资顾问有限公司，专注于内地市场的收购业务。同时加入的还有前Providence合伙人童小幪以及前高盛直投部门员工江志成。

马雪征曾担任联想财务总监，2007年加入TPG亚洲团队，出任董事总经理兼合伙人。其离职与独立募资被业界视为外资PE巨头遭遇本土化障碍。面对本土机构在项目渠道、决策效率、投后管理等方面的创新与竞争，欧美国家成熟的PE运作模式在中国这一新兴市场已经越来越难以书写辉煌；而管理方面的诸多束缚，也降低了外资机构对本土精英的吸引力。

(4) 吴亦兵“入主”金石投资

2011年6月，同属中信证券的中信产业基金总裁吴亦兵调任金石投资的消息不胫而走。吴亦兵以“执行董事”身份进驻金石投资，同时仍担任中信产业基金总裁职位。不过有消息称，金石现有的创始团队已被边缘化，最终将由吴亦兵接管金石投资。

此前，券商直投因“保荐+直投”的业务模式广受诟病，而在业务上与券商投行部门的紧密联系，也使得券商直投团队的投资能力难以得到验证。2011年7月，证监会正式将券商直投试点转入常规监管，并叫停“保荐+直投”模式，券商直投将直面市场竞争。而吴亦兵的加入，则意味着金石投资将借鉴中信产业基金发展模式，重新界定券商直投角色。

(5) 黄晶生加盟TPG

2011年8月，贝恩资本董事总经理黄晶生离职并加入TPG资本中国团队，担任合伙人。贝恩资本官方资料显示，黄晶生于2005年加入贝恩资本，此前任职于软银赛富。2010年8月，贝恩资本参与国美电器大股东黄光裕家族与职业经理人陈晓之间的控股权争斗，一度面临较大舆论压力，对其后续投资和团队稳定也带来一定影响。

TPG方面，此前已分别在上海和重庆分别成立总额50亿元的人民币基金，并组建了投资团队。在单伟建和马雪征先后离职后，TPG开始了中国区投资人的招聘工作。今年5月，原高盛香港私人股本业务负责人之一的Steve Sun加入TPG中国团队，任合伙人职位。黄晶生今后将与同样来自高盛的Steve Sun、刘伟琪以及王兟共事。

(6) 庄涛加盟中信产业基金

2011年7月，华商基金投资总监、华商盛世成长基金经理庄涛跳槽至中信产业基金，负责中信产业基金新设立的二级市场业务。据称，中信产业基金意欲打造的二级市场投资产品类似阳光私募基金，

在业绩上则追求二级市场的绝对收益，目前庄涛带队的团队已经有20人，已经超越很多阳光私募的规模。

进军二级市场目前已开始成为部分PE机构拓展业务种类、分散投资风险的重要尝试，如参与PE私募股权投资、试水证券投资业务等，而吸引二级市场人才加入也成为重要手段。此前在5月份，前招商基金总经理成保良即转投PE行业，参与筹备上海国际集团设立的本外币产业投资基金——上海瑞力投资有限公司；原长盛基金投资总监闵昱也加入了鼎晖投资设立的二级市场私募基金。

（7）王佳芬加盟平安信托

2011年6月，王佳芬离开纪源资本，加盟中国最大的信托公司平安信托并担任副董事长，分管PE项目的投后管理。2008年卸任光明乳业董事长后，王佳芬加入纪源资本并担任合伙人，是中国企业家由实业转向投资的典型代表。

近年来，平安集团借助平安信托平台大力发展私募股权产业业务，但在专业能力方面仍有提高空间。王佳芬此次加入平安信托，主要就是提高其私募股权产业业务的增值服务能力，她多年的企业管理经验及投资经历，可为投资企业带来更多附加价值。近年来弘毅、中信产业基金、联想投资等机构的经历表明，投后管理能力将是PE未来赢得市场竞争的重要因素。

（8）集富亚洲三名投资人离职

2011年上半年，集富亚洲有三位成员相继离职，即中国南区董事总经理朱建寰、董事总经理周政宁、董事乐文勇。据悉，朱建寰将加入原捷鸿资本创始人王刚创立的维思资本，周政宁和乐文勇则计划筹备新基金。

与TPG和凯鹏华盈一样，集富亚洲也是一家外资机构。外资机构中的中国投资人转投本土机构或者独立募集基金，已成为近两年中国PE行业的一个重要趋势，这也与2009年以来美元基金与人民币基金此消彼长的发展现状相对应。

(9) 青云创投新增两名成员

青云创投2011年有两名新成员加入：2月，原凯鹏华盈合伙人李立伟宣布离职，加入青云创投并担任合伙人，更加专注清洁技术方面的投资；5月，原智基创投合伙人林霆加入青云创投并担任董事总经理，林霆在2010年11月因个人原因离开工作四年的智基创投，此前一直去向未定。

2011年是青云创投成立十周年，十年间青云一直专注于清洁技术领域的投资，也是国内少数专注于特定领域的投资机构。近年来，越来越多的投资机构开始成立医药、文化、移动互联网等领域的专业化投资基金，以打造经验与资源优势，而青云创投对优秀人才的吸引力也正源于此。

资料来源：冯坡：《2011年中国PE行业人事变动盘点》，http：//report. chinaventure. com. cn/r/f/464. aspx，2012－03－25。

对　策　篇

Countermeasure Report

B.6

中国私募股权产业安全问题与对策

一　中国私募股权产业生存安全问题及对策

目前来看，中国私募股权产业的生存环境状况较好，具备基本的生存安全。在外资控制度方面，也从过去较高的水平逐渐下降，外资总资产占整个私募股权产业的比重持续下降。

但与此同时，该产业的生存安全也面临着不少的隐患，因此有必要采取多种措施消除这些隐患，以维护中国私募股权产业安全。

1. 培育优质私募股权投资机构

当前中国私募股权产业的优质企业比率较低，很多从事投资的机构都不是真正意义上的私募股权投资机构和 PE，具有较大影响力的机构不多，很多中小机构都缺少专业化的运营及管理，面临着在竞争中被淘汰的风险。

案例6－1　PE谋变求生存：淘汰从融资开始

“洗牌已经开始了，”弘毅投资总裁赵令欢告诉记者，“PE淘汰是从融资开始的”。经过持续数月的融资下滑，2012年1月PE融资活动已经降到冰点，根据ChinaVenture统计，2012年1月仅有五只基金完成募资。众多市场人士认为，这场开始于去年下半年的融资低潮，让曾经“野蛮生长”的PE行业渐归冷静。从整体看，2011年基金募资规模28.7%的增长幅度明显低于2010年超过100%的增速，2010年“全民PE”的狂热似乎已经退烧了。

许多中小PE机构再融资更是举步维艰，成为大浪淘沙中的牺牲品。“从2011年下半年开始，很多投资策略失误或者没有历史业绩的机构已经难以融到资金，或者只是名存实亡。”赵令欢说。

2011年底，发改委一纸新规，进一步对中小PE的融资加强了规范。2011年12月8日，发改委出台了首个全国性股权投资企业管理规定。除了将强制备案推广至全国范围，还建议单个投资者对股权投资企业的最低出资金额不低于1000万元。对于大型PE机构，此规定影响不大，甚至有机构不断宣布新的募集计划。如2011年底，贝恩资本就表示，正在筹备人民币基金的成立；而弘毅投资也刚刚完成了23.68亿美元的五期美元基金和100亿元的二期人民币基金的融资计划。但对于中小PE机构，1000万元的门槛让原本对它们就不丰富的LP队伍变得更加稀疏。

资料来源：刁晓琼、王晓璐：《PE谋变求生存：淘汰从融资开始退出渠道转向》，http://news.chinaventure.com.cn/2/20120312/78633.shtml，2012－03－25。

面对这些问题，一方面国家可以综合采取税收优惠等多种鼓励措施，扶植和推动真正专业化的私募股权投资机构的发展。另一方面，私募股权投资机构也有必要从资本募集、项目决策到增值服

务、股权退出等各方面综合提高从业人员专业化水平，走专业化的发展道路。

2. 放宽措施吸引外资

《亚洲直接投资评论》的数据显示，目前总计有89家外国私人股本公司在华运营。随着中国本土PE的兴起，这些海外基金在中国的发展颇受限制。目前，外资PE所受到的最大制约就是中国有关政策的限制，他们只能进入符合《外资投资产业指导目录》的行业，美元基金的投资还要经过极为复杂的审核程序。不过，随着近年来中国企业对海外企业并购的兴趣日益浓厚，外资PE的作用也日益凸显。这些外资基金对于杠杆收购比较熟悉，具有较高的经验与技巧，拥有团队和管理优势，与他们合作将有助于中国企业海外并购的成功。因此，适当放宽限制，给予外资PE适度发展的空间，也有利于中国本土私募股权产业的发展。

此外，目前境外投资者在进入国内投资时，面临发改委、商务部以及外管局等多个部门审核，其中外管局的审核最为严格，其防止热钱流进国内的决心使得审批难度加大。严格的外资准入政策一方面有利于防止外资对中国重要产业的控制度，可以保护中国民族产业自主生产和发展的能力。另一方面也制约了外资对我国私募股权产业发展的推动作用。目前，尽管国内已有四个城市开始试点QFLP政策，但进展却不明显。其中结汇问题成为最大的障碍。在实际操作中，QFLP的投资额度仍然无法一次性换汇使用，每一单投资都必须单独申请外汇额度，同时进行投资行业的审查。而据国家外汇管理局表示，2012年也将继续严厉打击“热钱”跨境流动，维护国家经济金融安全。另外，中国也没有形成全国性的QFLP政策，仅在四个城市试点，因此，境外投资者对QFLP普遍持观望态度。另外，目前获得QFLP试点资格的都是外资GP，而不是LP。

案例6－2　QFLP因何迟迟未“落地”？

据记者了解，即使拿到了QFLP额度的机构，对此项“特批”所带来的实际便利却并不乐观。凯雷投资集团对QFLP非常积极。它和复星集团各自出5000万美元（复兴集团出等额人民币），来做一只QFLP基金。目前，它的一些高管已经到岗。至于为何尚未投出一个项目，凯雷不愿多说，只简单对记者表示，目前尚未找到合适项目。

而有相当多的外资基金，实际上对QFLP并不积极。

有一家中型外资基金合伙人则表示：“我们申请了QFLP，但并没有很积极去推，一方面是推动这个事需要时间；我们也没有绝对的把握能拿到这一资格；而且拿到了QFLP资格后效果如何，我们并不是那么明确——我感觉就是零售转批发，以前外资基金每投一个企业，需要到当地外管局走一个流程，把外资变成人民币进来；如果拿到了QFLP，第一次还是要走这个流程，以后就不用了。”

近几年来，外资基金要投企业，监管层的审查越来越严，但外资对QFLP依然不是那么热情。事实上，从几大机构争抢创投机构审批资格，到创业板，到融资融券政策迟迟不能出台；再到债券市场至今多头管理，监管部门之间的博弈从来都会将一个新事物一个新政策的推行，变成一场旷日持久的暗战。而命运与此息息相关的个人或公司，只能找消息灵通人士打探，结果到底会如何，好早作打算。

资料来源：潘沩：《QFLP因何迟迟未“落地”》，http：//www.21cbh.com/HTML/2011－8－27/5MMDcyXzM2MDU5MA.html，2012－03－25。

中国私募股权产业发展较晚，在运作模式和管理上都有必要借鉴国外的经验，借助外资私募股权投资机构对国际市场和资本运作的了

解，推动国内 PE 的专业化发展。而且从国外的经验来看，很多 PE 也是积极吸收海外投资者以筹集更多资金。而中国资本项目管制的大背景制约了外资参与中国私募股权产业发展的热情和力度，因此中国也有必要适当放松管制，进一步完善 QFLP 制度，给予国外养老基金、慈善基金、大学基金等长期机构投资者的投资资格，在全国范围内批准符合资格的境外有限合伙人把一定额度的外资转换成人民币，在境内直接投资本土一般合伙人。

3. 建立、健全信用管理机制

当前，信用管理机制的缺失严重制约了中国私募股权产业的健康发展，甚至有可能撬动其生存的根基。

案例 6－3　PE 沦为寄生虫?

2012 年 2 月 4 日，在亚布力企业家论坛上，软银赛富总裁阎焱言辞激烈地批评，“目前国内 90% 的 PE 靠套利，最典型的是用高干子弟拉项目，靠特权获得项目和资源”。这是“全民 PE”以来，首次有 PE 大佬直言业内生态，也掀起大众对 PE 腐败的讨论热潮。

但一位杭州地区的私募股权投资经理却不以为然，“冰冻三尺非一日之寒，这在圈内并非秘密”，把 LP 的子女或者一些有政府背景的人拉来公司，负责资金募集或者项目承揽，已经成为常态化运营的方式。“比如，一家在浙江可以排得上前五的 PE，其少帅就是某省级领导的儿子，谁都知道他的项目是怎样来的。为了做‘护身符’，拉一两个有背景的人来做，也是必要的。”该投资经理说：“更关键的，是如何把企业送上资本市场，获得上市的巨大收益。”

根据清科数据统计，目前国内 PE 退出案例超过九成最终是通过 IPO 上市。而要完成这个关键的“惊险一跃”，证监会股票发行审核委员会（下称“发审委”）是绕不过的关口。根据证监会今年新政预披露提前公布的数据，正在证监会上市申报流程中的企业高达 515

家，其中主板市场295家，创业板市场220家。“就像一条通往金库的道路，却只有一条窄门。”一位曾投资多家上市企业的PE合伙人说：“那么多人都想过去，眼看着别人进去发财了，你会想不到贿赂一下守卫吗?”

拥有放行权力的发审委必然存有巨大的寻租空间。至少在PE圈里，“搞定”发审委成为笼络企业、突击入股的重要一招，有时候甚至成为核心竞争力。

每一家拟上市的公司，都成为众人“围猎”的香饽饽。“让那些有证监会资源或者号称有证监会资源的机构入股并不罕见。”一位浙江地区私募股权投资经理说。他的矛头更是指向一家著名的浙江地区已经上市的婴童企业。“这家企业有15家以上PE入股，老板可能管得过来吗?”他说，“开个会会议室都坐不下”。这些入股的PE可以分为三种，第一种是券商的直投公司，这是公关证监会的资源；第二种是有地方政府关系的投资公司，大领导、工商税务都得照顾到；第三种是海外投资公司。

“一家早就打算好在国内上市的企业，为什么要弄一个海外架构的PE?只能说是防止别人查到它的最终控制人，谁也不知道它跟哪些人有关系。”他说。“引入太多PE没法平衡，最后创始人在上市成功后没多久就不得不匆匆称病引退。”

实际上，更有一些低调的PE采取了更为隐秘的方法。譬如在上市前三年进入，在为企业铺展人脉扫除上市障碍之后，通过种种方式把股权卖给其他公司，再通过投行包装，刻意淡化痕迹。“甚至可以做到不留痕迹。”前述浙江PE合伙人说。

在引入如此多的“牛鬼蛇神”，给具有证监会渠道的人输送如此多的利益之后，发审委在审核时自然会“手下留情”。这种手下留情，造成的是一些公司在上市两到三年之后，被发现爆出巨亏或业绩变脸。

围绕发审委产生的寄生链条上的攫利者，并非只有在台前赚取市盈率差价的PE，更包括隐身于发审流程各环节的证券公司、律师事务所、会计师事务所、评估机构、财经公关、环评机构和IPO咨询等各类机构。根据汉鼎咨询数据，2011年，公开的中国IPO发行费用合计达到152亿元。在这块巨大的蛋糕中，保荐机构券商分到了其中的大部分，占到总数的85%。为了满足发审委关于持续盈利能力、独立性以及财务会计方面的审核要求，部分投行往往会给企业提供一些“暂渡难关的权宜之计”。一位业内人士还表示，在券商收取的高额费用中，“除去单纯的劳动报酬、辅导费用，券商保荐人的口碑溢价也占到了相当比例”。只不过这种“口碑溢价”不仅与券商、保代的专业能力有关，“更与券商在发审委处的背景深浅有关”。

无独有偶，为IPO企业提供合规咨询和法律文件的律师事务所，各家收费同样出现了显著差异，甚至在一家律所内部，因为与发审委熟悉程度不同，律师间的收费也有着显著差异。

除了券商和律师事务所，IPO过程中几乎无处不在的财经公关公司，则经常活动于灰色地带，频繁打出法律的“擦边球”。一家财经公关公司的媒介总监颇为直白地告诉记者，他们为IPO企业提供的服务主要有三项，一是安排企业负责人与“会里的有关人士”见面餐叙，沟通感情；二是帮助企业在过会期间灭掉“负面新闻”；三是帮企业设计在过会现场的“公关方案”。

资料来源：沈旭文、贺颖彦：《造富工厂证监会：PE沦为寄生虫　“埋葬”发审委?》，http：//news. chinaventure. com. cn/2/20120307/78096_ 5. shtml，2012－03－25。

因此，建立、健全PE的信用制度是当前维护中国私募股权产业生存安全的紧迫课题。良好的信用制度是发展PE的基础，在美国和欧洲这种信用制度已经非常成熟，而在我国市场上还没有形成以“信用”“诚实”为基础的运行机制，国家也没有相关的信用管理制度及惩戒机制。这使得私募股权产业很难规避基金管理人造成的"道德风险"。此外，由于我国没有个人破产的相关制度，所以基金管理人在承担无限连带责任的同时却不能真正履行责任，这无疑加大了基金投资人的投资成本和风险，也是阻碍 PE 发展的重要因素。2011 年 11 月，中国股权投资基金协会发布了《中国股权投资基金行业指导原则》，这是中国第一部行业自律规范，其目的之一就是要设立从业人员职业道德标准，提高从业人员的社会责任感。今后如果能在这一指导原则的基础上，进一步规范整个私募股权产业的信用管理和惩罚制度，将有利于该产业的健康稳定发展。

二　中国私募股权产业发展安全问题及对策

相关数据显示，中国私募股权产业在 21 世纪以来取得了快速发展，但是整个行业的"野蛮生长"以及随之带来的恶性竞争给产业发展安全方面带来了诸多隐患，亟待采取相关对策以维护该产业健康、稳定发展。

1. 进一步完善中国私募股权产业政策

目前，中国私募股权产业政策还存在很多问题，整体政策的滞后已经成为制约我国私募股权产业发展的关键问题。如到目前为止，我国还没有全面地针对 PE 的资金募集与设立、投资、运作、监管和退出机制等方面的专门的法律、法规，尽管《信托法》《公司法》《合伙企业法》等法律提供了有关 PE 一些原则性规定，但缺少相应的配套措施，操作性不强。例如近来 PE 机构苏州工业园区海富投资有限公司与被投资公司甘肃世恒因五年前投资合约中的对赌条款闹上法庭，而一审二审都已判对赌条款无效，这也成为我国首个对赌被判无效的司法判例。对赌和回购条款是 PE 非常常见的条款，是 PE 重要的保护自身利益的措施。但最高法院判对赌无效，无疑表明国内法律

并不支持对赌条款，这无疑对 PE 行业未来发展造成深远影响。此外，配套法律的欠缺以及产业政策的不完善，使得中国私募股权产业发展过程中，在政策、监管、税收等各方面都出现了一系列的问题。尤其是对 PE 的监管方面，由于没有统一明确的部门进行监管，使得“政出多门”，既造成 PE 在有的方面面临多重监管，也使有的地方形成“灰色区域”缺乏监管。因此，2012 年 3 月的两会期间，在众多关于资本市场的提案议案中，私募股权基金管理也成为两会代表、委员们热议的话题，其中就有代表提出议案，认为加强私募股权基金监管制度建设刻不容缓。

笔者认为，当前应从以下几个方面着手进一步完善私募股权产业政策。

（1）规范 PE 运作。PE 从筹资到投资再到退出，有一个非常专业的运作流程，国家应该设立专门的法律、法规对其运作进行规范，给 PE 以明确的定位，对其名称、经营范围、投资门槛、税收标准、基金管理人资格等各方面都制定全国统一标准，让整个私募股权运作过程有法可依、有法必依。

（2）明确 PE 监管部门，实现多层次的监管体系。PE 监管涉及的面比较广，目前，中国发改委、证监会、人民银行、商务部、财政部、外管局、科技部、税务局、工商局等各个部门都不同程度地参与到了监管工作中。但是，相关政府部门的监管职能没有明确划分，各部门各自为政，缺乏配合与协调。一方面使得 PE 在有的领域面临双重监管甚至多重监管；另一方面又使得有的领域出现监管真空，易被不法分子钻空子。因此，政府应该制定法律，明确规定 PE 的监管部门，明确监管职责。此外，由于目前中国 PE 种类繁多，包括产业基金、政府引导基金、创业投资基金等多种形式，因此，可以仿照美国，根据 PE 的资金规模，对达到一定限额的基金要求到上级监管部门进行备案，接受相关的监督和管理。

（3）制定合格投资者制度。目前，我国还没有在法律中对 PE 的合格投资者进行明确界定，而这恰恰是规范 PE 运行和保护投资者的重要环节。我国目前对投资者资格的规定主要是《外商创业投资企业管理规定》、《创业投资企业管理暂行办法》、《信托公司集合资金信托计划管理规定》中对投资者实力以及投资经验的限定，但并不能普遍适用于所有形式的 PE。另外，我国目前也没有对机构投资者和非机构投资者进行区分，商业银行及其他非银行金融机构能否作为合格投资者进入私募股权投资市场没有明确的法律依据。目前社保基金、保险公司、证券公司已经相继获准投资 PE，但是投资上报审批程序复杂，受到较大限制。

（4）建立信息披露制度。由于我国至今没有一部专门关于 PE 的法律，因此也没有建立起 PE 的信息披露制度。而 PE 的“私募”特性决定了基金运作透明度差，缺乏必要的信息披露，造成了投资者和基金管理者之间信息的不对称，加大了投资风险，也使得监管部门难以对基金实行有效的监管。从目前国际上通行的情况来看，美英等国都开始加强对 PE 在信息披露上的监管要求，因此，中国也有必要建立相应制度，对 PE 进行必要的信息披露要求，以便投资者及时规避风险和监管部门及时化解风险。

（5）加强行业自律。美英等国都强调通过基金行业的自律来实现自我控制、自我约束和自我管理。中国目前也建立了 PE 的全国层面自律性组织和地方层面自律性组织，分别举办了有关 PE 的高峰论坛和国际交流。中国股权投资基金协会也于 2011 年 11 月正式发布了《中国股权投资基金行业指导原则》，在参考美欧日等国发展经验的基础上，提出了中国自己的行业发展准则。但是，相比美欧等国行业自律组织在有关 PE 信息统计、资料发布等方面所做的工作，中国各层次自律组织还缺乏这方面的工作，并且在公布有关投资咨询、提供更多增值服务方面也还需要进一步加强。

2. 进一步完善中国私募股权产业运行环境

从中国私募股权产业的运行环境来看，尽管近年来，筹资渠道得到了不断扩展，但是增速已经出现了放缓的趋势。投资仍然处于增长的态势，但是投资回报率出现下降趋势，基金退出的渠道也仍然较为单一。

展望未来，我国私募股权产业运行环境应该从以下几个方面进一步得到完善。

（1）推动机构投资者对 PE 的投资，进一步促进筹资渠道的多元化

随着 2011 年以来“非法集资”案件频发引起国家对 PE 监管政策趋紧以及二级市场持续低迷等诸多因素的出现，国内 PE 的筹资难度逐渐增大。保障私募股权产业持续稳定的资金来源并开拓更多的合格机构投资者成为维护私募股权产业安全的重要因素之一。目前中国的社保基金、保险公司、证券公司、银行等金融机构都积极通过多种途径参与私募股权投资，但是与国外养老基金等机构投资者对私募股权投资的积极参与相比，中国的机构投资者在投资中还受到诸多限制，这也对 PE 进一步获得资金造成了一定的影响。如尽管国家允许全国社保基金总资产的 10% 可以作为 LP 投向 PE，但是目前实际上全国社保对 PE 的投资额约占总资产的 2%，距离可投资上限还有很大差距。另外，2011 年 12 月国家发改委出台的《关于促进股权投资企业规范发展的通知》，在其附件《股权投资企业资本招募说明书指引》中，建议“单个投资者对股权投资企业的最低出资金额不低于 1000 万元”。虽然这个建议不是强制性的要求，但是业界普遍认为，如果单个 LP 出资额低于 1000 万元，在发改委实际备案时将遭遇阻碍。出资人门槛的提高，必然会减少合格的 LP 数量，无疑将增加 PE 筹集资金的难度。

因此，从当前发展的趋势来看，有必要通过政策与监管的完善或

行业协会的建立，拓宽 PE 的资金来源，引导更多的机构者参与私募股权投资市场，有机地利用好各金融机构及其已有的合作渠道，及时解决有关问题，推动私募筹资渠道的多元化。建立起将政府、金融机构、保险资金、社保基金、企业年金、企业资金、境外资本以及富裕个人都包含在内的 PE 多元化资金来源体系已成为维护中国私募股权产业发展安全的重要因素。同时在这种多方合作下要保证市场的稳定，通过风险控制、政策监督、机制完善等多种途径保证私募股权投资市场能够取得健康有序的发展。

（2）引导私募股权投资与新兴战略产业相结合，关注实业和中小企业

目前国内 PE 在投资数量和规模上都实现持续增长，但增速已然放缓。众多基金扎堆投资、哄抢项目的现象屡屡出现，这不仅会导致价格战，而且也使得很多基金最终收益大大缩水。另外，很多基金在选择投资项目缺乏长远视点，仅关注短期收益，导致投资失败，这些问题都对私募股权产业的健康发展起到了严重的制约。此外，与欧美相比，中国私募股权投资在 GDP 中所占的比重也比较低，仅达到 0.15%，而美国和英国分别能达到 0.67% 和 0.74%。[①]

案例 6－4　12 家 PE 扎堆隆鑫通用高价入股隐现苛刻对赌条款

多家创投机构扎堆投资于拟上市企业的情况再现。2012 年 3 月重庆市隆鑫通用动力股份有限公司（下称“隆鑫通用”）的招股说明书（申报稿）显示，“国”字头的国开金融“率领”11 家民营 PE 在同一时间以同一价格投资其中。

招股书显示，2010 年 6 月，隆鑫通用创始股东隆鑫控股、银锦

① Ernst & Young, *Global Private Equity Watch 2012*, 2012, p. 28.

实业将其所持有的隆鑫工业的部分股权按一定比例分别转让给小村创业投资、谨业投资、景绪投资、涌源投资、睿德丰华、盛嘉置业、龙在田投资、载荣投资、国开金融、软银投资、中科渝祥、金宝天融共12家创投机构。其中国开金融投资5.5亿元获得发行前12.2%的股份；中科渝祥投资5亿元，持股比例为11.1%；软银投资持股比例3.3%。从入股价格来看，上述机构的投资价格均为每股6.25元，如果按照公司2010年的每股收益0.51元计算，PE机构投资的市盈率约为12.3倍。

辅之以这一高价的是苛刻的“对赌条款”：在隆鑫通用合格上市之前，如果公司2010年经审计的归属于公司本身的净利润低于5亿元，则隆鑫控股或银锦实业应以现金向股权受让方各方补偿；如果在2013年6月30日之前隆鑫通用仍没有实现上市或审计机构出具的审计报告中就隆鑫工业净资产价值相比减值在10%以上以及公司实际控制人发生改变，则上述财务投资人有权要求公司或其股东回购股权。虽然上述“对赌协议”在2011年3月的股东大会上宣告不再执行，但足见上述投资机构之“强势”。

2009年“闯”入PE行业的国开金融既是母基金（FOF）又有直投板块，根据投中集团的数据，隆鑫通用将是国开金融直投业务中第一个将要上市的项目。国开金融此前还曾投资于三峡担保集团、华泰重化工、赛维LDK硅化三个项目。

中科渝祥是中科招商旗下的一只基金，软银投资是软银中国在重庆成立的一只人民币基金。而公开资料显示，小村资本是一家成立于2007年的财富管理机构。除此之外的几家机构则显得较“神秘”，难以在公开渠道查到相关信息。

招股书显示，涌源投资是在杭州市注册的有限责任公司，杭申集团和自然人何岳岗分别拥有其55%和45%的股权；龙在田投资是在浙江绍兴县注册的有限责任公司，浙江庆盛控股、浙江安泰建筑装饰、绍兴县金童化纤分别持有其60%、20%、20%的股权；载荣投资是在上海注册的有限合伙企业，普通合伙人为南通安泰房地产开发，有限合伙人为江苏帝奥投资。景绪投资是一家在上海注册的有限合伙企业，合伙人均为自然人。

一位PE人士对《第一财经日报》表示，Pre-IPO项目最大的吸引力是赚“快钱”，机构蜂抢亦属正常。虽然这些机构看上去都很不出名，但靠单个合伙人的人脉关系在上市前突击入股一些企业也并非不可能。加上一些民营PE现在也委托专业机构进行投资，“名字没关联而已，但不一定没背景”。

此外，招股书显示，龙在田投资和景绪投资均是在2010年6月成立，而上述12家PE联合入股的时间也正是在2010年6月，很显然这两家PE就是为了专门投资隆鑫通用才成立。而另外的几家PE机构载荣投资、小村创业、盛嘉置业也均是在2010年上半年才成立。“一家公司同时引入这么多PE机构已显稀奇，而诸多没有任何投资业绩的公司亦能够强势进入更引人质疑，实难不令人联想其中存在一定利益输送的可能性。”上述PE人士说。

资料来源：艾晚亭：《12家PE扎堆隆鑫通用高价入股隐现苛刻对赌条款》，http://news.chinaventure.com.cn/2/20120313/78659.shtml，2012-03-25。

案例6-5　海四达IPO被否　镍镉电池将被淘汰　深创投再失足

2012年3月7日，江苏海四达电源股份有限公司（下称“海四达”）IPO被否。海四达主营产品是镍电池，但这类电池面临被淘汰，试图转型扩产锂离子电池的海四达，准备募投2亿，将锂离子电池的产能扩大为现有的4倍。

然而，海四达的主要客户是电动工具厂商，比亚迪高层人士受访表示：“锂电池企业参差不齐，产品质量、市场、客户三个层面差异

很大。应用上，目前仍以手机、电脑为主。”电动工具电池的市场容量小，整个锂电池行业阶段性过剩，海四达转型之路“谈何容易”。

海四达 IPO 被否，似与主营业务转型风险太大、募投产能市场难消化有关，保荐机构民生证券，以及签字保代余银华、刘晓山都被重重一击，而 2007 年入股的深创投也投资失意。

2007 年 12 月，海四达第二次增资，深创投以货币资金认购，增资价格为 3.68 元/股，持有 500 万股，占本次发行前总股本的 7.58%。入股 4 年有余，如今眼见收获在即却化成泡影，这是 PE 大佬深创投的又一次失策之举。一向稳扎稳打、退出时账面收益可观的深创投，从 2011 年以来也有几起失败案例，包括金冠汽车、中交通力、大连冶金。

资料来源：杨庆婉：《海四达 IPO 被否　镍镉电池将被淘汰　深创投再失足》，http：//news.chinaventure.com.cn/2/20120312/78499.shtml，2012－03－25。

面对目前 PE 的投资乱象，国家可以采取措施对其投资进行适度引导。2010 年 9 月国务院通过了《关于加快培育和发展战略性新兴产业的决定》，确定战略性新兴产业将成为我国国民经济的先导产业和支柱产业，并将节能环保、新一代信息技术、生物、高端装备制造、新能源、新材料和新能源汽车七个产业列为重点培育产业。根据该《决定》，国家将对上述七个产业加大财税金融等政策扶持力度，引导和鼓励社会资金投入，并设立战略性新兴产业发展专项资金。可以看到，这些新兴产业本身都具有高科技、高成长的特性，正好符合 PE 选择投资企业的要求。因此，在国家政策的推动下，引导 PE 向新兴战略产业进行投资，不仅有利于推动相关产业的尽快发展，也为私募股权投资提供了大批可选择的投资对象，有利于分散投资。

此外，从欧美日的经验来看，中小企业都是私募股权产业发展的重要基础，也是 PE 的重要投资对象。而中国目前很多 PE 却都在追捧所谓的大项目，丧失了其原有的投资功能，也降低了投资回报。与此同时，很多中小企业却面临融资困难、举步维艰的局面。因此，引导PE选择中小企业，尤其是具有成长潜力的高科技企业，发挥私募股权的投资功能，积极推动中小企业的发展也成为当前中国私募股权产业发展和维护该产业安全的重要一环。

（3）建立多层次资本市场，完善私募股权退出机制

目前，欧美等发达国家PE在退出时可以选择的方式很多，主要包括IPO、并购、回购、产权交易市场、柜台交易、清算等多种退出方式。但在中国，PE退出时基本上都是选择IPO的方式。这主要是由于目前国内的企业兼并和收购体系还不完善，制约了PE的退出，并因此影响到整个私募股权产业链的运行。

首先，中国的多层次资本市场还有待进一步建设，其中场外交易市场的建设还很不完善，尤其是新三板的建设一波三折。2006年1月23日国务院批准设立新三板后，中关村科技园区非上市股份有限公司进入证券公司代办股份转让系统，进行股份转让试点。这一股份报价转让系统的搭建，对于投资新三板挂牌公司的PE来说，获得了一种资本退出的新方式。但此后，由于各方力量的博弈和区域性监管的差异，新三板建设屡屡延期。早在2010年创业板市场尘埃落定后，就有消息称，作为打造多层次资本市场的重要一步，新三板推出已提上日程。2010年底，再次传出方案已上报待批的消息。2011年全国"两会"前后，媒体密集报道了新三板的投资者门槛、做市商制度等细节性的制度性建设。一时间，新三板似乎箭在弦上。但2012年初又传出"新三板将被一个以柜台交易为基础的统一监管的场外交易市场所取代"的舆论传言。中国证监会主席郭树清2012年4月17日在参加湖北省资本市场建设工作会议时表示，证监会今年要加紧推出新三板，目前已向国务院作专题汇报，但还未正式报批。同时郭树清也表示，中国证监会还希望年内推出区域性股本转让市场，旨

在为小微企业融资、转让、流转服务。因此，目前中国私募股权产业要取得健康发展，就必须尽快完善场外交易市场，不管是新三板还是同意监管的场外交易市场，抑或是区域性股本转让市场，都有必要尽快制定出具体的挂牌决策程序和交易规则，为PE提供更多的退出机制。

其次，有必要从法律上弥补PE退出的漏洞与限制。如目前PE在退出时，如果采取回购方式就会受到法律、法规的制约。根据新《公司法》第143条规定：公司不得收购本公司股份，但是有下列情形之一的除外：①减少公司注册资本；②与持有本公司股份的其他公司合并；③将股份奖励给本公司职工；④股东因对股东大会作出的公司合并、分立决议持异议要求公司收购其股份的。根据这个规定，风险投资人除非减少其资本，否则无法要求被投资企业回购其持有的股份。这明显限制了PE通过回购方式实现资本退出。此外，新修订的《企业破产法》也存在不利于PE通过破产清算来实现退出的规定。如《企业破产法》第3条规定“破产案件由债务人住所地人民法院管辖”，这种规定难以适应复杂多变的破产案件的审理需要，而且很容易滋生地方保护主义。同时，国内与破产相关的法律、法规也都不健全。

在这样的情况下我国应该尽快逐步建立多层次的资本市场体系，完善资本市场的交易制度，努力提高市场的流动性，降低PE的退出成本，提高其退出收益的流动性；抓紧建立有效的中介服务环境，为PE的退出提供更好的服务；努力完善与退出相关的法律、法规体系，尤其是有关产权交易方面的法规制度，改善私募股权投资退出的法律环境。

3. 进一步推动人才队伍建设

目前，中国私募股权产业安全面临的另一大隐患是基金管理人专业技能和素质的良莠不齐。在美欧等国家从事私募股权投资的多是具有一定投资经验、专业素质和社会口碑的机构和个人。PE 从募资到投资到最后的退出，整个过程无一不要求基金管理人具有很高的专业素质。但是，目前中国的私募股权产业却面临着高级基金管理人才极度匮乏的状况，而且有的基金管理人还出现了不规范运作，甚至发生“非法募集”事件，制约了私募股权产业的进一步发展。因此，应推动人才队伍建设，培养一批优秀的基金管理人，制订人才培养计划，形成人才引进机制，形成一切有利于人才培养的政策支持，如针对稀缺高层人才给予配偶安置、子女就学、落户、薪酬、医疗保险等优惠政策。推动基金管理人进行良性竞争，给以良好信誉的基金管理人更多发展机会，培养中国自身的高级基金管理人才。

此外，中国目前的私募股权产业也缺乏配套的合格专业人才和高素质管理团队。PE 在整个运作过程中，涉及各个不同的行业，需要基金管理人与投资者、企业家以及各个相关领域的专业人士打交道。而且 PE 运作过程中涉及大量的财务和法律问题，也需要配套的专业机构协助处理。因此，建立、健全基金管理人准入机制，培育相关配套的专业人才也都成为了中国私募股权产业未来发展的重要因素。

B.7

附录 A 2011 年中国私募股权投资市场十大最受关注交易

中国私募股权投资市场 2011 年披露多起巨额投资案例，让人感受到不同以往的变化。ChinaVenture 基于旗下数据产品 CV Source 掌握的中国私募股权投资市场运行数据，总结盘点出 2011 年中国私募股权投资市场十大最受关注的投资案例。①

案例 A-1 京东商城 C 轮融资 15 亿美元 电商走向重型化

2011 年 4 月 1 日，京东商城创始人刘强东正式宣布完成 15 亿美元 C 轮融资，本轮融资由俄罗斯投资集团 Digital Sky Technologies (DST)、老虎基金等 6 家基金和一些社会知名人士投资。融资将几乎全部投入物流和技术研发方面，京东商城预计最快将于 2013 年在中国香港或美国上市。

京东商城此轮融资超过多数中国企业的 IPO 融资额度，至此，中国互联网史上最大一笔融资尘埃落定，另一边厢刘强东及其团队已迫不及待地朝着其千亿 B2C 王国加速前进、一路狂奔。

京东商城董事局主席兼首席执行官刘强东 4 月 1 日在微博上宣布，京东完成 C 轮融资共计 15 亿美元，其中 11 亿美元已经到账。本轮融资中投资最多的基金为 DST，共投入 5 亿美元。值得注意的是，腾讯在 2010 年 4 月向 DST 集团投资 3 亿美元，目前拥有该公司逾

① 冯坡：《2011 年中国私募股权投资市场十大最受关注交易》，http://report.chinaventure.com.cn/r/f/471.aspx，2012-02-22。

10%的股权。DST集团由俄罗斯亿万富翁尤里·米尔纳（Yuri Milner）领导创建，此前已经参与投资了包括Facebook、Groupon在内的最成功美国互联网公司。而在此之前，京东商城分别于2007年8月、2009年1月获得1000万美元A轮融资、2100万美元B轮融资。投资方包括今日资本、雄牛资本及亚洲投资银行家梁伯韬的私人公司。

刘强东向《南方都市报》的记者表示，“潜力巨大的中国电子商务市场，以及拥有健康商业模式和出色市场业绩的电子商务企业，越来越多地吸引了国际知名投资机构的关注。此次融资的成功，对于迅速发展的京东商城乃至中国电子商务行业都有着非常积极的意义”。刘强东承认，接下来还有再度融资的打算。

对于世界传统零售业巨头沃尔玛是否参与了本轮融资，京东方面表示不作评论。而刘强东在2011年3月接受《中国经营者》电视专访时坦承：“沃尔玛家族实际上已经是我们的股东了。”对于沃尔玛是否计划通过收购京东进军电子商务，刘强东回应指：“沃尔玛家族有成功管理过沃尔玛的整个经验。所以在给我们投资的过程中，我们坚信我们从那儿得到更多的人才、知识，还有战略层面的一些建议。”

此外，尽管15亿美元的融资刷新了中国互联网的新纪录，但外界亦担心刘强东股权将遭到进一步稀释，或会丧失控制权。参与本次融资的华兴资本首席执行官包凡表示，“老虎基金、DST、软银，都给天价，还经常把投票权给创始人……”，似乎暗示刘强东并未因融资丧失其在京东的控制权。

而一位参与京东早期融资的人士透露，京东投资协议中有规定，无论刘强东持股比例为多少，其所拥有的董事会席位不会变化。此轮融资前，京东共有9个董事局席位，其中5个为刘强东所有。

不断扩张的物流版图

根据京东商城的规划，C轮15亿美元融资将几乎全部投入到物流和技术研发的建设项目中。京东商城计划今年同时开工建设7个一级物流中心，未来3年共投资50亿~60亿元人民币进行物流建设。此前，京东商城已将2009年初获得2100万美元B轮融资的70%资金用于物流体系建设。

因物流计划过于庞大，京东曾一度被外界质疑或面临资金链断裂的危机，目前来看C轮融资所得或可缓解此种忧虑。在刘强东看来，过去10年是电子商务跑马圈地赛，而2011年则全面进入淘汰赛。但即便竞争激烈，京东2011年的销售增长目标依然很高，将从2010年的102亿元增长到2011年的240亿~260亿元。在这背后，庞大的物流和仓储建设，或将成为京东商城在淘汰赛中的“杀手锏”。

刘强东多次对外表示，计划在上海嘉定建设一个“亚洲一号”的现代化仓库，并形容其将“有鸟巢的8倍那么大”。而2011年3月28日京东占地258亩的南方总部悄然落户广州知识中心城，计划年底前完工，和华东大区同时上线运营。刘强东认为，京东商城眼下最想做的就是迅速扩大规模以得到客户认可，从而保证企业有效的竞争力，而执行这一策略不可避免的就是对物流的高投入。而这种投入，甚至是以牺牲盈利为前提的。在一星期前举行的电子商务投融资高峰论坛上，刘强东表示，如果不计算物流方面的巨大投入，京东两年前已开始盈利。

艾瑞市场咨询产业研究部副总监王芳认为，目前中国B2C产业正处于抢占市场份额的进程中。其中，价格竞争是没有门槛的，可复制性强，从短期来看各大主要电商都具备了此资本能力，但不属于可持续的行为。“但物流仓储建设对资金投入、运营建设有很高要求，竞争对手并不能在短期内复制。一旦建成，可以大幅降低运营成本，是B2C竞争的核心要素。”王芳分析，京东商城15亿美元的融资，并不会在短时间内对其在国内B2C市场的地位造成明显影响。"但京东将资金分配于物流仓储建设，预计将在2～3年后显现明显的优势效应，对其中后期发展提供支持。"

群雄割据的B2C市场

京东商城的巨额融资，不但显示了投资者对中国电子商务市场前景的认可，也进一步改变了B2C电商的游戏规则——融资后京东商城斥巨资进行物流建设，此后，当当、凡客诚品、好乐买等B2C电商以及阿里巴巴均加大物流建设投入，电子商务正式进入"重资产"时代。

根据易观国际发布的《2010～2013年中国C2C网上零售市场交易规模预测》，C2C市场规模2010年实现4150亿元销售额，但今年增速将放缓，预计2013年市场规模为7450亿元。而同期B2C市场规模，预计将从2007年的468亿元增长至4150亿元，增幅接近8倍。

"从市场规模上看，2～3年内B2C并不会超越C2C，但B2C商业模式将会成为主流，在盈利及发展空间上更有优势。"王芳指出："B2C是一种走规模效应的商业模式，尽管目前仍处于抢占市场份额、提高管理能力的阶段，但京东、当当等已完成初步规模建设。"

目前，京东商城正稳坐B2C领域的头把交椅，2010年其完成102亿元销售额，占当年艾瑞咨询统计中国B2C市场规模的1/6。但与此同时，竞争者亦没有闲着。当当在美国上市；淘宝分拆淘宝商城、成立"无名良品"；腾讯将"QQ会员官方店"更名为QQ商城；百度与日本乐天合资建设乐酷天；国美、苏宁涉足电子商务；以及一系列垂直B2C商城的集体发力，使中国B2C市场正式进入群雄割据的战局。

王芳表示，京东从3C这个细分市场起步，累积规模效应，在上游议价、内部管理、打价格战等方面已形成优势。不过，刘强东似乎并不满足于此，2010年京东将旗下商品品类迅速扩充，形成图书、

日用百货、食物等十几个品类，本次融资同时更宣布将推出一个独立的奢侈品 B2C 网站 Toplife。刘强东及其团队正迫不及待地朝着其5年内建立千亿 B2C 王国的目标加速前进、一路狂奔。

“从满足用户需求和扩大规模效应来说，京东向综合性平台发展的方向是正确的，毕竟3C 产品毛利率较低，其他品类可进行均衡。”王芳分析指：“未来京东最大的挑战是打好‘组合拳’，不同品类的管理有所不同。其次，在融资过后，面对公司的迅速扩张，如何同步提升公司经营管理水平仍需注意。”

资料来源：张奕：《京东商城获得15 亿美元融资》，《新京报》2011 年4 月2 日，A24 版。

谢睿：《DST 老虎基金领衔　15 亿美元喂饱京东　刘强东钱多胆壮：5 年建成千亿 B2C 王国》，《南方都市报》2011 年4 月6 日，C01 版。

案例 A-2　春华资本投资康鹏化学引领私有化热潮

2011 年，境外中国概念股遭受重创，股价一路下滑，因此，一些中国企业开始利用这一机会加速实施私有化，这也为 PE 带来机会。春华资本也抓住这一机会，于2011 年完成了第一单 PE 支持下的中概股私有化交易。春华资本的首战聚焦在上海康鹏化学有限公司身上。2011 年3 月25 日，春华资本正式“牵手”康鹏化学。2011 年8 月19 日，康鹏化学宣布完成私有化进程。作为私有化浪潮的领头羊，康鹏化学私有化的成功完成，无疑为后面的浪潮起了一个标杆的作用。“上市公司私有化只不过是操作问题，难度不大，只需要按照退市流程走完就可以。”普凯投资基金主管合伙人姚继平提到，将上市公司私有化对于春华资本这帮投行出身的人来说，其实难度并不大，“一种方式就是 PE 已经是他们的股东，有资金提供给管理层，让他们成功实现回购；另一种方式，就是这些企业找到 PE，让 PE 帮助他们实现私有化。只要回购到 90% 股份，该企业就可以成功退市”。上市公司私有化的流程大概是，由上市公司唯一控股股东发起，以现金收购全部流通股（按美国特拉华州《普通公司法》第253条规定，只要母公司拥有其子公司90%以上的股份，就可以进行简易合并，并只需要母公司董事会作出合并决议即可，不需要子公司董事会、母子公司股东大会的批准），让上市公司变成非上市公司。

作为康鹏化学私有化的直接参与者，春华资本的高级合伙人廉洁，向《新金融观察报》的记者揭秘了整个过程。

带“孤儿”回家

“他们像悬浮在海外的孤儿。”前高盛中华区行政总裁胡祖六这样形容在海外上市的被边缘化的中国企业。如此叫法让人对这些企业有一种疼惜。自高盛离职后他组建了春华资本管理有限公司（以下简称：春华资本），作为一家私募股权基金公司，他的第一单就是收养康鹏化学这个“孤儿”。

2011年8月19日，康鹏化学宣布Halogen Ltd. 对公司的收购计划已完成，后者为公司高管（包括董事长兼首席执行官杨建华、公司管理层Weinian Qi和袁云龙）及开曼群岛基金Primavera Capital（春华资本的海外基金）共同所有。康鹏化学现为Halogen的全资子公司。“这单投资总额约1亿4000万美金，其中我们的股权投资约7000万美金，而另一半为渣打银行提供了7000万美金的贷款。”作为此次投资的操盘者，春华资本高级合伙人廉洁先生介绍。

康鹏化学作为一家深耕于精细化工行业的企业，虽然它的精细化学品尤其是含氟中间体的研究处于国际先进水平，其90%客户遍及欧美、日本，大部分客户为世界500强，甚至不乏业界翘楚。但它并不属于在美国上市的中概股四大板块医疗、教育、TMT和光伏行业，而是一个边缘的行业，这个行业在美国估值并不高。

“当时我们分析了大量中概股的基本面，发现我们公司很好，2010年10月，当时它的估值就只有6~7倍。我们找到了杨博士，

提出了和他们合作将公司私有化的想法。”廉洁一开口就称康鹏为我们公司，如此短时间，有如此的认同感，确实罕见，而根据协议他将是私有化之后康鹏的董事。

“经过接触，发觉公司高层稳定，有凝聚力。在项目的执行过程中，我们团队做了详细的尽职调查，同时也聘请了第三方的专业公司对公司业务运营、财务、法律和环保进行了多方面的考查评估，反馈意见很好。所以我们支持杨博士的计划。”

于是，在2010年11月11日，大股东杨建华提出将以每股8美元收购所有在外流通股份，将公司进行私有化退市。

艰苦的归程

“提出议案后，团队负责整个项目的执行，处理各类事务以及和各方的沟通。这其中包括美国SEC、股东、不同的律师事务所、贷款银行等。参与这个项目的律师事务所加起来总共有10家之多。另外基于监管的要求和保护小股东的权益，公司的独立董事组成了一个特殊委员会，委员会聘请了独立的财务顾问，对整个交易提供第三方的独立意见，私有化的最终实施也需要得到委员会的批准。近10个月的项目执行是非常复杂和忙碌的。”就这样，廉洁及他的团队开始带领康鹏化学走上归途。

因为当初是赴美上市，所以康鹏化学是参照美国法律构建的公司管理架构。根据架构，美国投资者持有的是一家注册于开曼群岛的股权基金，而这家基金在开曼群岛拥有一家注册在英属维尔京群岛的公司，然后这家公司又拥有一家香港的公司。最后，这家香港公司在内地控制的子公司才是康鹏的实体。

如此复杂的公司架构，让投资者觉得迷茫。“这种结构是历史原因造成的，但我们并不属于最近传言将被禁止的VIE结构，而是典型的红筹结构。”

“此次我们可以说项目的执行做到几近完美，也是第一家私募基金支持的在美国上市的中国公司的私有化，为后续的其他私有化项目树立了一个模板。”其实，此次春华资本还做好了预案，如果不成功怎么办？成功了又该怎么办？

2011年5月3日，康鹏化学宣布该公司已经向SEC递交私有化方案的13E-3声明文件。在2011年8月15日，康鹏化学召开的特别股东大会上，股东投票通过了私有化并购协议。“通过率达98%。”从而顺利地完成了此次私有化。从2010年10月到正式完成，历时10个月，廉洁长舒了一口气。“过程太复杂，难度太大。这次是首投，不能有闪失。”

过程虽然极为复杂，不过这应该难不倒春华资本，无论是总裁胡祖六还是合伙人廉洁，都有着高盛的背景，而其他合伙人也大多来自世界顶级投行。廉洁此前是高盛亚洲投行部的董事总经理，在高盛负责的是IPO项目，也就是上市项目。从上市到退市，这些“孩子”不但要管送，如果过得不好还要接回来。有投行的人士幽默地表示：“这一上一下护送费可是不少。”

康鹏私有化后不久，乐语中国也宣布完成私有化。后面还有很多企业正在排队私有化。

对于这样的一股浪潮，廉洁表示：“我是不鼓励很多企业不顾自身情况盲目跟风的。不过私有化对一些企业未必不是好事。那么这类公司下市后，在适当时候再选择合适的交易所，通过正规的渠道IPO，会对公司，对投资者都有益处。”

私有化的日子

在没有私有化的时候，康鹏化学就有了自己的长期计划，要在国内进行扩张。显然这和国内的鼓励政策分不开。中投顾问化工行业研究员李加楠指出，在氟精细化工领域，国家有很强的政策支持。

这个扩张计划的执行，无疑需要一定的资金投入，无论是胡祖六还是廉洁，对于财务工作可以说是轻车熟路。“康鹏过去主要是靠自

有积累发展。不过我们觉得如果利用些杠杆会对公司发展更有好处。”无疑，杠杆这类的想法属于春华资本。

作为一家私人企业，康鹏未来的发展显得雄心勃勃。如果真的担心上市会受到束缚，不利于企业长期发展。那么他们还会回家吗?“我们是有这个打算的。我们说受束缚，只是暂时受束缚。如果在特定的时候，我们需要资本市场的帮助来达到公司发展的另一个里程碑，我们还会上市的。”

“PE不是雷锋，他是要为股东谋利的。迟早要上市退出，这个才符合行业的规矩。无论是A股还是港股，精细化工这个行业估值都不低。这是一种套利。只是要上A股就得拆除他的公司结构。”上述投行人士分析。而目前国内和康鹏化学业务重合度最大的上市公司永太科技，它当初的上市市盈率为64倍左右。而永太科技，最近也宣布了收购海南鑫辉矿业有限公司70%股权，显示了扩张的决心。

面对中国企业不断地加入私有化行列，作为资本服务公司的PE是企业不可或缺的帮手。业界有人说：春华资本第一单就选择了私有化，门槛很高，是否说明他们的重点是参与私有化了？对此廉洁回应，“如果有合适的机会，我们还会参与。但是这第一单倒不是故意设定的。我们还有不同的项目也在进行，也希望在未来会不断看到我们有其他的项目投资，也会涵盖不同的行业”。

除康鹏化学外，中消安于2011年8月完成私有化交易，大连傅氏、泰富电气的私有化也在进行当中，其背后则分别有贝恩资本、磐石资本等PE机构的参与。2010年10月7日，中能集团曾成功私有化退出美国股市，成为隶属于Skywide资本的子公司，原公司董事长邓天洲及CEO黄波成为该公司的全权所有人。而其原因，正是中能集团无法接受其在美国股市的低估值。2011年9月17日，美国上市公司安防科技宣布成功完成私有化。就此，这家以安防产品为主的公司正式成为了私人企业，这已经是2011年以来成功完成私有化的第五家中国企业，由此引起了人们对于美国中概股私有化浪潮的关注。

资料来源：崔亮：《康鹏化学私有化脉络春华资本第一单海外收孤》，《新金融观察报》2011年9月26日，第16版。

案例A-3 拉手网C轮融资1.1亿美元 团购行业融资过山车

2011年4月11日，拉手网正式宣布完成1.11亿美元的C轮融资。本轮融资由Milestone Capital（麦顿投资）、Richemont（历峰集团）旗下的Reinet Fund SCA FIS和Remgro Limited、GSR Ventures III，L.P.（金沙江创投）以及其他两家基金共同投资。

作为主要投资者之一的麦顿投资成立于2002年，是一家领先的专注于中国市场的PE，主要投资并支持中国优秀企业的高速成长和发展。麦顿投资已在中国投资了十余家企业，其中数家已实现海外上市，包括分众传媒、华视传媒、天合光能以及协鑫硅业。另外，值得一提的是，此次融资中出现了Richemont家族的身影，这家中文译作历峰集团的公司是一家瑞士证券交易所上市公司，目前市值约272亿瑞士法郎（约合296亿美元）。该公司业务遍布全球，拥有一系列独立运营的世界顶级品牌。其中珠宝产品包括卡地亚（Cartier）和梵克雅宝（Van Cleef & Arpels）；表类产品包括积家（Jaeger-LeCoultre）、伯爵（Piaget）、万国表（IWC）、名仕（Baume & Mercier）、江诗丹顿（Vacheron Constantin）、沛纳海（Officine Panerai）、朗格（A. Lange & Söhne）和豪爵（Roger Dubuis）；书写产品包括万宝龙（Montblanc）。而历峰集团的时装及配饰品牌有登喜路（Alfred Dunhill）、兰姿（Lancel）、珂洛艾伊（Chloé）以及Azzedine Alaïa。除此之外，历峰集团还完成了对一家高端在线奢侈品零售商Net-à-Porter的收购。此次投资拉手网的Reinet Fund SCA FIS和Remgro

Limited 是总部分别设在卢森堡以及南非斯泰伦布什的两家投资公司，隶属于历峰集团旗下的关联企业，三家公司的董事局主席均为 Johann P. Rupert 先生。

拉手网创始人兼 CEO 吴波表示，此轮融资所得将用于呼叫中心、同城物流、拉手体验店的建设及市场扩展。至此，拉手网已成为团购行业中融资额度最大的企业。截至目前，拉手网总计已完成三轮融资，先后共有 11 家风投机构注资 1.65 亿美元。其中，Milestone Capital 累计投资额度达到 4000 万美元，金沙江创投约 2815.2 万美元，Norwest Venture Partners 约 1986.7 万美元，为注资最多的三家投资方。同时，拉手网也成为首家成立一年就被风投估值 11 亿美元的企业。

2010 年初，团购模式开始进入中国。由于进入门槛低，目前内地正掀起一场“千团大战”，众多团购网纷纷开打广告战、价格战，而风投正是这场战争的弹药提供者。拉手网于 2010 年 3 月 18 日正式上线，当年 12 月的销售规模已达到 8000 万元，成立以来借助资本发展迅速。2010 年 4 月，拉手网获得泰山天使投资、嘉丰资本和 Daily Deal 的天使投资。2010 年 6 月，拉手网获得来自泰山天使、嘉丰资本、Rebate Network 及金沙江创投的 500 万美元 A 轮融资，2010 年 12 月，又获得金沙江领投的 5000 万美元 B 轮融资。拉手网最大股东——金沙江创业投资基金创始人林仁俊表示，拉手网在上线后最初几个月的增长速度，比团购大鳄 Groupon 成立之初还要快。他表示，按拉手网 2010 年 12 月的业绩计算，该公司的年收入已达 1.5 亿美元，并且每 8 周就翻一番。林仁俊还表示，拉手网的目标是成为中国第一大团购网站。同时，拉手网在 2011 年 3 月宣布与泰山天使投资共同出资 1 亿元人民币设立创业基金，扶持团购类网主站和细分垂直类网站。拉手网 CEO 吴波表示，未来不排除收购所投资企业的可能。

目前，中国所有领先的团购网站都在进行大规模融资。虽然，拉手网融资迅速而强大，但本土竞争对手美团网和满座网等获得风险投资支持的能力也毫不示弱。美团网和满座网分别得到了红杉资本和Kleiner Perkins Caufield & Byers的投资。林仁俊表示，资金的积累速度远远跟不上业务的增长速度，这就是Groupon、Living Social和拉手网都要进行如此大规模融资的原因。除本土竞争对手外，拉手网还面临Groupon入华扩张的挑战。2011年3月16日，Groupon与中国网络巨头腾讯联手推出"高朋网"，高调进军中国"团购大战场"。据了解，内地团购网站布局百城战略，运营团队不过区区300人左右。而作为团购网站鼻祖Groupon市值高达150亿美元，挟着巨大的资源高调进入中国市场，并发布打造700人运营队伍的招聘启事。这不仅意味着Groupon可以将触角伸及全国200~300个大中城市，将瞬间改变团购网站的市场版图，而且令国内一线团购网站忧心忡忡。

吴波表示，为确保业务增长以及在中国市场占据主导地位，公司愿意在短期内牺牲盈利，并通过此举加速超越其他竞争对手。吴波举例称，为了应对Groupon团购网站在中国的推出，仅3月份拉手网就花费了1000万美元用于市场营销。吴波表示，拉手网目前已经在130个城市开展了业务。他预计今年年底前这一数字可能会上升至300个，规划中的呼叫中心、物流中心以及公司大型销售团队工作人员将达到1万人。吴波还称，他预计到今年年底公司将实现盈利。同时，让拉手网倍觉自信的因素还在于，总部位于美国芝加哥的Groupon虽然宣布与腾讯推出高朋网，但其与腾讯的合作不具排他性，腾讯仍保留了自己的团购网站。

根据技术研究和咨询公司iResearch Consulting Group 4月份公布的一份报告，1月份拉手网唯一访问者数量达到45000人，排在阿里巴巴集团旗下淘宝团购网站聚划算之后，聚划算当月唯一访问者数量约76000人。iResearch报告还显示，中国排名前五位的团购网中，除了聚划算和拉手网之外，其余分别为美团网、腾讯旗下的QQ团购以

及仿效 Groupon 的团宝网。此外，互联网的特点决定了团购网的草根味浓厚，其灵活性、独创性、可塑性也决定了“后来居上”的概率远大于传统行业，并不是单纯由资本说了算。不过，在“千团大战”愈演愈烈、团购热火朝天的表象下，已经潜藏了重重危机，中国团购行业将迎来大洗牌。创新工场的创始人李开复曾在微博上对国内团购的未来进行过预测：1000 多家团购网站血拼后，只会剩下约 10 家有规模、能盈利的。无论是拉手网还是 Groupon，要想取得最终的胜利，仍有很长的路要走。

进入 2011 年下半年，整个团购行业投融资迅速“降温”，除少数市场领先网站获后续融资外，几乎不再有新的团购网站获资本青睐。而在境外 IPO 窗口已基本关闭的形势下，团购网站上市也基本无望。

很多人都把拉手网申请 IPO 当成是拯救团购行业的一个信号，2011 年 10 月拉手网宣布将登陆纳斯达克，然而原计划 11 月 14 日上市的拉手网最终未能如期上市，其因财务问题被美国监管部门暂停上市路演，短期之内经历“冰火两重天”。这对中国团购行业或将产生重大影响，使本来资金压力就很大的团购网站雪上加霜。团购行业未来的走向也更像是一道谜题。

据了解，拉手网在美国团购网站 Groupon 成功登陆纳斯达克市场之后，向美国 SEC 提交了 IPO 申请文件，然而，Groupon 成功上市的春风，并没有给拉手网带来好运。有分析认为，拉手网未能如期上市的主要原因是因为财务问题，拉手网上半年亏损达到了 3.91 亿元，为同期净收入的 6.8 倍，以这样的速度拉手网的现金流甚至撑不了一年，此外由于拉手网确实曾经被曝光出多起数据造假，需要澄清某些会计方面的争议。业内人士也透露，之前拉手网和高盛、美林两家投行均有“深度接触”，但上述两家投行因为不能保证发行成功而放弃承销。另外资本市场不景气也是拉手网目前折戟 IPO 的原因之一。目前，中国概念股的寒流并没有过去，今年第三季度只有土豆网一家企业在美 IPO。前不久，迅雷和盛大文学也因市道不好双双取消了赴纳斯达克上市的计划。

受到财务问题困扰的不仅只有拉手网一家，事实上，前十大团购网站全部处于亏损状态。不久前，刚刚进行完裁员的团购网站 24 券，做出了一个决定，扣发员工部分工资，并将相关补助以 24 券网站储值现金形式发放，24 券方面称，此举是为了缓解商户结算带来的资金压力。与之相对应的是微博中，一些商家要求 24 券归还欠款，呼吁其他商家一起讨债的留言。

就连早先与人人网一同上市的糯米网也没能摆脱亏损的命运，据人人网最新财报显示，糯米网第三季度营收 170 万美元，亏损 654.1 万美元。甚至有消息说人人网准备剥离糯米团。

大团购网的日子不好过，中小型网站就更是举步维艰了。据《全国团购网站普查数据公报》显示，截至 2011 年 10 月底，全国范围内已有 1483 家团购网站在激烈的竞争中关闭、退出团购市场，其中，仅 10 月关闭的团购网站数量就高达 456 家，环比增加 8.8%。

有分析认为，造成团购行业今天这种局面的很大一部分原因是应为团购企业一心只是想上市圈钱，砸钱、广告、邀请，团购网站之间的激烈拼抢甚至导致广告渠道价格剧烈上扬。而这些都只是为了引起投资人的注意，却忽略了消费者的利益。

在团购领域，不开发票已经成了潜规则。一些企业表示，团购网站只是一个平台，不提供具体的商品或服务交易，因此不负责开具发票，开发票的事宜需要消费者与具体组织团购的商家联系。如果商家不提供发票，网站可以帮助协调，但不能够保证成功。

团购售假、欺骗消费者的事件也屡有发生，此前高鹏网就爆出了卖假天梭手表的丑闻。消费者买自高朋网的手表，经天梭检验表明为假货。高朋网也不得不承认所售天梭表确为假货，并表示买到假表的消费者除退款外可获得 200 元补偿。有评论说，高鹏售假事件就是震

动了一下翅膀的蝴蝶，团购趋势一旦开始朝一个方向变化，将没有力量能够扭转。

资料来源：霖言：《拉手网宣布完成 C 轮 1.1 亿美元融资估值达 11 亿》，http：//tech. qq. com/a/20110411/000095. htm，2012 －03 －02。

《拉手网完成 C 轮 1.1 亿美元融资以应对 Groupon 挑战》，http：//pe. pedaily. cn/201104/20110412208935. shtml，2012 －03 －02。

《拉手网未能如期上市团购网站雪上加霜》，http：//tech. sina. com. cn/i/2011 －11 －15/04046319763. shtml，2012 －03 －02。

案例 A －4　小米科技引入多家机构　开启“软件＋硬件”模式

2011 年 7 月，小米科技创始人雷军透露，小米已获晨兴资本、启明、IDG 以及小米团队等 4100 万美元投资，公司估值达 2.5 亿美元，这也是目前移动互联网领域投资额最大的案例之一。小米科技成立于 2010 年 10 月，早期产品主要是手机通讯应用软件米聊以及手机操作系统 MIUI。而在其完成融资后不久，小米科技正式进军移动终端领域——8 月 16 日小米科技在北京正式发布小米手机，开启了国内首个“软件＋硬件”的移动互联网商业模式。2010 年底小米科技推出手机实名社区米聊，并在此后半年内注册用户突破 300 万。此外，小米科技还推出手机操作系统 MIUI，2011 年 6 月底 MIUI 社区活跃用户达 30 万。

2011 年 12 月 20 日，小米科技创始人雷军宣布了公司的 B 轮融资。雷军透露：此轮融资中，小米科技估值为 10 亿美元，投资方是启明创投、顺为基金、IDG 投资、晨兴资本、高通投资和淡马锡。其中，顺为基金系雷军与另一合伙人募集，管理资本超过 2.5 亿美元。经过此轮投资后，小米科技的总融资额达到 1.31 亿美元。

高通同时是小米手机的芯片供应商。作为手机领域最主要的芯片提供商，高通投资有利于小米科技提高在供应链内的影响力。飞象网 CEO

项立刚此前接受记者采访时表示：对于小米手机而言，供应链十分重要。

雷军称，此次9000万美元融资主要用于两个方面：一是部件采购，如芯片、面板、摄像头等；二是售后服务站“小米之家”的建设，小米首期将在全国建立七个“小米之家”，负责售后的服务与维修。

雷军认为，风投之所以看中小米，有三个原因：一是小米操作系统MIUI独特的开发模式，包括用户（发烧友）高度参与，高频次升级；二是电商运营平台，即完全通过小米官网销售；三是小米手机“零成本营销模式”，比如不打广告，通过口碑相传等。

2011年12月18日，小米手机通过官网放量销售三小时，即有超过10万用户定购，小米临时决定限号销售。再加此前已经销售的30万，小米手机目前已经出售40万部。小米科技提供的数据显示，MIUI操作系统的刷机用户已经超过150万，加上小米手机用户，MIUI操作系统系统用户已经接近200万。

小米手机的生产能力能否跟上市场需求一直为外界质疑。雷军透露，此前40万部小米手机完全由英华达代工，2012年1月，除了英华达外，富士康也将成为其制造服务商。雷军认为产能不会存在问题。

针对阿里云手机、百度手机等其他互联网厂商生产的手机，雷军称，小米手机是互联网手机，而它们仍然是“传统”手机，比如阿里云是天宇手机，百度手机是戴尔手机。

除了宣布B轮融资外，小米科技还宣布了此前本报披露的与联通的定制合作：小米手机将为联通提供定制版手机，规模为数百万部量级。联通销售部总经理于英涛接受记者采访时表示：与小米合作，有两个原因，一是小米手机的品牌，与iPhone一样，小米手机是话题手机，有高关注度；二是小米的规模，目前已经有40万用户，未来会有更大规模。

资料来源：《小米B轮融资9千万美元五机构联投》，http：//news.chinaventure.com.cn/2/20111221/72302.shtml，2012-03-02。

案例A－5 PE收购阿里巴巴集团股份企业估值达320亿美元

2011年11月，阿里巴巴集团持续一月有余的“黎明计划”宣告结束，由云锋基金、银湖资本（Silver Lake Partners）及俄罗斯DST等机构购买阿里巴巴集团员工持股的投资行动已经结束，此次投资涉及阿里巴巴集团股权约5%，收购总价达到16亿美元，这也意味着阿里巴巴集团估值达到320亿美元。

此前的2011年9月下旬，阿里巴巴宣布启动员工股权购买计划，该计划“拟以一个合理的价位”购买员工所持部分股票，帮助员工在IPO前获得回报。该计划所需资金由多家全球顶级私募股权投资机构联合提供。交易涉及阿里巴巴股权约5%，收购总价16亿美元，符合条件的阿里巴巴集团员工可以按照自己意愿，在规定的比例上限内出售所持有的集团股权，从而获得现金收益。

DST作为俄罗斯最大的互联网投资机构，在全球范围较早地投资了多家著名互联网公司，其中包括Twitter、Facebook以及Groupon等。而银湖投资过伟创力、Groupon以及Zynga。另外，巨人集团、中国动向集团和红杉中国通过投资云锋基金的形式，分别出资参与该项购买计划。其中已获得披露的消息显示，巨人网络出资额为5000万美金，而中国动向则出资1亿元美金。据悉，出于对阿里巴巴长期潜力和现有管理层运营能力的一致看好，在上述机构投资者收购要约中，均将购买到股份在股东大会的投票权委托给阿里巴巴集团现有管理层，可见投资者对阿里巴巴现有管理层运营能力的认可。

外媒表示，此次交易对阿里巴巴的整体估值已经达到320亿美元。而在16亿美金的投资金额中，银湖投资约3亿美元，有望成为其在中国最大的一笔投资。此外，为了解决长期持有中国公司股份的问题，银湖和DST已经同意将所持股份代表的投票权统一委托给阿里巴巴集团的高级管理层。另有消息称，新加坡主权基金淡马锡也将参与此次收购阿里巴巴集团股份的交易。不过收购股份较少。

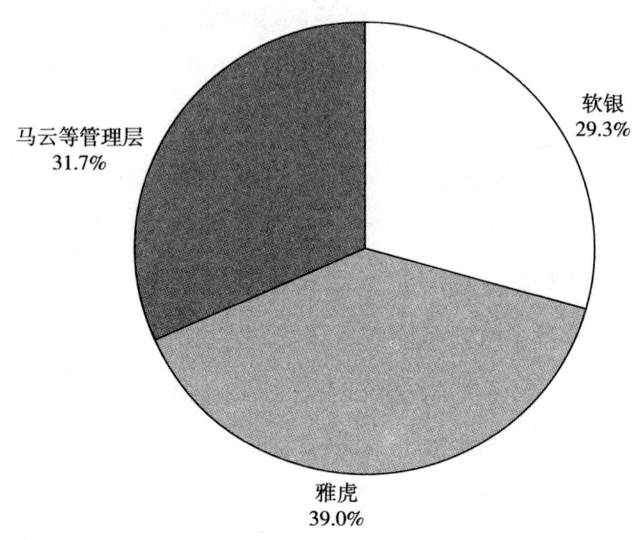

图 A-1 阿里巴巴集团投票权

值得注意的是，参与本次回购的其中一个私募股权基金云峰基金由阿里巴巴董事局主席马云和虞锋、史玉柱、陈义红等人在 2010 年创立。其中，该基金的出资人之一史玉柱为巨人网络 CEO，而巨人网络已承诺向云锋电子商务基金投资 5000 万美元，参与阿里巴巴集团员工股权回购计划（云锋电子商务基金是由云锋基金创立的专项基金）。另一位云锋基金组建者陈义红是中国动向董事长，中国动向上周五宣布通过旗下全资附属公司明泰认购云锋基金的有限合伙权益，资金总额为 1 亿美元，从而完成此次投资。

阿里巴巴集团为国内互联网领域中采取员工普遍持股的代表企业之一。因此，本次员工股权购买计划将惠及绝大部分员工。消息人士认为，从此次员工股权购买计划来看，也就意味着短期之内，阿里巴巴集团并没有上市的计划，股权出售是员工资产折现的最佳替代方式。事实上，阿里巴巴集团已经不是第一次实施员工股权折现行为。2005 年，雅虎投资阿里巴巴集团，当时员工即获得了集团股票折现

机会。2007 年在阿里巴巴 B2B 公司上市时，持有集团股票的员工也将部分股票转换成 B2B 公司上市流动性股票从而折现获利。

阿里 IPO 遥遥无期

目前，阿里巴巴员工所持股份主要分为两类，一类是阿里巴巴股票；另一类是香港上市的阿里巴巴 B2B 的股票。本次“黎明计划”是阿里巴巴第三次提出员工股权折现计划，前两次分别是在 2005 年阿里巴巴获得雅虎 10 亿美元注资时，以及 2007 年阿里巴巴 B2B 上市、员工可将集团股票转换成上市的 B2B 流通性股票。不过，员工股权购买计划的启动，也意味着阿里巴巴的整体上市遥遥无期。阿里巴巴 CFO 蔡崇信已在内部发帖中将此次计划定义为“阶段性回馈员工的辛勤努力及成果”。蔡崇信认为：“目前阿里巴巴集团虽没有明确的上市时间表，但公司运营状况良好。”他提出，今年多家中国互联网企业竞相 IPO，甚至是一些未盈利的企业把上市看成是重要的目标，给自身和资本市场带来更多的不稳定性，但阿里巴巴坚信只要致力于为客户创造价值、确保公司持久健康盈利，上市只是迟早的事情，也是自然的结果；上市只是阶段性里程碑，绝不是公司追求的终极目标。

2011 年 6 月，阿里巴巴旗下的淘宝进行分拆，当时马云曾公开表示“淘宝分拆可创造更大的产业价值，不排除未来集团整体上市的可能”。一位投资界人士向南都记者分析称，从目前的资料看，阿里巴巴员工股权出售计划不涉及筹集资本，主要是以股权出售作为替代 IPO 的形式，给员工进行资产折现，这也意味着整体 IPO 的时间会进一步推迟。《财富》撰文评论称，这次计划已经降低了阿里巴巴 IPO 的可能性，因为阿里巴巴进行 IPO 的目的是寻求流动性，毫无疑问银湖等投资机构也需要流动性，但将会在 5 ~6 年之后，此外他们还可以通过将股份出售给第三方或者是阿里巴巴集团实现“流动性”。

资料来源：谢睿：《阿里巴巴 5% 员工股卖 16 亿美元》，《南方都市报》，2011 年 9 月 26 日第 GC01 版。

案例 A-6　建银国际领投小马奔腾文化产业基金活跃

2011 年 3 月，小马奔腾完成 B 轮、同时也是上市前的最后一轮融资，由建银国际影视出版文化产业投资基金领投，开信创投、信中利、汉理前景基金等跟投，投资总额达 7 亿元以上，该案例也是建银文化产业基金成立以来的首笔投资。在 PE 资金疯狂的争抢后，小马奔腾在上市前穿上了厚厚的一层资本外衣。

众 PE 抢筹

尽管对许多人而言，小马奔腾还是个相对较新的名字，但实际上小马奔腾的业务已涵盖了影视业的方方面面。提起《历史的天空》、《甜蜜蜜》、《我们生活的年代》、《我的兄弟叫顺溜》等一系列的影视剧你一定不陌生；凭借一系列电视剧制作和广告代理起家的小马奔腾，近年来又将触角投向大银幕，投近亿元巨资打造了《机器侠》、《花木兰》、《无人区》等不同题材影片。

影视业的火暴和小马奔腾快速的发展也引来了风投的目光，据消息人士透露，日前小马奔腾完成了新一轮融资，有望成为该公司上市前的最后一轮融资。在此之前的 2008 年 3 月，著名外资机构霸菱亚洲以 4000 万美元入股，第一次将小马奔腾的资本计划展示给了外界。而在刚刚完成的本轮融资中，规模较此前那轮融资大了很多，据知情人士透露，此次融资额度约为 7 亿 ~8 亿元。而霸菱亚洲一家 PE 以退出换来了众多 PE 机构的进入。据记者了解，此轮融资的领投方为建银国际旗下影视出版文化产业投资基金，同时进入的还包括开信创投、信中利等数家投资机构。

实际上，这些新进入的投资者都来历不凡。建银国际系建设银行绕道香港后在国内打造的产业基金的平台，建银文化基金系专门投资于该领域而成立的产业投资基金，而开信创投则是国家开发银行与中信资本共同组建的，信中利则是由著名投资人汪潮涌所创立，该机构曾投资过华谊兄弟。业内人士称，在影视文化投资非常火热背景下，

小马奔腾稳定的规模、良好的收入及利润也成为 PE 抢夺的绝佳目标。一位参与了该交易的人士称，几乎所有叫得上名字的 PE 机构都纷纷抛出了橄榄枝，为了这笔交易而挤破了脑袋。但由于该笔交易的盘子较大且小马奔腾方面对投资者的期望较高，许多大牌 PE 最终也都未能见到小马奔腾的负责人一面。

在这次抢筹大战中，另一家知名 PE 机构弘毅投资本来已经与小马奔腾方面达成了默契，将成为该项目的领投方，但在最后时刻弘毅投资却并未出现在投资者名单中。据称，弘毅投资系自身原因而主动放弃了投资该项目的机会，但该说法并未得到弘毅投资方面的证实。最终成为最大赢家的建银文化基金也出手不凡。“建银文化基金的投资金额大约是 3 亿 ~4 亿元，其他几家属于跟投，投资的金额相对较小。”知情人士称。建银文化基金于2010 年底募集完成，首期规模为 20 亿元，该基金此前尚未有公开的案例披露，而以上述投资金额而言，也应该是该基金的一次大手笔之作。

资本裹挟前进

小马奔腾的此次融资并不让业界意外，在越来越多资本进入影视文化领域的背景下，一些优秀的影视文化公司在资本的裹挟下进入资本市场，先一级市场再 IPO，这已经成为了一条非常明晰的发展路径。

从最初探索与资本对接的华谊兄弟开始，到成功引入创投资本而上市的华策影视无疑都表现出了很强的资本特性，而即将上市的光线传媒、万达院线，这些公司也都无一不是被资本裹挟前进。小马奔腾的此次大规模融资似乎早已是一个必然的选择，它不是第一个，也必然不会是最后一个。

接近交易的人士透露，对小马奔腾而言，这次的融资完全是买方市场，公司方面提供的投资额度其实已经足够大，完全有容量引入多家投资者，而在其引入的投资者中几乎都具有文化产业投资背景或相关资源。建银文化基金能最终成为领投方的原因正是小马奔腾看重该基金背后建设银行这样一个庞大的资金平台，还看重了建银国际方面在房地产方面的诸多投资资源。“建银国际投资了好几个房地产方面的项目，包括万达集团，小马奔腾现在也在大力发展院线业务，这些资源无疑都会是小马奔腾特别需要的资源。”接近交易的人士称。“从收入结构和规模上来看，小马奔腾都会比华谊兄弟更受资本市场欢迎，收入规模更大，业务板块更多元化，风险系数较小，因此PE机构都非常踊跃。”知情者称。据上述知情者称，小马奔腾现在的业务板块分别为广告、电视剧及电影业务，三者的收入规模大概为5:3:2，由于公司从事广告和电视剧制作的业务时间相对较长，已经形成了较为稳定的收入来源，而其余20%的收入相对有一些波动性。

对于许多投资者而言，影视文化领域投资中风险最大者无疑是电影制作，这也是让许多投资者对影视公司望而却步的一个原因。而据了解，小马奔腾能够获得风投一致认可和追捧的原因也在于其在影视制作方面坚持小成本博取高收益的原则，以风投片、类型片博取市场的特殊模式。

值得注意的是，在迎合资本的追捧背后，小马奔腾也在公司战略上做出了重大调整，此前小马奔腾一直有意海外上市，引入外币基金也正是基于这样的考量。而现在小马奔腾则将目光转向了A股市场，将放弃红筹架构冲刺A股，据称，该公司计划年内向证监会上报IPO材料，并有望在2012年实现上市。

中国文化产业投融资活跃

2011年10月18日中共十七届六中全会通过《中共中央关于深化文化体制改革、推动社会主义文化大发展大繁荣若干重大问题的决定》，明确提出“推动文化产业成为国民经济支柱性产业”，为文化产业的资本运作提供了更为有利的政策环境。中国文化产业投融资在2011年异常活跃，根据ChinaVenture统计，2011年共设立了43只文化产业基金，分布于综合性基金、艺术品基金、网络游戏基金、动漫

影视基金等领域。其中以艺术品基金的数量最高，为 20 只，占 2011 年文化产业基金设立总数的 46.51%；其次为综合性文化产业基金，为 15 只，占总数的 34.88%。

43 只文化产业基金中，有 34 只基金公布基金募资规模。在 34 只公布规模的文化产业基金，以综合性文化产业基金最多，为 15 只，占公布募资规模基金总数的 44.12%。

2011 年文化产业 34 只公布募资规模的文化产业基金共募资 528.1 亿元人民币，其中以综合性文化产业基金募资规模最高，为 363 亿元人民币，占募资总规模的 68.74%；其次为动漫影视基金，为 80 亿元人民币，占募资总规模的 11.36%。

2011 年文化产业基金单只平均募资规模为 15.53 亿元人民币，其中网络游戏基金的单个平均募资规模最高，为 30 亿元人民币；其次为综合性文化产业基金，为 24.2 亿元人民币。

资料来源：胡中彬：《上市前最后一轮融资小马奔腾弃红筹冲击 A 股》，http：//www.eeo.com.cn/2011/0322/196934.shtml，2012 - 05 - 02。

《中国文化产业基金大点兵：2011 年共设立 43 只》，http：//news.chinaventure.com.cn/2/20120425/84027.shtml，2012 - 05 - 02。

案例 A - 7　安佰深收购金钱豹　资本持续热捧中国消费

2011 年 7 月，欧洲最大的私募股权投资集团安佰深（Apax Partners）对外披露，旗下基金已经完成对餐饮连锁企业金钱豹的收购投资，15 亿元的投资额度创造了餐饮连锁行业投资的最高纪录。此前，安佰深已经投资中国最大房产信息网站搜房网以及高级服装品牌 Tommy Hilfiger 中国子公司，投资金钱豹则再次凸显安佰深布局中国消费服务领域的战略。安佰深全球合伙人兼大中华区总裁张曦轲表示，未来几年，安佰深将借助其在餐饮行业丰富的投资经验，有力支持金钱豹管理专业化的运营，实现其在全国范围内的拓展。据统计，近年

来，安佰深PE在全球零售及消费品领域的投资总额约达43亿欧元。

安佰深旗下基金长期坚持全球投资战略，即投资于其五大核心行业中具备强势市场地位及高成长性的领头企业。安佰深方面表示："金钱豹的核心客户群是中国正在迅速崛起的中产及以上阶层。"安佰深同时表示："长期坚持投资于五大核心行业中具备强势市场地位及高成长性的领头企业。"安佰深一直高度关注中国消费市场，尤其是食品、饮料和餐饮这一行业的增长。安佰深表示，"零售及消费品领域是安佰深的5大行业之一，因此安佰深一直高度关注中国消费市场，尤其是食品、饮料和餐饮业行业的增长。金钱豹拥有优秀的管理团队，安佰深将借助其在餐饮行业丰富的投资经验，有力支持管理层专业化的运营，更好更快地实现其在全国范围内的拓展"。安佰深旗下基金对金钱豹的收购是安佰深自2009年在中国大陆设立分公司以来的又一笔重大投资。

股权配比

根据资料显示，金钱豹成立于2003年，由台湾地区进驻上海，以高档自助餐的形式覆盖上海、北京、深圳、沈阳等城市。公司网站资料显示，金钱豹旗下有美食百汇、龙会所、国际会议中心、金璨婚礼、外烩5个子品牌，单店每月客流量10万人次，每年预计约100万人次。华美酒店顾问机构首席知识官、高级经济师赵焕焱认为，就本次收购而言，收购金额并不重要，重要的是"股权比例"。在他看来，金钱豹的持股数决定了其出售股份的真实意图。"如若金钱豹还留有一部分股份，那么，它是想借助资本的帮助，达到快速布局。再通过学习先进的管理经验，谋求做大、做强。从某种程度上说，金钱豹对上市有一定期许。"赵焕焱对新金融记者说。同时，赵焕焱也表示，私募基金与风投最大的不同是："私募不是为了控股，它会介入企业的经营领域，是一种中期投资行为。当然，最理想的结局是：企业做大后，运作IPO，等顺利上市后，安佰深也好及时退出。但这个理想，至少需要一两年。"

深圳创投公会副会长兼秘书长王守仁认为，“外资在国内的收购、并购案必须在商务部备案。即使收购已经完成了，那么也很有可能因其收购的程序还没有全部完成，而不披露更多细节。比如，法律程序和注册程序”。然而，开信创业投资高级经理周晓钰则认为，安佰深明知金钱豹的盈利能力不强，也要收购，“无非是想让大家知道，安佰深在这个行业里有动作了，想借金钱豹的名声来为自己的布局做宣传”。虽然资本市场也有游戏规则，但追逐利润总是其终极目标，如若金钱豹出售了 100% 的股份，那么，“很有可能是安佰深给的溢价高”。上述知情人士说。

发展瓶颈

如同周晓钰所说，虽然金钱豹的盈利能力并不强，但其在业内也算名声在外。为什么要卖股份，“一定是企业存在问题”。周晓钰强调。

目前，金钱豹共有 18 家分店，2010 年营收近 9 亿元，实现收益 4000 万元，其利润率仅 4.4%。除此之外，据公开报道：“今年以来，金钱豹大本营上海的营收估计降了两成。营业状况并不理想。”“金钱豹上海店的总业绩，一直在亏，虽然并不是所有店都亏；从去年开始，金钱豹天津店的盈利状况才有所好转。”上海一不愿具名的金钱豹员工向新金融记者介绍：“从 2003 年金钱豹进驻上海至今，市场发生了很多变化，但金钱豹没有变。还是‘国际美食百汇’的经营模式，不论是环境还是菜品，对食客而言都不再‘新鲜’。”赵焕焱说。

赵焕焱认为，金钱豹的发展遇到了瓶颈，而且前景继续看低。这首先体现在其经营上，除了 2010 年的业绩不好之外，今年餐饮行业原材料的上涨更加严重；另外，“十二五”期间，每年的用工开支还要增加 2%；与此同时，店面租金也在上涨。这些因素均会导致金钱豹在成本上投入更多，如果营业额无法提高，其盈利能力势必下降。在他看来，金钱豹在管理上也“不通畅”。“在很多跨国企业实施本埠人才战略的同时，金钱豹却大搞‘台干’与本埠员工的区别对待；在一些人员的沟通上也不是很顺畅。这些均导致了金钱豹管理上的不规范。”赵焕焱说。

另外，据赵焕焱分析：“令经营者信心受挫的，还有上市不顺。”公开报道显示，中国证监会已经提高国内餐饮及加盟连锁企业 IPO 上市标准，将拟上市餐饮企业的年利润标准，由 3000 万元提高至 5000 万元。“仅就这一项，金钱豹就不合格。”除了利润不达标，金钱豹与其他谋求上市的餐饮企业一样，存在着“少开发票”、“营收无法准确计算”等顽疾。

产业布局

数据显示，自 2009 年 4 月进入中国以来，安佰深旗下的基金已经完成中国最大房产信息网站搜房网 19% 股权参股项目，入股高级服装品牌 Tommy Hilfiger 中国子公司 45% 股权项目。在 2010 年一年之内，在中国市场上总的投资金额超过了 2 亿美元，并且几乎涵盖了日常生活“衣、食、住、行”的各个方面。

近年来，外资并购案在国内逐渐增多。就食品饮料行业而言，也不乏先例。“这说明人家有眼光。”王守仁说。他认为，国外投行知道中国的消费市场很大，很多跨国公司想逐步地尝试、占领、控制中国的消费市场。不可否认的是，中国的人口总数为消费市场的总量奠定了基础；其次，中国的消费市场变化很快，等级也够高。其中，中高档消费市场的空间很大。“中国市场是一块大肥肉。”王守仁补充道。他还提及，国内的资本市场还属于“小儿科”，并购档次较低。不仅交易模式落后、效率差、关联交易还尤为严重。而西方的很多投行甚至会通过并购中国企业的方式，以达到建立全球产业链的目的，从而促进自身的更大发展。其实，在新盟国际向新金融记者提供的“背景资料”中，安佰深对中国市场的“野心”也可窥得一二。

安佰深零售及消费品业务团队全球合伙人 Alex Pellegrini 表示，

安佰深非常高兴能在金钱豹的发展史上开启一个新的篇章，并期待成为金钱豹优秀的增值合作伙伴，将安佰深在全球食品、饮料和餐饮领域的知识及经验与中国本土的实际经验相融合，为金钱豹未来的发展助一臂之力。“他们可以收购更多的餐饮企业进行改造，提高利润率。或者收购多家餐饮公司，联合在一起上市。基金只是个工具，这和复星集团董事长郭广昌布局消费板块是一个道理。”前述知情人士分析。棋局不曾结束，谁也无法断定胜负。随着金钱豹被安佰深或按100%股权收购的消息传出后，在这场看似“圆满”的收购案里，或许，金钱豹真的只是一个棋子。

而其他外资机构也遵循了类似投资路线，如KKR投资中国服饰控股、高盛投资利群百货等，显示出“中国消费”概念对境外资本的持续吸引力。

资料来源：淮纯菊、秦玥：《安佰深收购金钱豹意欲何为》，《新金融观察报》，2011年8月1日第13版。

案例A-8　弘毅投资鸿锐集团QFLP基金首笔投资

2011年8月31日，中国私募股权投资公司弘毅投资旗下一只规模5亿美元的基金，获得上海QFLP试点资格，并投资全球最大PVC检验手套供应商石家庄鸿锐集团（Shijiazhuang Hongray Group）。成立于2003年的弘毅投资，是联想控股有限公司旗下从事股权投资及管理业务的专业公司，管理着美元和人民币两类基金。据弘毅投资方面介绍，截至2010年，其总资金规模已超过300亿元人民币。全国社保基金为其人民币基金的主要投资人，而美元基金的投资人则来自全球著名的投资机构。

弘毅投资的这只美元基金是当时金额最大的一只QFLP试点基金，其投资也是上海QFLP试点开启以来的首笔投资。此外，弘毅投资还宣布其跨境基金投资总部落户上海，将致力于“双向跨境并购”

战略的实施。

一直在积极推进 QFLP

2011 年 1 月，上海出台《关于本市开展外商投资股权投资企业试点工作的实施办法》，上海 QFLP 试点由此正式启动。目前，包括凯雷复星、黑石、德同资本、弘毅资本、3i 集团五家已取得 QFLP 试点资格。

根据上海市金融办主任方星海的介绍，QFLP 试点，是在申请的额度下，让合格的 LP 在合格的 GP 的管理下，能够用这个额度把海外的资金直接换成人民币投资于国内项目的人民币基金。“上海建国际金融中心，一直走在全国前列，在资本的进出领域，包括国内资本到国外、国外资本进来，上海一定要做全国最领先的城市。”他说。

但是，过去半年，除了上述消息便再无关于 QFLP 的其他试点的细节传出。直到 2011 年 8 月，关于弘毅投资已经投出第一单的消息正式传出。

上海金融办还介绍，必须具有 LP 有出资确认函的基金才可递交 QFLP 资格申请。审批包括材料递送、专家初审、联合终审三个环节。

怎样的投资机构才可以获得优先获批？据介绍，在审批中有四个优先原则，其一是在中国有投资经验并成功退出的优先；其二是有高新技术投资经历、尤其是投资七大新兴产业的优先；其三是基金机构的组织架构清晰、投资期限明确、项目储备丰富的优先；其四是有境内机构参与的 LP 的优先。

弘毅为 QFLP 设上海总部

弘毅投资还宣布该公司基金管理总部落户上海。据悉，该总部专为 QFLP 跨境投资而设立。

随着弘毅投资基金管理总部落户上海，弘毅投资在上海、北京、香港分设三个平台搭建完成，其中上海平台将专司跨境投资职能。这

意味着全球资金配置中心从香港转至上海。

据悉，弘毅投资此次设立的 QFLP 基金规模为 5 亿美元，是迄今公布的最大规模的 QFLP 基金。

成立于 2003 年弘毅投资，是联想控股有限公司旗下从事股权投资及管理业务的专业公司。弘毅投资管理着美元和人民币两类基金，截至 2010 年，总资金规模超过 300 亿元人民币。

资料来源：张飒：《弘毅投资 5 亿美元 QFLP 基金首单投向鸿锐集团》，http://news.chinaventure.com.cn/2/20110901/64212.shtml，2012-05-02。

案例 A-9　高盛入股泰康人寿　或圆其多年上市梦

2011 年 4 月，泰康人寿宣布，经保监会批准，高盛集团收购泰康人寿 12.02% 的股权，高盛的加入，进一步提升泰康人寿在企业治理、风险管理和内部控制方面的竞争力。泰康人寿上市计划已启动多年，2008 年曾因金融危机而受阻，2010 年则再次传出已提交 A 股上市申请的消息，泰康人寿董事长兼首席执行官陈东升也在今年表示，拟在三年内实现“A+H”上市。此次引入高盛集团作为其战略投资者，预示着距离泰康人寿上市已经不远。此外，人保集团整体上市、中国再保险集团上市计划也于近期浮出水面，保险行业或将面临新一轮资本角逐。

获中国保监会批准，法国安盛人寿有限公司将其持有的泰康人寿 1.33 亿股股份转让给中国嘉德国际拍卖有限公司、新政泰达投资有限公司和高盛集团有限公司。转让后，中国嘉德、新政泰达和高盛集团分别持有泰康人寿 14.98%、10.90% 和 12.02% 的股份。这是高盛集团 2005 年成功套现中国平安后，再度“潜伏”即将上市的中国保险公司。高盛等三家机构付出的总价约 11 亿美元，但高盛与其他两家机构付出的价格并不相同，高盛的出价更高。其中高盛集团接手其中 1.02 亿股，占总股本的 12.02%。随着交易的完成，高盛集团跻身泰康人寿第二大股东。

除转让给高盛集团的部分，还有840万股股份转让给中国嘉德国际拍卖有限公司，2217万股转让给新政泰达投资有限公司。转让后，中国嘉德国际拍卖公司持有泰康人寿总股本的14.98%，新政泰达投资公司持股10.90%。因高盛是以其股权投资部门的资金进行交易。市场猜测这将会加速泰康的上市工作。而此次股权转让完成为泰康的上市扫清了道路。2010年，泰康全年实现保费规模867.65亿元，同比增长29%；预计税后利润21亿元；偿付能力充足率超170%。

泰康人寿的股权转换已有多次。捋清楚要从2000年开始，在完成外资募股后，泰康人寿引入了瑞士丰泰人寿等多家金融机构。2006年，安盛人寿通过收购丰泰人寿获得了泰康人寿超过15%的股份，由于安盛人寿还是合资保险公司金盛人寿的外方股东，这不符合相关的监管规定，所以，从2009年11月开始，安盛人寿积极寻找买家，出让泰康人寿股权，现被高盛获得。高盛此次接盘泰康人寿也物有所值。资料显示，泰康人寿实力雄厚，在国内保险公司的保费排名靠前，以2010年为例，全年共取得867.65亿元保费收入，同比增长29%，税后利润为21亿元人民币，偿付能力充足率超170%，综合投资收益率连续8年保持领先优势。

泰康人寿上市将提速

市场普遍传言，在引入高盛后，泰康人寿的股权关系得以厘清，上市障碍减少，而高盛丰富的投行经验也能够帮助泰康人寿加速实现上市。记者就泰康是否要提速上市联系了泰康人寿，公司答复不做任何评论。对此，对外经济贸易大学保险学院院长王稳肯定地告诉媒体，高盛入股泰康人寿后，毫无疑问将促进其上市。“高盛在国际投行方面有丰富经验，入股后能够给泰康人寿在风险内控等方面提供帮助。”有媒体报道称，对于2011年上市的时机考量，对外经济贸易大学保险学院副教授徐高林认为，现在还是一个比较合适的时期，因为

股市泡沫并不明显。除了泰康人寿，目前有计划进行上市的保险公司以及保险中介还包括新华人寿、中再集团、华康等多家。对此，国泰证券保险行业分析师罗磊在接受媒体采访时表示，国内保险业发展迅速，保险公司上市是大势所趋，新华人寿、泰康人寿以及中再集团等，都将上市提上日程。

百元定价无异于天价发行

早在2007年，泰康人寿董事长陈东升就曾对外表示将上市，但在金融危机的冲击下，该公司上市进程一度暂停，而随着其股权结构的厘清，上市再度提上日程。据媒体报道，泰康人寿A股IPO由中信证券保荐。有业内人士曾对媒体表示，泰康内部制定的目标上市价为一百元每股。在目前的A股IPO市场"三高"流行的情况下，某媒体报道称，百元定价无异于天价发行，但泰康人寿CEO陈东升一直坚持上市应当体现公司价值，不能为上市而上市。

据了解，新股定价虽然需要以资本金、近利润等相关财务数据为依据，但是能否达到预想定价，仅凭良好的业绩还不够，还要依靠有实力的券商保荐，而中信或许能帮泰康达成愿望。资料显示，泰康人寿成立于1996年8月22日，已连续多年盈利，去年公司保费收入868亿元（同比增长29%），市场排名第五，税后利润为21亿元。

资料来源：《高盛成功入股泰康 A股上市提速或定百元天价》，http://finance.ce.cn/rolling/201103/21/t20110321_16555030.shtml，2012-05-02。

案例 A-10 海尔电器获凯雷注资将转型渠道业务

2011年8月1日，海尔电器发布公告称，已与凯雷投资集团签署认购协议，后者将向海尔电器投资约1.37亿美元认购其可转换债券；同时凯雷还获得了400万份的认股权证，总价值约5700万美元。该投资将主要用于支持海尔电器集团进一步向服务性企业转型，帮助海尔电器开拓中国三四线市场的渠道业务。凯雷集团曾因保护“民族工业”的敏感性而折戟徐工，而海尔电器向服务业的转型，则使得其免受争议。此前，海尔集团对下属的两家上市公司差别定位：青岛海尔主要负责家电制造，而海尔电器则侧重家电分销。

早在2005年10月，国际知名私募股权机构凯雷就想入主徐工科技，收购其82%的股份，后经过长达3年的谈判与磨合，监管部门最终未放行，凯雷铩羽而归。此后很长一段时间，驰骋全球资本市场的凯雷都几乎不敢触碰“中国民族工业”这条红线，转为投资民营企业以及非敏感行业。但6年后，凯雷杀出回马枪，这次的目标是民族白色家电第一品牌海尔。这次的阻力明显小于此前并购徐工。一方面，凯雷此次仅追求参股非控股；另一方面，凯雷拟投资的是海尔集团在香港上市的子公司海尔电器。但新问题凸现出来，凯雷本次以“可转债+认股权证”的方式，几乎零风险，但海尔电器又赋予了凯雷众多权利，不差钱的海尔电器为何要委身，近年绯闻缠身的凯雷又能否达到海尔电器的期望呢？

凯雷注资海尔电器

海尔电器作为发行人向凯雷集团旗下基金发行可换股债券，债券本金共计10.67亿港元，转化价初步确定为每股10.67港元。债券期为5年，债券利息为年利率3厘（海尔电器有关人士解释为年利率3%），该笔可转债可于发行18个月或之后随时全部或部分地转换为海尔电器的股份。

海尔集团在香港的上市公司海尔电器于2011年8月2日在香港联交所发布公告称，7月31日，海尔电器与凯雷集团旗下基金Hawaii Asia Holdings Limited签署认购协议。协议规定，海尔电器作为发行人向凯雷集团旗下基金发行可换股债券，债券本金共计10.67亿港元，转化价初步确定为每股10.67港元。债券期为5年，债券利息为年利率3厘（海尔电器有关人士解释为年利率3%），该笔可转

债可于发行18个月或之后随时全部或部分地转换为海尔电器的股份。如果凯雷集团在可转债到期后不将债券转换成股票，海尔电器需返还本金并支付利息。此外，海尔电器作为发行人还将向凯雷集团发行共计4000万份认股权证，行权价初步确定为每股11.21港元。凯雷集团可于发行日后18个月或之后随时认购海尔电器的股份（每1份认股权证附带认购1股海尔电器的股份的权利）直至自发行日起满5年。

海尔电器公告称，若凯雷集团行使全部权利，将获得海尔电器约9%的股权。

入股条件比较苛求

此次凯雷投资不仅无风险，还获得海尔电器的一个董事会执行董事的席位，并将组建新的战略委员会，此外，凯雷还对公司多个重要高管岗位有着影响。

“一般股权投资都是有风险的，要承担股价波动风险或者未能上市难以套现退出的风险，但此次凯雷却几乎是零风险。”一位PE界人士表示。

首先，海尔电器已经在香港主板上市，股票流动性毫无争议。其次，本次海尔电器并不是向凯雷增发股份，而是发行可转债，并规定凯雷可在发行后18个月至5年内随时将任意部分债券转换成股份。也就是说，只要在可行权的3年半内股价高于行权价，凯雷就能变现获利；即使股价一直低迷，凯雷最终也能全身而退并获利息。最后，凯雷获得的4000万份认股权证未付1分钱，也就是说，在行权期内，只要股价高于行权价，凯雷就可以行权并变现获得利润。

不过，海尔电器方面并不认同“零风险”。海尔电器负责此次运作的负责人龚鸣称，凯雷投资的企业一般年化收益率都在30%以上，若最终股价没能上涨，每年3%的利息对凯雷来说已经算是亏损了。

事实上，凯雷对于投资的公司从来都不仅仅是财务投资，参与内部管理一直是其风格，在海尔电器上也不例外。

此次凯雷投资还获得海尔电器的一个董事会执行董事的席位，并将组建一个新的战略委员会，对董事会提出战略规划，还对公司多个重要高管岗位有着影响。

公告称，凯雷不仅将在海尔电器董事会中获得一个执行董事的席位，更为这个董事席位加了一层保险：若海尔电器董事会罢免凯雷委任的董事席位，并在罢免后10日内无补救措施，凯雷将有权提前赎回债券及获得应得利息。

公告还表示，凯雷需在协议签署后60天内，为本公司渠道综合服务业务物色高级管理人才，包括财务总监、咨询总监、法务总监及人力资源总监。

海尔电器一位相关人士表示，此条款并不是说上述4个高管完全由凯雷任免，其只是协助寻找合适人选，最终拍板的还是公司方面。

根据协议，海尔电器还将新增设一个战略委员会，主要职责是为董事会提供战略决策，成员为3名，其中1名由凯雷委任，1名独立董事，而第3名是否为海尔电器方面人选，公告中未透露。

此外，公告中还透露，协议生效后，海尔电器几乎所有重大决定，包括修订其任何组织章程大纲或细则，更换核数师，订立任何重大交易或关联交易，担保、借款等任何负债形式使负债率大于等于35%，都要经过凯雷同意方能执行。

“其实很多其他公司在接受此类投资时都有这一条款，只是他们没有披露出来。”上述相关人士解释道，凯雷是担心大股东会侵害小股东的利益，而这样的条款其实很常见，只是公司本着对投资者负责的态度披露出来而已。

帮助海尔电器转型？

海尔集团旗下有两个上市公司平台，一是青岛海尔；一是海尔电器。但两家的关联交易和同业竞争问题一直备受争议。海尔集团一直

希望两家公司发挥不同功能：青岛海尔主要负责家电制造；海尔电器负责家电分销。

一边是几乎无风险的投资，一边是出让部分经营和决策权，为何海尔电器要做出这样的“牺牲”?

为了钱?海尔电器 2010 年年报显示，账上流动资金有 20 多亿元。龚鸣表示，此次引进凯雷作为战略投资者，是看中其渠道优势、人才管理以及丰富的投资经验，将为公司的战略转型提供很好支持。

资料显示，在签订协议前，海尔电器和凯雷还签订了一份不具法律约束力的备忘录。

凯雷有意向海尔电器提供综合渠道服务业务评估、收购机会及投资策略评估、物色与供应商的合作机会、招募人才等相关支持。

事实上，正如龚鸣所说，海尔电器目前正处于战略转型关键期。近期这一战略转型开始加速。去年至今，海尔集团将旗下多家物流企业注入海尔电器，而海尔电器旗下专注于三四线市场分销的子公司日日顺也在大量收编本属于母公司的分销子公司。在收编了江苏、湖南日日顺之后，6 月底，海尔电器又斥资 2.4 亿元向海尔集团收购了青岛日日顺全部股权。目前，日日顺在全国县级地区加盟店已达 700 家，在乡镇市场已拓展 2.8 万个销售网点，覆盖全国 80% 以上乡镇。

上述海尔电器内部人士也表示，虽然目前现金较充裕，但日日顺的收购还将持续，对资金的考验会逐渐显现，此时引入凯雷作为战略投资者，资金储备也是很重要的因素。

资料来源：《凯雷在华屡屡不顺苛刻投资海尔前景存疑》，http：//info. homea. hc360. com/2011/08/081458761335 - 3. shtml，2012 - 05 - 02。

B.8
参考文献

ChinaVenture：《中国创业投资及私募股权投资市场统计分析报告》，2007～2012。

安国俊、李飞：《国际私募股权投资基金的发展态势及我国的路径选择》，《国际金融》2011 年第 3 期。

北京股权投资基金协会：《2011 首都 PE 十大回顾揭晓》，http：//www. bpea. net. cn/article/xhxw/201201/20120100035492. shtml，2012－03－05。

北京市道可特律师事务所：《中国 PE 的法律解读》，中信出版社，2010。

北京市金融工作局：《金融工作情况》，http：//www. bjjrj. gov. cn/jrsj/c23－a607. html，2012－01－16。

冯坡：《2011 年中国私募股权投资市场十大最受关注交易》，http：//report. chinaventure. com. cn/r/f/471. aspx，2012－02－22。

郭雳：《美国证券私募发行法律问题研究》，北京大学出版社，2004。

郭玉志：《北京拟拓宽 QFLP 助力实体经济》，《上海证券报》2012 年 2 月 21 日。

国家发展与改革委员会：《中国创业投资行业发展报告 2011》，2011。

国家统计局：《中国统计年鉴 2010》，中国统计出版社，2011。

李建伟、王咿人：《美国证券私募发行豁免规则的修正及启示》，《证券市场导报》2008 年 9 月。

李孟刚：《产业安全理论（第三版）》，经济科学出版社，2012。

李昕旸、杨文海：《私募股权投资基金理论与操作》，中国发展出版社，2008。

马丁·黑米格著，吴红等译：《风险投资国际化》，复旦大学出版社，2005。

马建堂：《2011 年国民经济继续保持平稳较快发展》，http：//www. stats. gov. cn/tjfx/jdfx/ t20120117_ 402779443. htm，2012 -04 -28。

马克·福劳蒙：《股权投资创造就业机会 推动全球经济增长》，http：//www. bpea. net. cn/article/zjsd/201201/20120100035363. shtml，2012 -03 -05。

毛燕琼：《当前本土私募股权基金的七大问题》，《商业研究》2011 年第 5 期。

清科研究中心：《2011 年中国私募股权投资市场 LP 年度研究报告》，2012。

清科研究中心：《中国私募股权投资年度研究报告》，2006 ~2011。

《日本公布 2010 年 GDP 数据 被中国赶超退居世界第三》，http：//www. cfi. net. cn/p20110214000373. html，2012 -01 -18。

孙继伟：《企业管理视野中的风险投资：模式与案例》，上海财经大学出版社，2002。

天津股权投资基金中心网站，http：//www. tianjinfund. com/aboutus. asp，2012 -03 -15。

《外资上岸内资出海 我国股权市场开始双向互动》，http：//www. bpea. net. cn/article/yjdt/qtdt/201008/ 20100800021832. shtml，2012 -03 -21。

王孟颖：《找寻 PE 最佳拍档》，《投资与合作》2011 年第 12 期。

伍泽琳：《36 家券商豪掷 243 亿猛攻直投业务》，《证券时报》2012 年 2 月 28 日，A7 版。

杨杨：《PE 龙年观察：多数机构都是伪 VC/PE 80% 将消失》，http：//news. chinaventure. com. cn/2/20120204 /75246. shtml，2012 - 03 - 21。

张友：《半年落户 30 家 PE 重庆发力股权投资基金》，http：//www. 21cbh. com/HTML/2011 - 8 - 4/5OMDcwXzM1NDk5OQ. html，2012 - 02 - 02。

招商银行 & 贝恩公司：《中国私人财富报告》，2011。

《浙江省股权投资协会成立 登记注册企业超 200 家》，《浙江日报》2010 年 5 月 19 日。

中国国家工商行政管理总局：《2011 年上半年全国市场主体发展总体情况》，2011。

中国国家统计局：《2010 年城镇非私营单位在岗职工年平均工资主要情况》、《2010 年城镇私营单位就业人员年平均工资主要情况》，http：//www. stats. gov. cn/，2012 - 05 - 03。

中国人民银行：《2007 年中国区域金融运行报告》，2008。

中国人民银行：《2011 年社会融资规模统计数据报告》，2012。

中国人民银行网站：http：//www. pbc. gov. cn/publish/yanjiuju/703/1487/14872/14872_ . html，2012 - 03 - 05。

朱奇峰：《中国私募股权基金理论、实践与前瞻》，清华大学出版社，2010。

卓建安：《社保 70 亿投资 5 家 PE》，《香港文汇报》2012 年 2 月 9 日，B3 版。

邹菁：《私募股权基金的募集与运作：法律实务与案例》，法律出版社，2009。

JVCA：「2010 年 JVCA 投資動向調査（第 4 四半期レポート）」，2011。

VEC：「2002 年度年報」，2003。

VEC:「2008年ベンチャービジネスの回顧と展望」, 2009。

大阪中小企業投資育成会社, http: //www. sbic - wj. co. jp/outline/data. html#3, 2012 -02 -02。

日本経済産業省:「ベンチャー企業の創出成長に関する研究会最終報告書」, 2008。

日本経済通産省:「ベンチャーキャピタル投資状況調査」, 1991。

「日本経済新聞」, 1976年10月23日。

BVCA, *A Guide to Private Equity*, 2003.

BVCA, *Performance Measurement Survey* 2010, 2011.

BVCA, *Private Equity RIA* 2010, 2011.

BVCA: http: //www. bvca. co. uk/About -BVCA/features/OurIndustry, 2012 -01 -20.

Cambridge Associates LLC, *U. S. Private Equity Index and Selected Benchmark Statistics*, 2011.

Cochrane, John, "The Risk and Return of Venture Capital", Working paper, University of Chicago, 2003.

Ernst & Young, *Global Private Equity Watch* 2012, 2012.

ERNST&YOUNG: *Global Private Equity Watch*: *Winners will Emerge* 2011, 2011.

EVCA, *Private Equity Yearbook*, 2011.

Gompers, Paul, and Joshua Lerner, "What Drives Venture Capital Fundraising?" *Brookings Papers on Economic Activity and Microeconomics*, 1998.

Gompers, Paul, and Joshua Lerner, "Money Chasing Deals? The Impact of Fund Inflows on Private Equity Valuation", *Journal of Financial Economics*, 2000.

Grant Thornton, *Global Private Equity Report*, 2011.

Jason Kelly and Jonathan Keehner, "Pension Plans' Private-Equity Cash Depleted as Profits Shrink", Bloomberg, 2009. 8.

Jones, Charles, and Matthew Rhodes-Kropf, "The Price of Diversifyable Risk in Venture Capital and Private Equity", Working paper, Columbia University, 2003.

Kaplan, Steven, *and* P. Strömberg, "Financial Contracting Theory Meets the Real World: Evidence from Venture Capital Contracts", *Review of Economic Studies*, 2003.

Ljungqvist, Alexander, and Matt Richardson, "The Cash Flow, Return and Risk Characteristics of Private Equity", Working paper, New York University, 2002.

NVCA, "What's the difference between venture capital and private equity?" http://www.nvca.org/index.php?option=com_content&view=article&id=119:faq&catid=41:press-center&Itemid=621, 2012-01-12.

NVCA, *Private equity Yearbook*, 2011.

OECD, *The Implications of Alternative Investment Vehicles for Corporate Governance*, 2007.

PitchBook, *Decade Investments* 2001-2010, 2012.

PitchBook, *PE Trends* 1Q2012 *Presentation Deck*, 2012.

Preqin, *The* 2011 *Preqin Private Equity Performance Monitor*, 2012.

S&P, *CDO Spotlight: Global Criteria for Private Equity Securitization*, Jan. 18, 2006.

TheCityUK, *Private Equity Report*, 2006-2011.

U. S. Census Bureau, http://www.census.gov/econ/susb/, 2012-03-05.

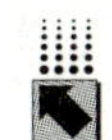

权威报告 热点资讯 海量资料

当代中国与世界发展的高端智库平台

皮书数据库 www.pishu.com.cn

皮书数据库是专业的社会科学综合学术资源总库，以大型连续性图书皮书系列为基础，整合国内外其他相关资讯构建而成。包含七大子库，涵盖两百多个主题，囊括了十几年间中国与世界经济社会发展报告，覆盖经济、社会、政治、文化、教育、国际问题等多个领域。

皮书数据库以篇章为基本单位，方便用户对皮书内容的阅读需求。用户可进行全文检索，也可对文献题目、内容提要、作者名称、作者单位、关键字等基本信息进行检索，还可对检索到的篇章再作二次筛选，进行在线阅读或下载阅读。智能多维度导航，可使用户根据自己熟知的分类标准进行分类导航筛选，使查找和检索更高效、便捷。

权威的研究报告，独特的调研数据，前沿的热点资讯，皮书数据库已发展成为国内最具影响力的关于中国与世界现实问题研究的成果库和资讯库。

皮书俱乐部会员服务指南

1. 谁能成为皮书俱乐部会员？

- 皮书作者自动成为皮书俱乐部会员；
- 购买皮书产品（纸质图书、电子书、皮书数据库充值卡）的个人用户。

2. 会员可享受的增值服务：

- 免费获赠该纸质图书的电子书；
- 免费获赠皮书数据库100元充值卡；
- 免费定期获赠皮书电子期刊；
- 优先参与各类皮书学术活动；
- 优先享受皮书产品的最新优惠。

社会科学文献出版社 SOCIAL SCIENCES ACADEMIC PRESS (CHINA) 皮书系列
卡号：7259514352937861
密码：

（本卡为图书内容的一部分，不购书刮卡，视为盗书）

3. 如何享受皮书俱乐部会员服务？

（1）如何免费获得整本电子书？

购买纸质图书后，将购书信息特别是书后附赠的卡号和密码通过邮件形式发送到pishu@188.com，我们将验证您的信息，通过验证并成功注册后即可获得该本皮书的电子书。

（2）如何获赠皮书数据库100元充值卡？

第1步：刮开附赠卡的密码涂层（左下）；

第2步：登录皮书数据库网站（www.pishu.com.cn），注册成为皮书数据库用户，注册时请提供您的真实信息，以便您获得皮书俱乐部会员服务；

第3步：注册成功后登录，点击进入“会员中心”；

第4步：点击“在线充值”，输入正确的卡号和密码即可使用。

皮书俱乐部会员可享受社会科学文献出版社其他相关免费增值服务
您有任何疑问，均可拨打服务电话：010-59367227 QQ:1924151860
欢迎登录社会科学文献出版社官网(www.ssap.com.cn)和中国皮书网（www.pishu.cn）了解更多信息

法律声明